兰州大学"双一流"建设出版项目
甘肃省法学会重点项目

敦煌古代法律制度略论

李功国 主编

中国社会科学出版社

图书在版编目（CIP）数据

敦煌古代法律制度略论 / 李功国主编. —北京：中国社会科学出版社，2021.6
ISBN 978 - 7 - 5203 - 8227 - 4

Ⅰ.①敦… Ⅱ.①李… Ⅲ.①法制史—研究—敦煌—古代 Ⅳ.①D929.2

中国版本图书馆 CIP 数据核字（2021）第 064112 号

出 版 人	赵剑英
责任编辑	孔继萍
责任校对	冯英爽
责任印制	郝美娜

出　　版	中国社会科学出版社
社　　址	北京鼓楼西大街甲 158 号
邮　　编	100720
网　　址	http://www.csspw.cn
发 行 部	010 - 84083685
门 市 部	010 - 84029450
经　　销	新华书店及其他书店
印刷装订	北京市十月印刷有限公司
版　　次	2021 年 6 月第 1 版
印　　次	2021 年 6 月第 1 次印刷
开　　本	710×1000　1/16
印　　张	19.75
插　　页	2
字　　数	312 千字
定　　价	118.00 元

凡购买中国社会科学出版社图书，如有质量问题请与本社营销中心联系调换
电话：010 - 84083683
版权所有　侵权必究

兰州大学"双一流"建设出版项目

课 题 组
主　　编　李功国
主要成员　叶孔亮　陈永胜　脱剑锋　吕志祥
　　　　　何子君　陈　耿　梁　琳

导　言

一

敦煌，东汉应劭解释为："敦，大也。煌，盛也。"其实，两千年前的敦煌仅是一个由军屯、民屯发展起来的边陲小镇。虽然有悠久的人类活动史，但由传说时代进入信史时代，还是在汉武帝经略西北，于公元前121年设立酒泉郡属敦煌县、前111年设立敦煌郡、酒泉郡、张掖郡、武威郡4郡开始的。西汉时的敦煌郡，下辖敦煌、冥安、效谷、渊泉、广至、龙勒6县，包括当今玉门、瓜州、肃北及新疆哈密、焉耆、库尔勒、若羌县的一部分，总面积约20万平方公里。据《汉书·地理志》记载，汉平帝元始二年（公元2年）敦煌郡有11200户、38335人。又据《通典》载，唐开元年间，瓜、沙二州有7562户、36098人。地域空间大，而绿洲地带少，耕地面积有限，制约了人口的发展。

但是敦煌扼守河西，是丝绸之路咽喉，西域三道总凑，高山河谷、戈壁绿洲，成就了敦煌特殊的地理景观、生态环境、区位优势，使敦煌超越了县界、郡界、国界，成为区域研究的一个中心地带。而且敦煌、河西、大西北又是中华农耕民族与游牧民族争锋的最前线，是拱卫关中王朝的战略要地。自前凉、西凉、北凉、北魏、西魏，再到北周、隋唐等多个王朝，河西势力及关陇集团长期把持朝政，成为影响中华帝国千年历史的重要因素。

敦煌又是一处历史文化沃土。从设县至今有2141年历史，汉至宋千余年为其兴盛期。岁月变迁、风云际会、王朝兴替、人文造化，使它成为大漠戈壁中一座很有代表性的历史名城。

敦煌文化表现为多元一体、多族一国。它以中原文化为主体，又吸收融化国内外多种文化于一体，形成新型地域文化，即敦煌文化。它是世界文化艺术宝库和佛教文化圣地,精美绝伦的壁画彩塑,寄托着人们脱离苦海、向往美好净土世界的理想。敦煌的区位特点是"华戎所(支)[交],一都会也"(《后汉书·郡国志》刘昭注)。敦煌北邻匈奴,西邻楼兰,南邻羌戎,与吐蕃、西夏、回鹘、蒙古曾有占领关系,境内也有多个民族杂居,更远处则沟通西域、中亚、西亚、欧洲及东亚、南亚,成为多民族文化交汇之地,农耕文化、游牧文化、绿洲文化、工商文化交汇之地,三大宗教、四大文明独一无二的融汇之地。尤其是,敦煌石窟画塑和20世纪初莫高窟藏经洞遗书的出土、敦煌悬泉置汉简的出土使敦煌丰富灿烂的文化震惊了世界。正如姜亮夫先生所说:"整个人类的历史都在敦煌,它为什么不至贵?"季羡林评价说:"世界上历史悠久、地域广阔、自成体系、影响深远的文化体系只有四个:中国、印度、希腊、伊斯兰,再没有第五个;而这四个文化体系汇流的地方只有一个,就是中国的河西走廊敦煌和新疆地区,再没有第二个了。"

自从1900年莫高窟遗书被发现、被盗窃骗取后,国内外对敦煌遗物的关注、抢救、保护、整理、研究就已开始,据敦煌学者李正宇先生估计,自1908年以来,国内外发表的敦煌学论著不下万篇(册),作者不下千人。包括王国维、陈寅恪、罗振玉、王仁俊、蒋斧、陈垣、刘复、胡适、郑振铎、季羡林、向达、许国霖、王重民、姜亮夫、张大千、常书鸿、段文杰、史苇湘、李正宇、樊锦诗等著名学者,更有不断涌现的中青年学者,形成了一个秉持"坚守大漠,勇于担当,甘于奉献,开拓进取"莫高精神的学术团队,代代相因,使敦煌学成为世界显学,为传承中华优秀文化、建设中国特色社会主义文化做出了突出贡献。

二

敦煌文献中包含丰富的法律、法文化资料,对敦煌法律文献的研究与敦煌学研究同步进行,同样取得了重大成果。但是既往的研究取材面偏窄;研究内容侧重于单项和专题研究,缺乏整体观察与综合;更没有从法学学科基础理论建设上做文章;加之法律专业性研究力量单薄,人员分散,致使历经百年,尚未建立敦煌法学的基础理论框架,尚未在敦煌学诸多分支学科中占有一席之地。这是令人遗憾的!

鉴于新时期加强敦煌学研究和建立敦煌法学新学科的需要,我们在前人研究成果的基础上，经过数十年的积累和近三年的集中写作，完成了《敦煌法学文稿》及其姊妹篇《敦煌古代法律制度略论》两部书稿60万字，并申报成为兰州大学"双一流"建设出版项目。

两部书稿写作的宗旨、要点、特点和意义是：

第一，构建敦煌法学新学科，填补敦煌学的一大空白和阙失。本书认为，敦煌法学是研究我国敦煌及其周边地区石窟艺术与出土法律文献及其他资料中所反映出的我国古代敦煌法律现象、法制状况、法律生活、法律关系、法律过程与变迁的学问，是敦煌学的一个分支学科，一个重要组成部分。敦煌法学将形成自身概念体系、原理体系、知识体系、制度体系、方法体系，具备自身认知方式、思维方式、行为方式，通过丰富、真实的敦煌法律文献，认识、再现、研究尘封千年的古代敦煌法制状况、法律生活与变迁，探取其发展规律与传承价值，为当代法治建设提供借鉴、源泉。

第二，拓展敦煌法学研究空间、领域、资料范围。增强敦煌法学与周边、与中原、河西、丝路、西域、中亚、西亚、南亚、欧洲的联系，法制与政治、经济、社会、文化的联系；强调画塑、遗书，汉简、碑铭赞及古道、邮驿、长城、烽燧、城堡、河渠、古代墓葬等遗址遗物的搜集、整理；在时间跨度上，以中古时代千年为主，但也可以扩及传说时代至今五千年；如果以区域研究为中心，则敦煌学、敦煌法学的研究范围还会更加扩展，这是亚欧北非板块所提供的辽阔地理历史空间所使然，虽然它依然是有边界的。

第三，注重敦煌法学的归属与自身特点。敦煌法学是以地为名的新型法学学科，它有自身独立的研究对象、范围、学理体系、制度体系和研究方法，理应归属于敦煌学，成为敦煌学的一个重要分支学科。它是我国法学、法理学、法史学的组成部分，但也在一定程度上跨越了国别和地理界域。它依然以中华文化、法文化为主流，但也融汇国内外各民族、各国、各地域、各宗教文化及法文化，具有多元性、多样性、丰富性，成为独特的法学学科门类。

第四，敦煌是世界文化艺术宝库，敦煌学、敦煌法学必然依其浓郁的文化性为其本质特征。敦煌文化法文化表现出很高的哲理性和形上思维，究天人之际，探万物运行机理，荟萃世界文明。加之儒释道融通，独树一帜，气象恢弘。敦煌人物、事件、故事、场景、艺术造型，常常表现出法律角色与文化角色、宗教角色、社会角色的兼具共融，展现出多面性、复杂性。像佛陀、弟子、观世音菩萨，他们既是佛祖、佛教高层，又是佛教惩恶扬善基本教义和"清规戒律"的最高立法者、戒律改革者、执法者、履行者，是佛教人物、文化人物与法律人物的完美结合。再如九色鹿，它是非常完美的艺术形像，但也蕴含着平等、自由、善良、尊严、权利和公平正义的最高法律宗旨。这些事例形象地诠释了"法律文化"，是"法律与文化相契合"的基本学理和基本精神。

第五，敦煌法学具有很强的实践应用性，彰显出盛唐和敦煌法制的发达形态。敦煌法制和法律生活是当时当地敦煌人自己创造，自己生活其中，关系自身利益，寄托自身欲求的社会现实和历史记载，是真实生活的法律化、制度化。国法私契、民事刑事、诉讼判例，体系完整、办案认真、效率快、水平高，彰显整个敦煌法制状况已达发达程度。

第六，《敦煌古代法律制度略论》主要内容是论述法律制度。国家制度、法律制度是一个国家的基本制度。敦煌法制文献所反映出的敦煌古代法制状况和法律生活集中体现为法律制度，因而，敦煌古代法律制度也就成为敦煌法学研究的基本内容。

敦煌法学将根植于中华文化和法律文化的深厚历史沃土，适应时代需求，依据数以千计万计的丰富法律文献资料，两千余年的历史跨度和地理区位优势，百年研究史和累累成果，弘扬敦煌学术团队的莫高精神，使敦煌法学迅速发展成长为敦煌学的一大支柱性分支学科和学科群，在深挖历史、把握当代、传承创新中展现新姿！

李功国

2020 年 6 月 10 日于兰州

目 录

敦煌法律制度概说 …………………………………………… (1)

第一章 国家正籍典章 ………………………………………… (4)
  第一节 敦煌文献中律令残卷的形成背景 ………………… (5)
  第二节 敦煌法律文献中的国家正典 ……………………… (8)
  第三节 敦煌文献中正籍典章的主要内容 ………………… (15)
  第四节 敦煌文献中正籍典章的意义 ……………………… (29)
  第五节 礼制 ………………………………………………… (31)

第二章 经济管理法律制度 …………………………………… (35)
  第一节 敦煌法律文献中的经济管理法律制度 …………… (35)
  第二节 敦煌法律文献中的土地制度 ……………………… (40)
  第三节 敦煌遗书中的人口管理制度 ……………………… (45)
  第四节 租庸调制度 ………………………………………… (46)
  第五节 水利管理制度 ……………………………………… (50)
  第六节 隋唐时期敦煌地区的手工业管理制度 …………… (56)
  第七节 敦煌遗书中的畜牧业管理制度 …………………… (63)
  第八节 敦煌法律文献中的商业贸易制度 ………………… (65)

第三章 敦煌、吐鲁番契约与契约管理制度 ………………… (91)
  第一节 敦煌、吐鲁番法律文献中的契约文书 …………… (91)
  第二节 国家对契约的管理 ………………………………… (128)
  第三节 敦煌契约的特点与价值 …………………………… (132)

【附】对敦煌借贷契约的一个架构性分析 …………………… (140)

第四章　敦煌文献中的婚姻家庭与继承制度 ……………… (158)
第一节　婚姻关系的建立 ……………………………… (158)
第二节　夫妻关系 ……………………………………… (169)
第三节　父母子女关系 ………………………………… (175)
第四节　婚姻关系的解除 ……………………………… (182)
第五节　继承制度 ……………………………………… (191)

第五章　敦煌法律文献中的民族宗教法律制度 …………… (197)
第一节　民族法律制度 ………………………………… (198)
第二节　宗教法律制度 ………………………………… (213)

第六章　敦煌法律文献中的诉讼法律制度 ………………… (237)
第一节　敦煌法律文献中反映出的我国古代司法机构和司法人员 …………………………………………………… (238)
第二节　敦煌法律文献中的诉讼程序制度 …………… (240)
第三节　敦煌诉讼档案文书中的重要判集 …………… (243)
第四节　敦煌判例的特点 ……………………………… (244)
第五节　敦煌法律案例解析 …………………………… (246)

参考文献 …………………………………………………………… (299)

后　记 ……………………………………………………………… (304)

敦煌法律制度概说

　　敦煌法律制度是敦煌法学研究的基本内容。由于现实社会法律生活丰富多样，法律制度调整、规束不同法域、不同法律关系、不同法律部门，并由此形成法律制度体系。而制度体系则依据立法体系而产生，这就是社会生活的法律化、制度化。从法学的角度讲，对不同法域、不同法律部门、不同法律制度的研究，就有可能形成不同的法学分支，由此，敦煌法学也包含多个分支学科。敦煌学文理兼容，是以地为名的多种学

祁连　河西

科的集群，敦煌法学既是敦煌学的分支学科，又包含其下位阶的敦煌刑法学、敦煌民法学等子学科，从而形成了敦煌法学的自身体系。由于当下作为敦煌学分支学科的敦煌法学正在形成中，其组织结构主要以制度体系为内容，是适宜的。

制度因循于立法和法律的形式渊源，敦煌法律的形式渊源包括：

1. 国家制定法。主要指隋唐等中央王朝制定的律（律疏）、令、格、式，包括隋朝《开皇律》，唐朝《贞观律》、《永徽律》与律疏（合称《唐律疏议》）、《开元律疏》等正籍典章，以及皇帝发布的诏书"制敕文书"、官府"状牒文书"、司法判例与案卷等。还有地方政府、割据政权、外族统治政权发布的各种法规、细则、法律性文件等。

2. 礼。中国古代实行"礼法共治"，敦煌遗书中唐礼分为贞观礼、显庆礼、开元礼、开元后礼四个阶段，唐玄宗开元二十年（732年）编成的《大唐开元礼》可以看作唐礼的"法典化"，而与开元礼属于同一时期的——敦煌书仪写本，则反映出礼仪的"庶民化"。说明"礼"在敦煌现实中已成为基本行为规范和社会治理规范，实际上已成为我国及敦煌重要的法制渊源。

3. 契约法。敦煌及吐鲁番出土契约文书600余件，明确记载"官有政法、人从私契"，这是古代敦煌人关于契约是私法、是本土自治法的本土意识。敦煌及吐鲁番出土契约不仅数量多、类型多样，而且契约要素齐全、形式规范，已达到成熟、发达程度，成为敦煌法制一大私法渊源。

4. 家庭家族法。我国古代的农业经济、封建政治、家国人文情怀，决定了家庭家族的重要社会地位。敦煌平民百姓和世族大户十分看重婚丧嫁娶、夫妻感情、父母恩情、子女教养，婚姻家庭关系较为平等和谐，家法族规也较为宽松。

5. 习惯法、民间法。广义地讲，除国家制定法外，所有以社会、民间为立法主体的社会规范和行为规范，都可以成为习惯法、民间法；狭义地讲，习惯法主要是指国家认可或具有规束意义的约定俗成并长期延续的风俗习惯；民间法则指民间及社会组织制定的具有规束力的社会自治法。敦煌地处偏远，与中央王朝联系薄弱，又长期处于地方割据政权和部族政权统治之下，因而社会自治程度较高，造成习惯法、民间法畅行。如基层"社"组织及其规约、乡规民约、农时耕作规约、婚丧嫁娶、节庆禁忌等，构成为敦煌法制的重要支撑。

6. 民族宗教法。敦煌是佛教圣地，是多种宗教、多个民族交汇之地。中央王朝对周边各民族采取和平联谊、互通贸易、屯田戍边、征战讨伐、羁縻安定政策，敦煌地方政权和周边各国各民族也有各自的政策举措与法律制度。它们相互影响、冲突碰撞、磨合通融，形成敦煌法制的多元多样和复杂局面。

敦煌佛教教义是"诸恶莫作，诸善当行，自净其意，是诸佛教"，佛家视佛、法、僧为"三宝"，讲究"戒、定、慧"，敦煌各寺院以戒律与禅定并存。佛教寺规戒律极多，有"五戒""八戒""比丘二百五十戒""比丘尼三百四十八戒"等。这些佛教"清规戒律"应属于宗教自治法，僧俗两界都有执法权，不仅对教徒信众，而且对世俗社会生活也产生了重要影响。

7. 商业贸易法。敦煌是我国古丝绸之路上的第一重镇和商贸大都会，商旅往来，驼铃声声，市场繁盛，商品丰富，交通驿站顺畅，商贸政策与法律严明而宽松。成为我国陆路民族贸易、国际贸易的中枢。敦煌法律文献所反映出的商贸政策与法律规范相当丰富，成为敦煌法律体系的重要组成部分和形式渊源。

8. 敦煌法律文化。法律文化侧重于法律的形上思维、价值观念。敦煌是世界四大古文明和多种文化包括法律文化交汇之地。敦煌文化、法文化与河西文化、五凉文化、丝路文化融为一体，成为我国河西文化、北国文化、江南文化三极之一。敦煌法律文献中蕴含大量儒、道、释法律文化思想，精彩判词、生动法律故事、鲜活法律形象，是传统法律文化的集中展示。

9. 其他形式。敦煌法律文献中还包含着教育法、科技法、计量法、生态环境法、老年人权益保障法等形式，形成比较完整的法律渊源体系，并进而形成敦煌古代社会法律制度体系。

第 一 章

国家正籍典章

正籍典章主要指国家制定颁布的法律典章，即成文法（制定法）。我国早在西周时期就已有了成文法。随着我国古代文明的递嬗演进，经过千余年的发展，至隋唐时期，我国古代成文法已很发达、成熟。唐代法典如《永徽律疏》即《唐律疏议》，集前人之大成，以其完备和权威，成为后世的楷模。在敦煌发现的有关法律条文及律疏、令、格、式的抄本，主要是大唐王朝颁布的法律正籍典章，由此形成国家基本法律制度。

敦煌 莫高窟 外景

第一节 敦煌文献中律令残卷的形成背景

敦煌文献中保存的律、令、格、式残卷,是唐王朝法制文明的重要标志。这些律、令、格、式残卷反映了从贞观年间到开元年间唐前期的重大立法活动,为我们研究唐律的制定及发展演变提供了宝贵资料。

嘉峪关　城楼

李唐王朝的建立,是中国封建社会的鼎盛时期。在中国漫长的封建社会发展史中,出现过三次高潮,即秦汉、隋唐、明清时期。隋唐两代是古代封建盛世,"开皇盛世""贞观之治""开元之治"是这种鼎盛局面的集中表现。这一时期,我国在政治、经济和文化方面取得了辉煌的成就。政治上,统一的多民族国家进一步巩固和发展,中央封建专制统治政体进一步巩固。经济上,社会生产力高度发达,农业、畜牧业、手工业、造纸业、瓷器制造业获得长足发展。与此相适应,隋唐两代的商业贸易已达到相当高的水平,成为当时世界贸易的中心,形成长安、洛阳、广州、凉州、敦煌等一批国际性贸易城市。文化上，在书法、绘画、诗歌等领域取得了杰出的成就。

唐代这种鼎盛局面的形成得力于经济发展、国家统一、社会稳定，而这些局面的出现又是与唐初统治者大力修订法律，注重通过法律调控社会经济生活分不开的。

唐代是在我国封建法律制度发展史上处于顶峰、影响巨大的一个朝代。唐代立法活动及其立法成果——唐律及其疏议在我国法制史上占有重要的地位。

唐初统治者认真吸取暴政亡隋的经验教训，提出了"安人宁国"的治国方针，并将这种治国方针贯彻于立法中，成为立法的指导思想。具体体现在以下几个方面：

首先，奉行"德主刑辅"的法律思想。德主刑辅是儒家的重要法律思想，这一思想与周公的"明德慎罚"思想有明显的继承关系，这一重要法律思想自孔子、孟子提出至西汉董仲舒进一步得到发展。董仲舒为"德主刑辅"从"天"那里找到了理论根据，他说："天道之大者在阴阳，阳为德、阴为刑；刑主杀而德主生……以此见天之任德不任刑也。"（《汉书·董仲舒传》）意思是说，天亲阳而疏阴，任德而不任刑。自此以后，德主刑辅的法律思想被后代一些著名的思想家、政治家所主张。唐太宗李世民提出的"明刑弼教"主张，就是德主刑辅思想的反映。这点在唐初立法中也得到了明确体现，如《唐律疏议·名例》说："德礼为政教之本，刑罚为政教之用，犹昏晓阳秋相须而成者也。"

其次，在立法中遵循公平立法、宽简适当的思想。隋朝《开皇律》继承了《北齐律》"法令明审，科条简要"的传统，又为唐律奠定了重要基础。唐初统治者对法律的功能作用有明确的认识。魏征曾说"且法，国之权衡也，时之准绳也，权衡所以定轻重，准绳所以正曲直"（《贞观政要》），因此立法要力求做到公平合理，所谓"今作法贵其宽平"。宽与简是唐初立法的一个重要思想。唐高祖李渊所颁布的《武德律》，就贯彻了"务在宽简，取便于时"的原则。太宗李世民即位后，力图更进一步完善《武德律》。他说："国家法令，惟须简令，不可一罪作数种条，格式既多，官人不能尽记，更生奸诈，若欲出罪即引轻条，若欲重罪即引重条。数变法者，实不益道理，益令审细，毋使互交。"（《贞观政要》）

贞观年间修订法律时，基本上贯穿了这种宽简原则。《资治通鉴》对这一历史事实作了明确记载："凡削烦去蠹，变重为轻者，不可胜纪。"

最后，必须保持法律的稳定性与连续性，不可数变。唐初统治者认为，法律固然要随着时势的发展而变化，但不可多变，以保持它的相对稳定性。法律多变的矛盾很多，多变"官长不能尽记"，影响法律的执行；多变容易产生律文"前后差违"，官吏可以上下其手，舞文异法；多变会使"人心多惑，奸诈益生"，失掉人们的信任，从而导致法律难以实施。

在这些立法思想的指导下，唐律经过几代人的努力终于完成，成为我国封建法制史上的里程碑。

中国封建社会自秦始皇统一全国后，即在原秦国法律的基础上制定了统一的法律推行全国。秦律是商鞅以李悝的《法经》为蓝本而制定的，为以后中国封建法律制度的历史发展划定了基本框架，汉承秦制，西汉建国后，萧何曾对秦律加以修订整理，称"九章律"。以后两汉各朝均有增删，法律陈陈相因，主要法律形式为律、令、科、比等，经魏晋南北朝而至隋，隋文帝杨坚综合前代各种制度，本着"帝王作法，沿革不同，取适于时，固有损益"的原则，积极进行立法活动，制定了历史上有名的《开皇律》。《开皇律》是魏晋南北朝以来封建刑律的直接继承者，但其在基本内容与篇章体例方面都有显著发展。唐朝统治者在《开皇律》的基础上，结合新的形势需要，先后制定了《武德律》《贞观律》《永徽律》等，公元652年，唐高宗下令由长孙无忌等对《永徽律》逐条逐句进行注释，律和疏合二为一，颁行天下，作为统一的唐王朝通用的法律。这些法典中，《武德律》《贞观律》已经亡佚，留传至今的就是律和疏合二为一的《永徽律疏》，后世称之为《唐律疏议》。

《唐律疏议》是我国自成文法产生以来法律文化发展的结晶，其结构严谨，文字简洁，注疏确切，举例适当，以它为核心，形成了古代东方中华法系，其立法精神及立法体例不但为唐以后历朝所采用，而且对亚洲其他国家的法律文化都产生了巨大影响，在世界法律文明史上留下光辉灿烂的一页。

从法律形式看，这时已发展为律、令、格、式四种，这四种法律形式各有其功效。《唐六典》载："律以正刑定罪，令以设范立制，格以禁违止邪，式以轨物程事。"律主要是刑法方面的内容，其中也包括民法、婚姻法及诉讼法的规范，具有较大的稳定性和确定性；令是国家组织制度方面的有关规定，涉及范围比较广泛；格是皇帝临时颁布的各种单行敕令、指示的汇编，内容庞杂，是法律法令的重要来源；式是国家机关的公文程式和行政活动的细则，具有行政法规的性质。这四种法律形式，在敦煌、吐鲁番发现的正籍典章法律文献中都有所体现，反映出中国封建社会的法律制度至唐时已体系化和周密化。

第二节 敦煌法律文献中的国家正典

正典是国家制定的法典，敦煌遗书中保存了许多王朝制定的律、令、格、式等形式的法典，反映出当时敦煌和西部地区仍在唐王朝的统治之下，是非常珍贵的历史资料。

一 国家正典

国家"正典"，就是国家制定的法典。敦煌当时处于封建王朝统治时代，所以，国家制定的法典，也就是封建王朝制定的法典。

秦朝统一中国后，本着"法律由一统"原则，改战国李悝《法经》中的"六法"为"六律"，形成"律""令"等法律形式。"律"与"法"同义，是比较稳定的法律条文，"令"则为皇帝在法律之外颁布的诏令。汉律以《九章》律为核心，以律、令、科、比为形式。延至唐，则形成以《贞观律》为定律的《永徽律》及其《疏议》，形成律、令、格、式四种形式。

1. 敦煌法律文献中保存的"正典"，主要有唐朝的《贞观律》《永徽律》等，如"永徽名例律断片""永徽职制律断片""垂拱职制、户婚、厩库律残卷""贞观捕亡律断片""开元名例律疏残卷""永徽职制律疏断片""开元贼盗律疏断片""开元杂律疏残卷""永徽东宫诸府职令残卷""开元公式令残卷""神龙散颁刑部格残卷""开元户部格残卷""开元职方格断片""开元兵部选格断片""贞观吏部式断片""开元水部式残卷""天宝令式表残卷"等。

敦煌法制文书中保存的《贞观律》，制定于唐太宗贞观元年，后经房玄龄等人历经10年方告完成，共12篇500条。同时定令1590条，共30卷，定格700条，18卷。《永徽律》于唐高宗永徽二年制定完，共12篇500条。又本着法典精神实质，逐条逐句对律文作出统一解释，附于律文之后，同正文一并具有法律效力，称为《律疏》，于永徽四年公布。《律》与《律疏》后世合称为《唐律疏议》，是我国保存下来最早的一部完整的封建法典。之后，武则天、中宗、睿宗和玄宗时期，也分别修订过律令格式。

2. 律、令、格、式

律、令是秦汉以来的法律形式，三国两晋南北朝时期，法律形式由汉代的律、令、科、比逐步向隋唐的律、令、格、式过渡，最终奠定了律、令、格、式并行的基础。按《唐六典》和《新唐书·刑法志》的解释，律是正刑定罪的法律，是对违反令、格、式或有其他行凶作恶而构成犯罪的行为定罪判刑的刑事法规。令是设范立制的法规，大多因时而制，为律之辅助与补充。所谓"令以教喻为宗，律以惩正为本""律以正罪名，令以存事制""违令有罪请入律"就划分了律与令的界限。格则是皇帝的制、敕汇编，内容涉及朝臣制度、章程及违禁止邪的法规。式则为轨物程事之法，类似于现代国家机关的办事细则和规定公文程式的法规。唐王朝运用以上四种形式，相互补充，组织严密法网，以提高封建统治机构的效能，加强封建专制主义的中央集权制度。

敦煌遗书所保留的律、令、格、式残卷，记载了唐《永徽律》中的"十恶"条、"八议"条、"同居相为隐"诸条，《垂拱律》中的职制、户婚、厩库三篇律文之一部分，《贞观律》捕亡篇中的主守不觉失囚条等，开元二十五年律疏卷一名例十恶条之一部分以及官当条、除名条等。令卷中包括永徽令卷六东宫诸府职令、开元七年或二十五年公式令等。格卷中有神龙散颁之刑部格、开元户部格、开元职方格、开元兵部选格等。式中有贞观吏部式文、开元二十五年水部式等。

律、令、格、式属于封建王朝制定法的"正典"。这些律、令、格、式残卷是研究我国封建王朝制定法的珍贵资料，成为构造敦煌法制和法律文化的基本组成部分。

3. 敦煌法律文献中关于"令、格、式"等形式的保存，显得特别珍贵

我国古代法制史料中，虽然唐律也有亡佚和错漏，但基本上还是较

为完整地保存了下来，但令、格、式却大都散失了。保存在《唐律疏议》《唐六典》《通典》《唐会要》等法典和书中的令、格、式并不详备，大多已不是完整的原貌，因而无法了解唐代令、格、式等法律形式的详细情况。而敦煌遗书中保存了许多唐代的令、格、式卷本。如 P.4634、S.1880、S.3375、S.11446 号《永徽东宫诸府职令残卷》，P.2819 号《开元公式令残卷》，P.3087、S.4673 号《神龙散颁刑部格残卷》，S.1344 号《开元户部格残卷》，周字 51 号《开元职方格断片》，P.4978 号《开元兵部选格断片》，P.4745《贞观吏部式断片》，P.2507 号《开元水部式残卷》，P.2904 号《天宝令式表残卷》，等等。这些卷子也有残缺，但可从中看到唐代令、格、式的原貌，弥补了一般文献史籍之不足和阙如，故而尤为珍贵。

【例1】《职制、户婚、厩库律残卷》与《名例律疏残卷》

《职制、户婚、厩库律残卷》共 171 行，是已知律写本残卷中篇幅最长、保存律文最多的卷子。其价值有三：

> 一是此件提供了久已亡佚的《垂拱律》原貌。《垂拱律》是在《永徽律》基础上改定的，故通过此件又可窥见《永徽律》之大体轮廓；
> 二是此件提供了唐律演变之确证，反映出律文的修改变动；
> 三是提供了唐代社会史之重要史料，如新律条比旧律条更加重视保护被放为良的奴婢、部曲的社会地位。

又如出于藏经洞、现存国家图书馆的《名例律疏残卷》，共 143 行，书写精美工整，可推测为尚书省颁往沙州之官文书。其价值首先是提供了开元二十五年律疏撰定之确切时间，可补史籍记载之阙；其次是记录了开元二十五年律疏撰人的确切姓名，可正史籍传写之讹，其刊定官之一实为左武卫参军霍煌，而《旧志》《会要》《册府》中讹作崔见、崔冕；再次是此卷保存了开元二十五年律疏之原貌。

【例2】《永徽东宫诸府职令残卷》

该《残卷》共215行，全面反映了东宫诸府的职员分布及职掌。如东宫"司经局：洗马二人（掌经史图籍，判局事），书令史二人（掌行署文案，余局书令史准此），书吏四人（掌同书令史），校书四人（掌雠校经籍），正字二人（掌刊正文字），典书二人（掌四部经籍，行署校写功程料度文案），装书生四人（掌装潢经籍），楷书令史三十人（掌写经籍），掌固四人。典膳局：典膳监二人（掌监膳食，进食先尝，判局事），丞二人（掌检校局事。若监并无，则一人判局事。余准此），书令史二人，书吏四人，主食六人（掌调和鼎味之食），典食二百人（掌造膳食及器皿之事），掌固四人。药藏局：药藏监二人（掌合和药，判局事），丞二人，书令史一人，书吏二人，侍医四人（掌和药、诊候），典药九人（掌供进药），药童十二人（掌捣筛诸药），掌固六人"。这卷文书钤有多方"凉州都督府之印"，卷首有"沙州写律令典赵元简初校"，"典田怀悟再校"及"凉州法曹参军王义"等字样，这说明此唐令残卷乃凉州都督府作为正式文书保存之官写本，成为了解唐"令"这一法律形式及永徽东宫诸府内部职员分布与职掌的原始性真实记录。

4."制敕文书"和"状牒文书"

除律、令、格、式等基本法律形式外，敕是皇帝在律之外发布命令的一种形式。敕通常是在特定的时间、对特定的人或事发生效力。按《大唐六典》卷九中书令条云：凡王言之制有七：一曰册书，二曰制书，三曰慰劳制书，四曰发日敕，五曰敕旨，六曰论事敕书，七曰敕牒。如S.6342《张议潮咸通二年收复凉州奏表并批答》，据唐长孺先生的考证，此表为张议潮咸通二年收复凉州之后请求唐朝廷加强对凉州经营的文书。而其中的批答部分则为一篇实实在在的敕牒，现录批答部分原文如下：

23. 敕：凉州朝廷旧地，收复亦甚辛勤，蕃屏□
24. 陲，固不抛弃。但以麴长申奏，粮科欠缺，
25. 途见权宜，亦非久制。近知蕃戎□
26. 状，不便改移，今已允依，一切仍旧。□
27. 心推许国，远有奏论，念其恳□，

28. 深可嘉奖，宜令中书门下宣示。
29. 十月三日召张□
30. 仆射相公中书门下□
（下残）

按照唐朝制度，张议潮表及皇帝批答要留中书门下为案，而中书门下另抄其表并将皇帝批答抄于"牒，奉敕"的敕牒中，再颁发给张议潮。但上件文书将表和批答直接敕与张议潮，中书门下没有另外拟牒，与制度相违。据此，有研究者推断可能是出于晚唐时期国家行政机构受宦官干政破坏，中书门下无法正常行使职权；也可能是张议潮情况特殊，故而不给敕牒而直接给了皇帝的批答敕文。这件文书的出现对于我们一览皇帝批答的原样有着极其重要的意义和价值。

敦煌遗书中还有不少牒文。《大唐六典》卷一"左右司郎中员外郎条"云："凡下之所以达上，其制亦有六，曰：表、状、牋（同'笺'）、启、辞、牒。表、状于天子；牋、启于皇太子；九品以上公文皆曰牒；庶人曰辞。"即上呈于天子的文书称为"表"；启于皇太子的文书称为"牋"；九品以上官员的公文称为"牒"；普通百姓的往来文书称为"辞"。

敦煌遗书中状牒文书丰富，其内容涉及营田、勋荫田、受田、退田、租田、请地、田亩、户口、徭役、税收、防人逃防、资丁、告身、雇佣、奴婢、婚姻家庭、地宅、债务等，是研究唐宋时期政治、经济、文化、民族、宗教和社会风情的珍贵资料，也是法律文化的重要组成部分。

【例3】P. 2825 号《唐景福二年九月卢忠达状》

百姓卢忠达状
卢忠达本户于城东小第一渠地一段廿亩，今被押衙高再晟侵将，不敢取近，伏望常侍仁恩照察，乞赐公凭，伏请处分。
牒件如前，谨牒。
景福二年九月□日押衙兼侍御史卢忠达状。

这是一件请求处分土地侵权的状牒。百姓卢忠达在城东的 20 亩土地被押衙高再晟侵占，请求常侍施恩明察，公平处理。

5."判例"和"案卷"

判例与案卷是具体记载审判与司法实践的个案、判集和审判档案的珍贵文献。我国古代社会在长期的司法实践中形成了注重法典审案也兼顾判例应用的传统。早在西周时期即已形成"上下比罪"的原则。唐朝在制定永徽律等大法典的同时，也将《龙筋凤髓判》这样的判决作为官定判例，形成以法典审判为主、以判例审判为辅的审判方式。除具有法律效力的官定判例外，还有一般审判中的案件和判集，真实、具体地记载了唐、宋时期的司法审判活动。

比如 P. 2979 号《唐开元二十四年九月岐州郿县尉勋牒判集》，即记载了唐玄宗开元二十四年（736 年）岐州（今陕西凤翔）郿县尉向州司户、尚书户部请求据实裁处征收地税、草料案的文牒以及审问、处理案件的判集。

【例4】"判问宋智咆悖第廿九"

初资助布丁，议而后举。不是专擅，不涉私术。因人之辞，遂其遗俗。务济公役，或慰远心。有宋智，众口之凶，惟下之蠹，资其亲近，独越他人，且妄指麾，是以留问。判曰：百姓彫（同"雕"）残，强人侵食，今发丁防，其弊公私。昨以借便衣资，长官不许，中得众人引诉，再三方可。如宋智阛门尽为老吏，吞削田地，其数甚多。昨乃兼一户人共一毡装，助其贫防，不着百钱，乃投此状条，且欲沮议。此状既善言不率，亦法语不恭，怒气高于县官，指麾似于长吏。忝为职守，许复许然。宋智帖狱留问，毡装别求人助。

此案中防丁系百姓服役烽火台，衣资亦须自备，家贫无力者，给予资助。而宋智此人，虽吞削田地，为数甚多，却不肯资助他人，反而扰乱秩序，指挥他人，出言不恭。于是就将他立案收监了。

【例5】"岐阳郎光隐匿防丁高元牒问第卅"

　　高元郡县百姓,岐阳寄田,其计素奸,其身难管,昨以身着丁防,款有告身。住取更不报来,遣追因即逃避,至如郎光郎隐,不知何色何人。既纠合朋徒,指挥村野,横捉里正殴打,转将高元隐藏。若此明凶,何成川县。且见去年孙录,今日刘诚,皆是庸愚,起此大患,寔(同"实")是下人易为扇动,狂狡选为英雄。若小不遂惩,必大而难挫,是事利国,当亦利人,其高元请送其身;郎隐乞推其党。

　　此案中百姓高元,隔县占田,逃避丁防。而郎光郎隐却纠集朋徒,指挥村民,将乡里小吏里正殴打,并将高元隐藏。判官认为百姓容易煽动,弄不好就会惹出像京城刘诚率众叛乱那种大患。于是判令将高元解送衙门,并追查郎隐的同党。

　　从这些案例中可以看出当时社会下层百姓劳役之苦,官府的催逼和民众的反抗,以及官府为维护统治秩序而动用刑罚和牢狱的真实状况。

6. 籍、簿等其他公文书

　　户籍对于一个国家来说,是对人民进行统治的重要工具。唐朝前期实行租庸调制,以人户为单位收税;中唐以后以两税法代之,虽加入了以土地为依据征收的一种税法,但人口始终在征税依据的行列,因此户籍的编订对于唐代而言,其意义是不言自明的。在敦煌文书被发现之前,研究者们只能根据正史典籍类文献来一探唐代税制的外延和概念,但想要探求籍账的实际情形及应用的具体情况却受到很大的局限。敦煌文书的出土为研究者一览唐五代户籍原貌提供了条件。今唐五代敦煌公文中的籍类文书存件较多,但多为残存一两行字的残本,仅留有少数相对完整的卷子,如 S.4682《唐公元七世纪后期西州高昌县籍》、S.6090《唐开元年代西州高昌县籍》、俄藏6058号《唐沙州敦煌县户籍》、俄藏5937号《唐开元七年(719年)沙州敦煌县龙勒乡户籍》、俄藏528号《唐开元年间沙州敦煌县神沙乡户籍》、俄藏3820、3851号《唐开元二十三年(735年)甘州张掖县某乡户籍》等。

　　敦煌文书中还有一类文书为"簿",仅存两篇,分别为大谷2835号

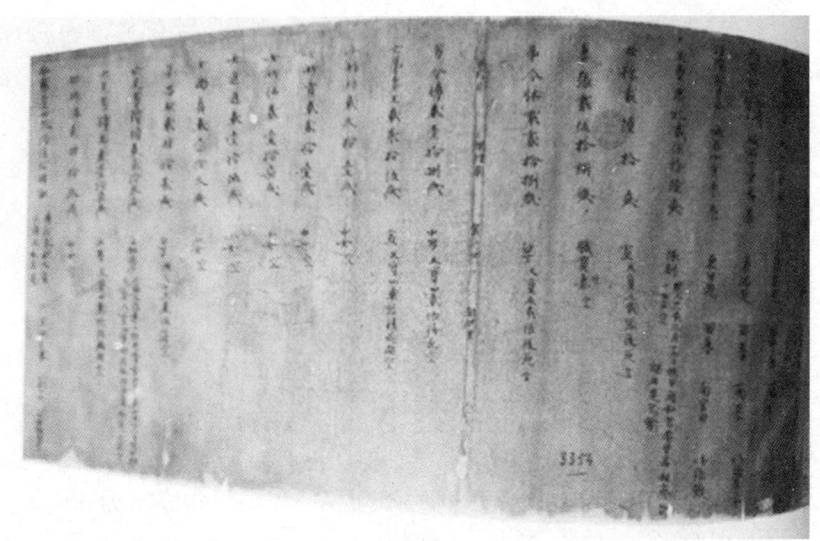

唐敦煌户籍文书

《圣力二年（699年）前后敦煌县动阴田簿》、大谷2834号《圣力二年（699年）前后敦煌县受田簿》，由标题可知这两份文书均与敦煌当地的田地授受相关，再根据大谷2835号的第1、2行原文"录事司""合勘阴用总七十六顷一十九亩"，可知这是敦煌县当地负责田地勘察的部门录事司记载各类田地的档案资料性专用文书；该文书从第3行起，便是对管内各段授阴田的亩数和四至的记载。

第三节 敦煌文献中正籍典章的主要内容

敦煌发现的正籍典章，共计有各类制定法28件，其中律10件，律疏6件，令2件，格5件，式4件，令表式1件。

一 律，共十件

1.《名例律》三个残卷

皆于20世纪初发现于敦煌。三件皆为《永徽名例律》（断片），其中二卷被俄国奥登堡掠走，现藏于俄罗斯圣彼得堡东方研究所；一卷被英国斯坦因掠走，现藏于英国伦敦大英图书馆。三卷都是残卷，最长的一卷有15行。另两卷一为5行，一为2行，经与官方正式保留下来的《唐律》核对，是《名例律》中《十恶》《八议》《同居相为隐》《官户部曲官私奴婢有犯》《化外人相犯》《本条别有制》《断罪无正条》七条。

《名例律》起源于魏晋，确立于北齐，《北齐律》12篇949条，"法令明审，科条简要"，首创"重罚十条"，其体系、内容至隋唐相沿袭继承。它如同现代刑法的总则，是《唐律》基本精神和基本原则的集中表现。完整的《名例律》共计6卷57条，内容包括五刑、八议、十恶以及其他定罪量刑的各项原则的具体规定，如关于划分公罪与私罪的原则、关于自首减免刑罚的原则、关于共同犯罪的处理原则、关于合并论罪的原则、关于累犯加重刑罚的原则、关于区分故意与过失的原则、关于类推的一般原则、关于老幼废疾减刑的原则、关于同居相隐不为罪的原则、关于涉外案件的处理原则等。敦煌发现三卷《永徽名例律》断片，内容仅包括部分原则，主要有：

（1）十恶

此卷仅为5行，从"十恶"两字开始，至于"七曰不孝"之注语。记载了十恶中之七恶罪名：一曰谋反、二曰谋大逆、三曰谋叛、四曰恶逆，五曰不道，六曰大不敬，七曰不孝。

唐代法律将违反封建社会道德与直接侵犯专制君主统治基础的行为概括为十恶。十恶大罪的具体内容除上述七项外，尚有八曰不睦、九曰不义、十曰内乱。所谓谋反，就是以各种手段反对专制君主为代表的封建国家统治的行为；所谓谋大逆，就是预谋毁坏宗庙山陵及宫阙的行为，宗庙即供奉先帝之庙宇，山陵即埋葬先帝之陵墓，宫阙即皇帝居住之宫殿；所谓谋叛，主要是指朝廷官吏背叛朝廷而投奔外国或投降伪政权的行为；所谓恶逆，主要是指杀无死罪者或杀人后而肢解的行为；所谓大不敬，凡对专制君主的人身及尊严有所侵犯之行为，都可以认为是大不敬；所谓不孝，就是子女不能善事父母的行为；所谓不睦，是指亲族之间互相侵犯的行为；所谓不义，就是卑下侵犯非血缘尊长的行为；所谓内乱，即指家族间犯奸的行为。

这十恶罪中尤以对谋反、谋大逆、谋叛处罪最为严苛，这是因为这三种行为直接危害封建制度的核心——至高无上的皇权，关系到封建王朝的生死存亡。《唐律疏议》卷一"十恶条"对为什么规定"十恶"的目的有明确概述："五刑之中，十恶尤切，亏损名教，毁裂冠冕，特标篇首，以为明诫，其数甚恶者，事类有十，故称十恶。"《唐六典》卷六对此也有明确阐述，"乃立十恶，以惩叛逆，禁淫乱，沮不孝，威不道"。

"十恶"之制并非唐律首创，早在汉代法律中已有"不道""不敬""不孝"等罪名，发展至北齐又规定了"重罪十条"，隋《开皇律》在《北齐律》的基础上将"重罪十条"概括为"十恶"，唐代法律沿袭了《开皇律》的这种规定。

(2) 八议

记载于敦煌发现的 S.9460A《永徽律》断片。仅存不完整之 2 行，第一行前半部分为《名例律》"十恶条""十曰内乱"的部分注文，后半部分为"八议条"之一部分，仅记载了"八议"中的两项规定，即"二曰谓故，三曰议贤"。

所谓"八议"，实质上是唐律关于保护与皇室有亲属关系或其他特殊关系之八种人的一种规定，凡属"八议"范围之内的人犯罪判刑，必须经过特别程序特别审议，并且享有减免刑罚之特权。

"八议"制度起源于《周礼》，但最早将此制规定于法律的则为《魏律》，自魏以后，晋、齐、宋、梁、陈、后魏、北齐、后周直至隋朝，都将"八议"明确规定于国家法律。

唐代法律规定，八议的主要对象为以下几种人：一曰议亲。议亲的对象就是皇亲国戚。二曰议故，谓故旧，即长期侍奉过皇帝的故旧。三曰议贤，谓有大德行者，即前德高尚者，实际上是指封建社会中的知名人士。四曰议能，谓有大才艺者，即有治国安邦之才者，即指封建统治阶级中能够治国安邦的杰出人才。五曰议功，谓有大功勋者。《疏义》具体将之解释为：能斩将夺旗、能征善战、横扫万里，或率众归化，宁济一时，匡救艰难，为封建国家建树过卓越功勋之人。六曰议贵，指职事官三品以上、散官二品以上及爵一品者，实质上是指封建贵族及大官僚。七曰议勤，谓有大勤劳者，即为封建国家勤劳服务的人。八曰议宾，谓承先代之后为国宾者，主要指前朝已退位的国君或贵族。

由上所述可知，八议的对象，不是皇帝的亲戚故旧，就是封建王朝的官僚贵族，所以八议制度实质上就是极少数人在法律上所享有的一种特权。具体特权表现为"议、请、减、赎、当、免之法"。所谓议，就是八议之人犯死罪者，一般官司不得裁决，都应将其所犯之罪行及应议的理由奏明皇帝，再交由公卿们聚众评议，免于死刑。具体程序为：凡八议之人犯死罪者，执法机关只就该人所犯的罪行，接律应当处死等情况奏明皇帝，经皇帝批准，转交尚书省，由尚书省召集在京七品以上官吏评议，再将评议结论奏请皇帝裁决判刑。所谓请，就是皇太子妃大功以上亲，应议者范围包括大功以上亲及孙，以及官爵五品以上的官吏犯罪者奏请皇帝裁决，流罪以下减一等。所谓减，就是七品以上官吏及应请者的亲属，犯流罪以下照例减一等，死罪则不能减免。所谓赎，就是应议、请、减及九品以上官及七品以上官的亲属，犯流罪以下可以用金钱赎罪，事实上死罪也可以收赎。所谓当，就是官当，即用官品来抵消刑罚，适用于一般官吏；所谓免，就是用免去官爵的办法来比作徒刑，如除名者比徒三年，免官者比徒二年，免所居官者比徒一年，是对犯有徒刑以下官吏的一种优待办法。

(3) 其他原则规定

唐律中规定的其他原则在敦煌发现的ⅡX.1391号文书《永徽名例律》（断片）中有所体现。这件文书共存15行，体现的原则主要有：关于类推的一般原则，关于官户、部曲、官私奴婢犯罪处理的规定，关于同居相隐不为罪的原则，关于涉外案件的处理原则。

第一，关于同居相隐不为罪的原则。同居相隐不为罪的思想渊源可追溯于《论语》中子路关于"父为子隐、子为父隐，直在其中矣"的思想。关于同居相隐不为罪的法律规定最迟在汉律中已有。唐代法律关于此项规定的具体内容如下：一是凡同居亲属，以及虽非同居大功以上亲属或小功以下但情重的亲属，有罪可以互相隐瞒，部曲、奴婢都可以为主人隐瞒罪行，甚至就是为犯罪者通风报信，令其隐避逃亡时，也不负刑事责任。二是相容隐者，有隐无犯。如相告发，被告者按自首论罪，告发者则判处告言罪，如果告发的是自己的祖父母、父母者，处以绞刑。三是如亲属所犯的是谋反、谋大逆、谋叛罪，同居者不得互相隐瞒。因此不适用这条规定。

第二，关于类推的一般原则。所谓类推，就是指对某些案件在法律上没有直接规定的情况下，以类似的法律规定进行处理的规定。我国古代关于类推的规定很早就有,如"决事比"、"比附接引"等规定。这一规定发展至唐朝更加体系化。《名例律》规定:"诸断罪而无正条,其应出罪者,则举重以明轻;其应入罪者,则举轻以明重。"所谓出罪,就是在免除刑事责任时,可以举重罪以比照轻罪,对轻罪的处理办法自然明确。所谓入罪,就是在决定其应负刑事责任时,可以奉出轻罪以比较重罪,则对重罪的处理办法自然明确。规定类推的目的是为了弥补法律上存在的空白,类推的规定表明,唐代立法者已非常注意健全法律制度,设置严密的法律体系以维护统治阶级的利益。

第三,关于官户、部曲、官私奴婢犯罪处理的规定。唐代法律将自然人划分为两类,以良贱对称。良指良人,又称百姓,凡人、常人、白丁,实质上是一般之平民。良人享有人身自由,同时对国家负有纳税、服役、征防的义务。贱指贱人,又称为贱类,包括官贱和私贱两种,官贱隶属官司,私贱为私人所有。官贱分为官奴婢、官户和工乐户、杂户和太常音声人三个等级;私贱包括私奴婢和部曲两个等级。贱民,无论官贱、私贱,都不享有人身自由,也没有平等的社会地位,其中官私奴婢地位最低,列于资财,比作畜产,不同人例。部曲,官户和工乐户地位稍高,不同资财,杂户和太常音声人有独立之户籍,比较接近良人,是贱民中地位最高的阶层。因此,良人和贱人在法律上的地位不同,"诸官户、部曲、官私奴婢有犯,本条无正文者,各准良人,若犯流徒者,加杖,免居作(即因役)……若老小及废疾,不合加杖,无财者放免,即同主奴婢自相,主求免者,听减死一等"①。通过这些规定,确立了处理官户、部曲、官私奴婢犯罪的一般原则。

第四,关于涉外案件处理的一般原则。见"化外人相犯条"之规定。化指教化,化外谓教化不及之处,即外国。《唐律疏议》卷6对化外人有明确的解释:"化外人,谓蕃夷之国,别立君长者。"唐代法律规定:"诸化外人,同类自相犯者,各依本俗法,异类相犯者,以法律论。"② 意思是说,凡同属一国的外国人互相之间发生犯罪,按其本国法律规定处理;如是外国人与本国人之间发生纠纷及犯罪,适用唐朝法律。这一规定,

---

① 刘俊文:《敦煌吐鲁番唐代法制文书考释》,中华书局1989年版,第32页。
② 刘俊文:《敦煌吐鲁番唐代法制文书考释》,中华书局1989年版,第33页。

既反映了唐政权统治者尊重外国人的风俗习惯，又体现了他们维护国家主权的严正立场。

2. 《擅兴律》

主要是关于兵士征集、军队调动及营造方面的规定，今传本《唐律疏议》载共24条。20世纪初出于吐鲁番吐峪沟的关于该篇的两个残卷，仅存3条。一被日本大谷探险队掠走，现藏日本京都龙谷大学图书馆，编号大谷8098。一在德国东方学与亚洲历史研究所，德藏991号，分别为8行、11行两卷，内容有《征讨告贼消息》、《主将守城》、《非公文出华戎仗》3条。

3. 《诈伪律》

是关于欺诈和伪造方面的法律，今传本《唐律疏议》载共27条，吐鲁番发现的该文书一卷分成两个碎片，仅三行，录《伪造御宝》、《伪写官文书印》两条。

4. 《贼盗律》

是关于保护封建政权、地主阶级的政治利益及生命、财产不受侵犯的法律。今传本《唐律疏议》共载54条，而出于吐鲁番的该文书为一个残卷，仅只3行，记录了"知略和诱和同相卖"条。是关于禁止买卖人口的规定。该条规定，凡掠人或掠卖人，即抢掠或诱骗人口出卖为奴婢、部曲或妻、妾、子、孙者，根据不同情况分别处以徒、流、绞刑。掠取他人奴婢以强盗论；私诱者以窃盗论，等等。

5. 《职制律》

有两个卷子，皆出于20世纪初的敦煌。其中卷收藏于北京图书馆，是《永徽职制律》断片，文书编号为丽字85号，首尾皆缺，仅存3行，载"乘驿马舆和物"条及"长户及使人有犯"条之各一部分。另一卷，现藏法国巴黎国立图书馆，为法国人伯希和20世纪初从敦煌掠走，文书编号为P.3608,3252，抄录的是武则天在位时实施的法典，全卷由前后两个断卷组成，不仅抄录了《职制律》，而且抄录了《户婚律》、《厩库律》，其卷较长，共10纸，171行。其中《职制律》共计51条。今本《唐律疏议》共3卷58条，敦煌发现的这两个残卷，共计53条，基本上反映出了《职制律》的全貌。《职制律》实质上是唐政府有关官吏的行为规范及驿传方面的法律。

关于官吏的行为规范方面，《职制律》作出了详细的规定，如有违犯，是按所犯罪行的不同予以处罚，如规定"诸庙享，知有缌麻以上丧，遣充执事者，笞五十，陪从者，笞卅，主司不知，勿诸论，有丧不自言者，亦如之"①。如果家有丧事，还被派遣办事，对派事的官吏要笞五十，如被派遣的陪从人员家中有丧事，对派事官员要笞三十；如果家里有丧事，自己不告知别人，罪刑一样。如还规定"诸上书若奏事误犯宗庙讳者，杖八十，口误及余文书误犯者，笞五十"②。对在任官吏虚报政绩、立碑颂功者，法律规定要判处徒刑。如"诸在官长吏，实无政迹，辄立碑者徒一年，若遣人妄称己善，申请于上者，杖一百"③。对贪官污吏，《职制律》中规定了严格的处罚办法。"诸监临主司受财而枉法者，一尺杖一百，一疋加一等，十五疋绞；不枉法者，一尺杖九十，二疋加一等，三十疋加役流。"各级执法官吏如收受贿赂枉法裁判，根据不同情况处以刑罚，罪止死刑。"诸有事先不许财，事过之后而受财者，事若枉，准枉法论；事不枉者，以受所监临财物论。"此外，官吏如收受其管辖范围内人民的财物、猪羊供馈或役使其所辖区的人民；或向其借贷财物、奴婢、牛马以及接受财物而为人请求者，都以贪污论罪。从上述法律规定可以看出，唐政府对各级官吏都设有严格的行为规范，对以各种形式贪污受贿、营私舞弊的官吏严厉打击，严加惩处。

关于驿传方面的法律。唐朝统治者为了加强中央对地方的强有力控制，及时下达朝廷颁发的政令，迅速上报地方上发生的各种重大事件，建立了严密完善的馆驿制度。唐代驿制有水、陆两种制度。凡陆驿都根据事务忙闲情况配备一定数量的马和驴。敦煌发现《永徽职制律》（断片）中的"驿驴"，即指驿站配备之驴。由于驿传事情关系国家的军政大事，所以唐政府在《职制律》中对驿站官吏的职责、驿马的使用用途都作了严格详细的规定。如果使用驿马做买卖，则按货物轻重予以处罚。唐代法律对驿使耽误日程也作出了明确规定，如果驿使耽误日程，不按期到达，则一日杖八十，二日加一等，如贻误军情则加重三等，后果严

---

① 刘俊文：《敦煌吐鲁番唐代法制文书考释》，第41页。
② 刘俊文：《敦煌吐鲁番唐代法制文书考释》，第41页。
③ 刘俊文：《敦煌吐鲁番唐代法制文书考释》，第41页。

重的处以绞刑。即所谓"诸驿使稽程者，一日杖八十，二日加一等。罪止徒二年。若军机要速者，加三等。……以故陷败户口、军人、城戍者，绞"。这些规定，对于维护唐朝统治、保卫国防有重大意义。

6.《户婚律》

是关于户籍、土地、赋税以及婚姻家庭方面的法律条文。完整的唐律《户婚律》共计3卷46条。敦煌发现的 P.3608、3252《垂拱职制户婚厩库律残卷》全文抄录了《户婚律》，从"脱漏户口增减年状"条至"嫁娶违律"条。

首先，法律严格保护国有土地和地主的私有土地。土地是古代人们最重要的生产资料和生活资料，因此，唐代法律对此作了严格的规定。唐初实行均田制，由里正按法律规定授田、征收田赋及课税。所授之田，十分之二为永业，余以为口分。永业田可以买卖，而口分田一般情况下不准买卖。对于私自买卖、盗耕种公私田者，处以笞刑或徒刑二年。同时法律规定：禁止占田超过法律规定，如占田过限，占过一亩，笞十，十亩加一等，最高判处徒刑一年。

其次，关于户籍管理方面的法律规定。赋税是封建国家财政的主要来源和赖以存在的经济基础，而户口则是国家征收赋税的基本根据，对稳定国家财政收入具有重要意义。为此，《户婚律》规定：凡脱漏户口，隐瞒不报户口的，家长判处三年徒刑。各级官吏（包括里正），也根据所管辖地区脱漏户口的多少，分别处以笞刑或徒刑。

最后，关于婚姻、家庭和继承方面的法律如下：

在婚丧嫁娶方面，《户婚律》对悔约行为、重婚行为等作了较详细规定。对于已报婚书及有私约，或受聘礼而辄悔者，杖六十。如果已有妻室再娶妻的，判处一年徒刑。对冒充顶替结婚的行为，唐律规定为违法行为，要处以徒刑。还规定良贱不得通婚，对于奴婢和嫁女与良人为妻妾者，按准盗论。对家中尊长（主指父母、祖父母）被囚禁期间、有丧事期间而嫁娶者，法律规定要严加处罚。婚丧嫁娶受到严格保护，"诸立嫡违法者，徒一年"。

7.《厩库律》

是唐政府管理国有与私有牲畜、仓库方面的法律。也见于敦煌发现的 P.3608、3252 号文书。文书第162行写道："《厩库律》第五，凡贰拾捌条。"今本《唐律疏议》保存下来的完整的《厩库律》也共计 1 卷 28 条。文书残卷不全，共记录了 28 条中的 4 条内容，起自"牧畜产死失及课不充"条，讫止"乘官畜车私驮载"条。

关于牲畜管理方面的法规。首先对管理牲畜官吏违反职责、失职的处罚作出了具体规定："诸牧畜产，准所除外，死、失及课不充者一，牧长及牧子笞卅，三加一等，过杖一百，十加一等，罪止徒三年，羊减三等。新任不满一年，而有死、失者，计一年之内个别应除多少，准折为罪。"① 并规定官有牲畜如饲养不得法以致死亡者，处笞刑和杖刑。利用官畜驮运私物，驮运超出规定数量及养马官不调习者，处以笞刑或杖刑。为保护畜力，法律对驿马每日的行走里数都作了明确规定，还规定，对故意杀死官私牛马者，处以一年半徒刑。这些规定促进了唐前期生产力的迅速恢复和发展。

关于仓库管理法规，唐律规定对进出仓库的人，必须进行搜检，以避免盗窃。否则，主管官吏笞二十。如果仓库被盗，主管官吏处笞刑乃至徒刑。对库藏物品保管不善而有损坏者，坐赃论。规定这些的目的，是为了确保官有财产不受侵犯。

8.《捕亡律》

是关于追捕罪犯和逃亡士兵及役丁的法律，全文共 1 卷 18 条，20 世纪初出于敦煌的《捕亡律》残卷，学者断为贞观年间抄写，所载内容为《贞观律》的一部分。为英国人斯坦因盗走，现藏于英国伦敦印度事务部图书馆，编号为 ch0045，仅存 14 行、记录了《捕亡律》中的"主守不觉失囚"条、"容止他界逃亡浮浪"条和"知情藏匿罪人"条，共 3 条。其主要内容为：首先规定了追捕逃亡罪犯的期限及逾期追捕不到的法律责任。追捕不到，要判刑处罚。"皆听一百日追捕，限内能自捕得，及他人捕得，若囚已死，及自首，除其罪。即限外捕得，及囚已死、若自首者，各又追减一等，监当之官，各减主守三等。"对于故意放跑罪犯的，加重处罚，以罪犯所犯之罪处罚。"故纵者，不给捕限，即以其罪罪之。"如果放跑的罪犯尚未判决，放跑后又能自己追捕回来，减轻刑罚。"未断决间，能自捕得，若囚已死，及自首，各减一等。"对于容留罪犯在管辖范

---

① 刘俊文：《敦煌吐鲁番唐代法制文书考释》，第 52 页。

围内的里正等各级官吏，也要处以刑罚。"诸部内容止他界逃亡浮浪者一人，里正笞卅，囚人加一等，县内，五个笞卅，十人加一等，州随所管县，通计为罪。（皆以长官为首，佐职官为从。）各罪止徒三年。"如果知道是逃犯仍然藏匿或给罪犯资财，帮助其逃匿的，按罪犯所犯罪的刑罚减一等判处。"诸知情藏匿罪人，若过致资给，令得隐避者，各减罪人罪一等。"

唐律共12篇502条，敦煌发现的唐代法律文书中，删去重复，现已知道对唐律中的八篇130条作了抄写。

二 律疏，共六件

1.《名例律疏》残卷

共有3卷。其中两卷20世纪初出自敦煌，一卷为法国人伯希和掠走，现藏法国巴黎国立图书馆，有104行，编号为P.3593，记录律疏卷一《名例律》"十恶"条之一部分，从"十恶"的疏语开始，至"六曰大不敬"结束；一卷幸免被盗，现藏北京图书馆，计148行，编号为河字17号。卷尾题名曰《律疏卷第二名例》，实际只抄写了《唐律疏议》卷二《名例·官当》条文一部分及《除名》条全部。另外一卷出自吐鲁番，现藏新疆博物馆，有41行，起《称日者以百刻》条至《称加者就重》条。现按卷分述如下：

（1）P.3593开元名例律疏残卷

该卷开篇先介绍了"十恶"罪名的来龙去脉，"开皇创制，始备此科，酌于旧典，数存于十，大业有造，复更刊除，十条之内，唯存其八。自武德已来仍遵开皇，无所损益"。然后通过"议曰""注云""议曰"的格式，解释十恶罪的具体含义，如"一曰：谋反"条：

一曰：谋反。议曰：按《公羊传》云，君亲无将，将而必诛。谓将有逆心，而害于君父者，则必诛之。《左传》云，天反时为灾，人反德为乱。然王者居宸报之至尊，奉上天之宝命，同二仪之覆载，作兆庶之父母，为子为臣，惟忠惟孝，乃敢包藏凶匿，将起逆心，规反天常，悖逆人理，故曰谋反。

注曰：谓谋危社稷。

议曰：社为五土之神、稷为田正也，所以神地道，主司啬。君为神主、食乃人天，主泰即神安，神宁即时稔。臣下将图逆节，而有无君之心，君位若危，神将安恃。不敢指斥尊号，故托云社稷。《周礼》云，左祖右社，人君所尊也。

这段文字对"谋反"大罪解释十分周详，谋反是反天、反地、反人伦。君是天、地、人伦道德的代表，反君就是反天、反地、悖逆人伦的举动，因此列为"十恶"中的首位。

（2）河字17号开元律疏卷第二名例残卷

该卷记录了《名例律》最后两条，即《官当条》之一部分及《除名条》之全部。卷尾列有奏上年月"开元廿五年六月廿七日"以及刑定官王敬从、俞元祀、陈承信、霍晃、牛仙客、李林甫等人姓名。是尚书省颁往沙州（敦煌）的官府文书，通过议、问、答的形式，对在什么情况下适用"官当"、什么情况下适用除名作了详细解释。如：

"议曰：谓缘坐之中，有男夫年八十及笃疾、妇人年六十及废疾，虽免缘坐之罪，身有官品者，亦可除名。"

问曰：带官应合比缘坐，其身先亡，子孙反犯反逆，亦合除名以不

答曰：缘坐之法，唯据生存。出养，入道，尚不缘坐，无宜先死，到遣除名，理条弘通，告身不合追毁。告身虽有合毁，不合为阴。

（3）新疆博物馆73TAM532号名例律疏残卷

此件盖有西州都督府之印。

2.《职制律疏》残卷

共1卷。20世纪初出自敦煌，为法国人伯希和盗走，编号为P.3690，现藏法国巴黎国立图书馆。该卷首尾皆缺，存12行，记载了《律疏》卷9《职制律》中的《合和御药有误条》疏文的一部分以及《造御膳有误条》、《御幸舟船有误条》和《乘舆服御物持护修整不如法条》律文的一部分，系律和疏的混合抄写。规定了造御膳的具体标准以及违反规定后

的处罚措施，如规定"诸造御膳，误犯食禁者、主食绞。……不品尝者，杖一百"。疏议解释为：造御膳者，皆依《食经》。《食经》是一部关于饮食及食疗的书。

3.《贼盗律疏》残卷

共1卷，20世纪初出于敦煌，为英国人斯坦因盗走，现存英国伦敦大英图书馆，编号为S.6138。记载了《唐律疏议》卷17《贼盗谋反大逆条》疏文之一部分，对造谣惑众谋反作了比较详细规定："或虚报反状、妄说反由，如此传惑众人，而无真状可验者，自从妖法。"按律处以绞刑。

4.《杂律疏》残卷

20世纪初出于敦煌，是斯坦因、伯希和之劫余，后被李盛铎私吞，并于30年代末流落海外，至今下落不明。录文见《敦煌石室碎金》，有80行，记载了《律疏》卷27《杂律》中《毁人碑碣石兽条》、《停留请受军器条》、《弃毁亡失官私器物条》、《亡失符印求访条》和《得宿藏物隐而不送条》之一部分。

《唐律·杂律》规定内容十分广泛，除上述几条外，还有关于买卖、借贷、市场管理、犯奸、私铸货币、赌博、决失堤防、破坏桥梁、放火失火、医疗事故、阻碍交通等方面的法律规定。完整的《杂律》共计2卷62条。

敦煌发现的这件《杂律疏》残卷，主要是对上述几条的司法解释，如其规定："诸亡失器物符印之类应坐者，皆听卅日求访，不得，然后决罪。若限内能自访得及他人得者，免其罪；限后得者，追减三等。"疏议根据此条，又对亡失宝及门钥匙、官文书、制书等情况作了具体解释，丢失上述东西的，与丢失器物符印一样按律执行。

这6件律疏，从年代来看，除《职制律疏》为永徽年间所写外，其他几件都是开元年间的抄本。

三 令，共有两件

均于20世纪初出于敦煌，其中一卷为《永徽东宫诸府职员令残卷》，断裂为数片，分别被英国人斯坦因和法国人伯希和盗走，现分藏于英国伦敦大英图书馆和法国巴黎国立图书馆，全卷首缺尾完，中部残损较多，有215行。骑纸缝处盖有"凉州都督府之印",说明该卷是凉州都督府作为正式文书保存的官写本,其权威性毋庸置疑。

该卷首行起"亭长四人,掌固六人",终于"凉州法曹参军王仪"。是有关东宫、王府职员设置人数的标准,犹如现代的行政机关编制法,定岗定位定人数,以确保东宫、五府的正常运转。

另一卷为《开元公式令残卷》,20世纪初出于敦煌,为法国人伯希和盗走,现藏法国巴黎国立图书馆,上有凉州都督府印,全卷104行。主要内容为"移式"、"关式"、"牒式"、"符式"、"制授告身式"和"奏授告身式"等官文书。

所谓移式,是指移文之格式,唐制,凡公文移交事务在同级官府移送,则为移文。所谓关式,是指关文的格式,是尚书省内各曹司互相通告事务的文书。所谓牒式,是指牒文的格式。唐制,下级呈送上级的公文格式有六种,即表、状、牋、启、辞、牒。表、状于天子;牋、启于皇太子;九品以上公文皆曰牒;庶人曰辞。凡上级官府向下级官府发送公文,也有六种格式,即制、敕、册、令、教、符。又规定,尚书省发送州的公文,州发送县的公文,都叫符。所谓制授告身式,即制授之官告身格式。告身是指任命官吏的文件,如现在的委任状。所谓奏授告身式,是指奏授之官告身格式。唐代法律规定,凡六品以下官吏,都由尚书省和吏部考核(武官由兵部),然后根据其才能提出拟用职意见,奏请皇帝下旨授官,叫作奏授。

四 格,共五件

敦煌、吐鲁番文书中,共有格5件。一为《散颁刑部格》残卷,20世纪初出于敦煌,断为两片,分别被英国人斯坦因和法国人伯希和掠走。其前半部现藏法国巴黎国立图书馆,录文第1—91行;后半部现藏英国伦敦大英图书馆,录文第92—120行,全卷首全尾残,合计120行,文书第一行有"散颁刑部格卷"字,主要内容有"伪造官文书印"的量刑标准、官吏贪污受贿如何处罚的条文以及九品以上官员犯罪的得罚程序等17条。二为《垂拱后常行格》,出自吐鲁番,现藏柏林东方学研究所,仅16行,内容都以"敕"开头,是有关百官奏事,出入门及三省补令史等规定。三为《开元户部格》残卷,20世纪初出自敦煌,被英国人斯坦因盗走，现藏英国伦敦大英图书馆。该卷着尾皆缺损，共存69行，18条，其内容或是规定某事不得违反，如规定："诸色应食实封家，封户一定已后，不得辄有移改。"或是规定某事必须严加禁断，皆属禁违止邪的性质条文。四为《职方格》残卷。20世纪初出于敦煌，现藏北京图书馆。该卷首尾均缺，仅存7行，从条文内容来看，计两条。其一规定烽火递报失宜违时者，负责罚则之类；其二规定镇、戍、守捉各级官吏要对盗贼严加追捕打击，务令禁断，从性质上看属禁令之类。唐制，规定上述两类事务均属兵部职方郎中职掌范围，故称为《职方格》。五是《兵部选格》残卷，该文书20世纪初出于敦煌，被法国人伯希和盗走，现藏法国巴黎国立图书馆，计18行。是关于选择武将的法令。内中即有"兵部格"和"开元七年"字样。该卷详细规定了参选人资格、选授年限考核进官等事项，如规定"十五年以上者，授武散官"。

五 式，共三件

敦煌、吐鲁番文献中式有4件：一为《吏部式》，20世纪初出自敦煌，被法国人伯希和掠走，现藏法国巴黎国立图书馆，残卷首尾皆缺，共存九行，文卷上盖有"凉州都督府印"，是有关对唐代官员叙阶及子孙用荫方面的规定。唐代法律规定，子孙可以依靠父祖荫叙阶，称为"用荫"。意思是说父亲、祖父如果是高官，其子孙可以直接晋级做官。当然，晋级做官是有具体规定的。二为《度支式》，共两卷，皆出自吐鲁番，现藏新疆博物馆，共存30行，是有关庸调之征输、折纳、分配的一些规定。三为《开元水部式》，该文书20世纪初出自敦煌，被法国人伯希和掠走，现藏法国巴黎国立图书馆。文书首尾残缺，共存144行，是唐中央政府的水利管理法规。其中详细规定了各级水利管理官吏的职责、浇水灌田原则、修渠造堰应遵循的原则，等等。

六 令式表，一件

此卷20世纪初出于敦煌，为伯希和掠走，现藏法国巴黎国立图书馆，编号为P.2504。卷子呈表格式，卷首为表格子上端，卷尾为表格之下端，自上至下分格，自左至右分栏。共存5纸35格。此卷以旁行斜上的表格，节选并杂录令式多条。其形式与现存诸令格式残卷不同，显然不是一般的律令格式写来，而是官府为便于寻览另行编制的律令格式要节一类东西的抄本，其反映的法律内容十分广泛，除田令、禄令、假宁令、公式令、官品令以及吏部式等人所经常见到的令式外，还包括国忌庙讳、平阙式、不阙式、旧平阙式、新平阙式令和装束式等。可能是当时的官吏为便于适用、便于查阅法律规定而编制的表格。[1]

第四节　敦煌文献中正籍典章的意义

敦煌发现的唐政府颁发的律、令、格、式残卷，内容丰富，资料价值十分珍贵，它对于我们正确认识唐律的发展演变、研究唐代西北地区和敦煌的法制状况有非常重要的意义。

首先，敦煌唐代正典律、令、格、式的出土，填补了历史空白，其资料价值十分珍贵。敦煌、吐鲁番出土的正籍典章几乎囊括了唐代主要法律形式的各个方面，内容十分丰富。在敦煌、吐鲁番文书发现之前，唐代法律完整保留下来的只有《唐律疏议》文本，律和疏都整齐完整，但其余几种法律形式，如令、格、式则几乎没有，只在一些唐代人的著作中有片断引文，使人无法了解到其全貌。敦煌、吐鲁番唐代法制文书的发现，使我们对唐代法律有了更加全面深刻的了解，弥补了这方面的缺憾。这是其一。其二，就唐律来说，目前保留下来的仅为《永徽律疏》，即《唐律疏议》，但它是唐高宗时代的立法成果，至于在它之前的《武德律》和《贞观律》则均已散失，这不能不说是我国法制史上的一大遗憾。敦煌、吐鲁番出土的唐代法制文书时间跨度大，不仅有贞观年间、永徽年间、神龙年间、垂拱年间的（武则天执政时期），而且还有开元、天宝年间的，尤其是《贞观捕亡律》、《贞观吏部式》等残卷的发现，使我们对《贞观律》有了较为感性直观的认识。其三，由于敦煌、吐鲁番发现的唐代法律文书涉及年代多，使人可以从中探寻出唐律的发展演变过程。如从 P.3608、3252《垂拱职制户婚厩库律残卷》第 117、118 行的涂改中可知，唐律在武周垂拱后曾有过重大修订，根据有二：一是涂改

---

[1]　以上参考张晋藩《中国法制史》，商务印书馆 2010 年版。陈永胜《敦煌吐鲁番法制文书研究》，甘肃人民出版社 2000 年版。

后的律条比旧律条更加重视保护被放为良的部曲等阶层的社会地位，新、旧律条在刑罚上发生了变化，新律较旧律刑期上有所缩短，如原为徒二年，后改为徒一年半，等等；二是从原件涂改笔迹来看，涂改笔迹与原来笔迹并不相同，显然不是原来抄写笔误后即校改的。同时，涂改亦未使用武周新字，如第118行的"各还正之"。据此，我们推断很可能是因后来律文变动而进行的修改。

其次，敦煌唐代正籍典章的发现使我们对唐代前期全国的法制实施情况有了更加全面清晰的认识。敦煌、吐鲁番地处西北边陲，虽然我们从正史典籍中得知唐代对西北边疆的管理较前代有所加强，但具体情况如何，中央的政策法律是否在西部边远地区得到了实施，我们却不得而知。这些法制文书的发现，使上述疑问迎刃而解。从出土文书上盖有"凉州都护府"的官印情况分析，唐中央政府颁布的法律在当时的凉州都护府（管辖今甘肃河西走廊大部分地区）确实得到了实行。这说明，在唐前期中期，不仅立法完备，而且法律的实施状况是比较好的，从而也从另一侧面说明，唐代推行大一统的国家观，中央集权、法制统一，始终坚守中华法系正统，十分重视法制的实践运作，中央政府行政管理机制高效运转，其统治力是非常强劲的。

再次，敦煌出土的唐代正籍典章基本上可以说是唐律的一个缩影。唐律以其在中国法律发展史上承前启后的历史地位彪炳千古，其对亚洲其他国家法律文明发展的影响从敦煌出土文书中也可得到印证。如S.1344号《开元户部格残卷》第6—9行中载："其义必须累代同居，一门雍穆，尊卑有序，财食无私，远近钦永、州闾推伏。州县亲加案验，知状迹殊尤，使覆同者，准令申奏。其得旌表者，孝门复终孝子之身。"这段文字，我们可以在日本《令集解孝子》条中找到，内容几乎是把前引条文原封不动地搬过去。这说明，敦煌、吐鲁番遗书中正籍典章的发现不仅具有地方意义，而且具有世界意义。

最后，敦煌及其周边地区出土的正籍典章，虽然是以公法、刑律为主，但也包含着丰富的田、土、水、钱、粮、债、商贸、户婚等民事私法内容，表现出综合立法、民刑有分的真实状态，是我国古代民商法实际存在并有相当发展的历史见证。

第五节 礼制

一 礼

我国著名学者蔡元培先生认为:"我国古代有礼法之别。法者,今之所谓刑法也;而今之所谓民法,则颇具于礼。"礼的确是中国古代民法存在的一种基本形式。唐律认为,礼与法是两种不同而又相互联系的规范体系。礼是唐律的指导思想,法处处表现出礼,维护礼的尊严和要求。礼法并用体现在唐律的具体规定中。

礼是由传统和习俗形成的行为规范。《礼记·礼运》中说:"夫礼之初,始诸饮食,其燔黍捭豚,汙(同'污')尊而杯饮,蒉桴(意为用草和土抟成的鼓槌)而土鼓,犹若可以致其敬于鬼神。"这说明,礼最初产生于饮食和祭祀行为,烧黍禾,烤小猪,鼓之、乐之,以敬鬼神,让鬼神吃好喝好以保民生平安,反映中国先民的原初重生心理,也说明俗先于礼,礼来源于俗,以礼节俗则为礼俗,"援俗入礼"成为中国文化和法律文化发展的一条重要线索。

周朝比较重视人事,周人把礼从祭祖的仪式上加以引申,扩大为道德规范和治理国家、规范民间秩序的制度。按《礼记·曲礼》所说:"道德仁义,非礼不成;教训正俗,非礼不备;分争辨讼,非礼不决;君臣上下父子兄弟,非礼不定;宦学事师,非礼不亲;班朝治军,莅官行法,非礼威严不行;祷祠祭祀,供给鬼神,非礼不诚不庄。"国事、民事、家事、争讼、道德教化,几乎无所不包了。但就其内容,大致可以分为两个部分,即礼制和礼俗。礼制,是指国家的典章制度,像敦煌遗书中记载的朝廷官府体制、地方建制、身份等级序列、服制等,起着"经国家,定社稷,序民人,利后嗣"的重大作用;而礼俗则指未列入礼制,在民间习惯基础上形成的礼仪习俗。礼俗具有自发性、自在性和随习性,多是为本民族、本地区的生活有序而建立的行为规则,而且约定俗成,没有人为和法定的强制性,具有"自治法"性质。从敦煌石窟艺术和遗书中,大量反映出礼在规范人们的民事行为中的作用,农事、商事、佛事、婚姻家庭、民族生活,都记载和反映出实际存在的佛门寺院之礼仪、戒律,世俗生活中的吉、凶、军、宾、嘉五礼,其内容包含对天、地、鬼、神的祭祀之礼，家族、亲友、君臣上下之间的交往之礼，表现人生里程的冠、婚、丧、葬之礼，庆祝、凭吊、慰问、抚恤之礼，内容非常广泛。礼具有的民事习惯法性质，已从敦煌资料中得到了有力的佐证。

二　隋唐之礼

隋代"（裴政）与苏威等修定律令，（裴）政采魏晋刑典，下至齐、梁，沿革轻重，取其折衷"，兼采北齐、北魏以来法律，继续着以礼入律的进程。至唐代，律令体系完备发达，原属礼的许多具体行为规范，以不同的形式进入律令，其入律者，律文规定有明确的制裁措施，入令而未入律者，即所谓"令有禁制而律无罪名者"，刑法也有制裁措施。其后宋、元、明、清历代立法，体例规模虽有差异，但实质精神与唐律一脉相承。

在法理学上，礼俗属于习惯，礼教属于道德，两者都与礼密切相关。除了历代制定的礼典以外，秦汉以后所说的礼，一般指以《周礼》《礼记》《仪礼》三部礼经（"三礼"）为代表的古礼。三礼的内容、结构、规模相对稳定，有些观念、行为规范不尽适应后世封建专制社会的实际情况，从法律规范的结构要求来讲，有些礼也无法收入律令，即所谓"金科玉条，包罗难尽"。但是，许多没有收入律令的礼（行为规范），转化为礼俗后还在有效地调节人们的社会生活，而且它不同于一般依靠社会舆论、内心信念、头面人物的威信维持的习惯，而仍然有法律强制力为后盾。《唐律》规定："诸不应得为而为之者，笞四十，事理重者，杖八十。"所谓"不应得为"，就是"律令无条，理不可为者"，"礼也者，理也"，"礼也者，理之不可移者也"，理就是礼，"理不可为者"，就是礼不允许做的事。所以礼俗具有习惯法的性质。"不应得为"的法律规定，成为中国古代法制的一个特点，它为司法上的擅断主义留下了一条绿色通道。

礼的宗法等级原则经过历代儒者的抽象、阐释、改造，即成为礼教，它属于道德范畴，是中国古代社会占据统治地位的社会意识形态。礼教讲究等级名分，故又称"名教"；礼教讲究三纲五常，有时又称"纲常名教"。礼崩乐坏的春秋时期礼教逐渐形成礼教之"教"，不是"宗教"之"教"，而是"教化"之"教"，是"不教而杀谓之虐"之教。

教化的表现之一，是统治者、头面人物的以身作则，孔子说："其身正，不令而行，其身不正，虽令不行"；孟子说："以德服人者，中心悦而诚服也。""以德服人"的"德"，包括德政和德教，德政含法律手段，德教即礼教，能使"父子有亲、君臣有义、夫妇有别、长幼有叙、朋友有信"，德教优于德政，"善政不如善教之德民也，善政，民畏之；善教，民爱之。善政得民财，善教得民心"。对于维护社会秩序，教化的作用优于法律。

秦亡汉兴，统治集团总结经验教训，认识到"礼者禁于将然之前，法者禁于已然之后……礼云礼云者，贵绝恶于未萌，而起教于微眇，使民日迁善远恶而不自知也"，再一次阐释孔孟教化的作用优于法律的观点。董仲舒在此基础上，借助于其"阳尊阴卑""天人感应"的哲学理论，提出"阳为德，阴为刑"、"刑者德之辅，阴者阳之助"，即"德主刑辅"说。德主刑辅说强调礼教的作用，"教，政之本也；狱，政之末也"，礼教是刑政的主导，狱讼是刑政的末流，成为礼教与法制关系方面的正统思想，既为其后的以礼入律奠定了理论基础，也使无法直接具体地收入律令条文的礼教的背后，或隐或显地树起了国家强制力保障。

三 敦煌遗书中的礼制资料

敦煌遗书中对礼制的反映，一是保存着儒家经典；二是在文牒、判词和其他文书及文学艺术形式中，都表现着或者蕴含着我国古代"礼制"的内容；三是敦煌遗书中发现有上百件书仪，包括早期"月仪"贴一类朋友间的尺牍书、南朝家礼、官定五礼仪注的相关部分、与五礼仪注有关的令式，北朝及南朝以来北南方民间风俗的融入和提升。这些书仪写本反映出国家颁行的礼典在现实生活中已成为基本行为规范和社会治理规范，实际上已成为我国古代法制的基本组成部分。

我国学者通过对唐礼与敦煌礼仪的研究认为，唐礼发展大体可分为贞观礼、显庆礼、开元礼、开元后礼四个阶段。唐玄宗开元二十年（732年）编成的《大唐开元礼》可以看作唐代礼仪的"法典化"，而与开元礼属于同一时期的一组敦煌书仪写本，则反映了礼仪的庶民化、简约化，并通过书仪的变迁看到了礼制的变迁，由此又看到了唐及五代时期的社会变迁。如开元礼中对士大夫的婚仪规定了"三品以上婚"、"四品、五品婚"、"六品以下婚"三个档次，在六品以下部分也附有庶人适用部分，如"迎亲"礼规定，父公服，庶人常服，子服其上服，六品爵弁，庶人绛。六品以下花钗大袖之服，庶人花钗连裳服。说明唐礼虽以士大夫礼为主体，对庶人亦有所涉及。至于开元礼在实际生活中的应用细节，则反映在书仪中，如敦煌写本中，开元时期的代表性书仪杜有晋书仪。我国当代著名教煌学者谭蝉雪检出的 P. 2619 号残书仪，即为杜有晋《新定书仪镜》的部分，此残卷将《通婚函书》、《答函书》、《纳函书》等内容表现得细致生动，是开元书仪中关于婚仪之珍品。

武威汉简　士相见礼

另外，敦煌及其周边地区出土汉简、碑铭赞中，也有《士相见》等珍贵书仪资料。

第二章

经济管理法律制度

唐代经济繁荣，政府对经济社会生活的管理既严格又宽松，敦煌文献中反映出的各项经济、商贸制度，就是唐王朝经济管理法律制度的一个缩影。

第一节　敦煌法律文献中的经济管理法律制度

敦煌法律文献中详细记载了关于国家调整各种经济关系的经济法律规范与制度，这些经济法律制度涉及的内容极为广泛，包括土地水利资源的开发、利用制度，土地所有权的确认以及在此基础上建立起来的人口户籍管理制度、赋税制度，农牧业管理制度，手工业管理制度，商贸管理制度等多方面的内容。敦煌文献中反映出的唐代经济管理制度，是唐朝根据全国和河西、敦煌地区的实际状况制定的，有的是中央政府颁布的法律法规，有的是敦煌地方政府制定的实施细则，体现出敦煌地方特色。

第一，经济管理制度系统、严密、完善。唐对敦煌等地的开发管理，涉及农业、农田水利、畜牧业、手工业、商业以及与此密切相关的人口、户籍、赋税差役等制度，构成了一整套完善的制度体系。为了规范促进这些行业的健康发展，从中央政府到地方政权再到民间社会都因地制宜地设置了一套管理机制，如：对农田水利的管理设立了严密的组织机构、管理办法和具体制度与程序的操作，细致可行，在世界各国农田水利史上也属上乘。不仅唐中央政权、地方官府有严密完备的管理机构，在民间社会也有自治性的社会团体——渠人社来协助官府管理水利，以保障浇田用水等事宜的顺利完成。

第二，制度实施效率较高。从敦煌发现的文献表明，当时唐朝从中央政府到地方官吏，其行政效率是比较高的。

【例1】 后晋开运二年（945年）十二月河西归义军左马步押衙王文通牒及有关文书（P.3257号）

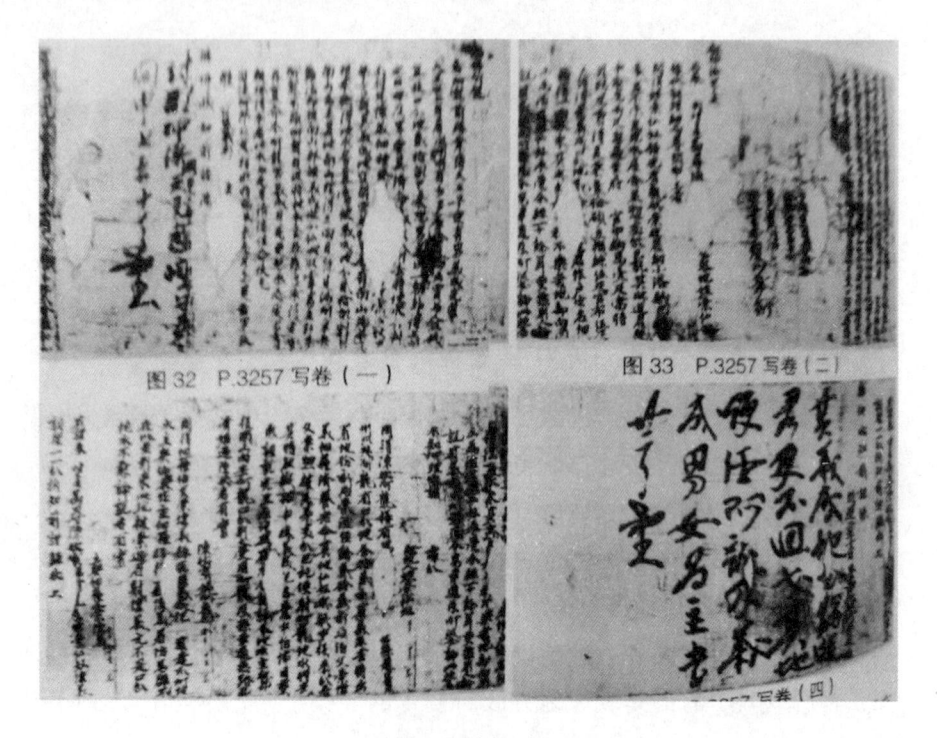

图32 P.3257写卷（一）　　图33 P.3257写卷（二）

阿龙土地纠纷案

1. 寡妇阿龙
2. 右阿龙前缘业薄，失主早丧，有男义成，先蒙
3. 大王世上身着瓜州。所有少多屋舍，先向出买与人，□残
4. 宜秋口分地二十亩以来，恐男义成一朝却得上州
5. 之日，母及男要其济命。义成瓜州去时，地水分料
6. 分付兄怀义佃种，更得房索佛奴尼
7. 弟言说，其义成地空闲。更弟佛奴房有南山兄弟一人
8. 投采，无得地水居业，当使义成地分二十亩，割与

9. 南山为主。其地南山经得三两月余,见沙州辛苦

10. 难活,却投南山部族。义成分地,佛奴收掌为主,针草

11. 阿龙不取,阿龙自从将地,衣食极难。垦求得处,安

12. 存贫命,合阿龙男义成身死,更无丞忘处男女恩

13. 亲。缘得本居地水,与老身济接性命。伏乞

14. 司徒阿朗仁慈祥照,特赐孤寡老身念见苦累。伏

15. 听公凭裁判处分

16. 牒件状如前　谨牒

17. 开运二年十二月日寡妇阿龙牒

18. 付都押衙王文通细与寻

19. 问申上者。十七日(曹元忠画押签名)

一

1. 甲午年二月十九日,索义成身着瓜州,所有父祖口分地三十二亩,分

2. 付与兄索怀义佃种。比至义成到沙州得来日,所着官司诸杂烽

3. 子,官柴草大小税役,并总兄怀义应料,一任施功佃种。若收得麦粟任

4. 自兄收,颗粒也不论说。义成若得沙州来者,却收本地。渠河口作税役不忏忏,

5. 自兄之事。两共面(对)平章,更不许休悔者。如先悔者,罚壮羊一口。恐人不信。

6. 故(——)立文凭,用为后验。

7. 种地人兄索怀义(押)

9. 种地人索富子(押)

10. 见人索流柱(押)

11. 见人书手判官张盈润知(押)

二

1. 都押衙王文通

2. 右奉判,付文通勘寻陈(状寡妇阿龙及)取地侄索佛奴

3. 据状词理，细与寻问申上者。
4. 问得侄索佛奴称，先有亲叔索进君幼小落贼，已经年
5. 载，并不承忘，地水屋舍，并总支分已讫。其叔进君贼
6. 中偷马两匹，忽遇至府，官中纳马匹。当时
7. 恩赐马贾（价），得麦粟一十硕，立机牒五匹，官布五匹。
8. 又请得索义成口分地二十二口（亩），进君作户生（主）名，佃
9. 种得一两秋来。其叔又居部族，不乐苦地，却向南
10. 山为话。其地佛奴承受，今经十一余年，更无别人论
11. 说。其义成瓜州治死，今男幸通及阿婆论此地者，
12. 不知何理。伏请　　处分。
13. 取地人索佛奴左手中贞节
14. 问得陈状阿龙称有男索义成口犯公条，遗着瓜
15. 州，只残阿龙有口分地三十二亩，其义成去时，出
16. 买（卖）地十亩与索流柱，余二十二亩与伯父索怀
17. 义佃种，济养老命。其地，佛奴叔贼中投来，本（分）居
18. 父业，总被兄弟支分已讫，便射阿龙地水将去。
19. 其时欲拟谐申，缘义成犯格，意中怕怖，因兹不
20. 敢词说。况且承地叔在，口不口合论诤。今地水主叔却
21. 投南山去，阿龙口分别人受用。阿龙及孙幸通无路存
22. 济，始过（是故）陈状者，有实。
23. 陈状寡妇阿龙右手中贞节
24. 问得佃种伯父索怀义称，先侄义成犯罪遣瓜州，地
25. 水立契仰怀义作主佃种，经得一秋，怀义着防马群不
26. 在。比至到来，此地被索进君射将。怀义元不是口分
27. 地水，不敢论说者，实有。
28. 立契佃种人索怀义左手中贞节
29. 右谨奉付文通勘寻陈状寡妇阿龙及侄索佛奴、怀义
30. 词理，一一分析如前，谨录状上。
31. 牒件状如前谨牒。
32. 开运二年十二月　日左马部押衙王文通牒
33. 其义成地分赐进

34. 君，更不迴戈，其地
35. 便任何阿龙及义
36. 成男女为主者。
37. 廿二日（签字）

　　这是一件由敦煌归于义军节度使曹元忠亲自审理的有关土地所有权制度（永业田、口分田、使用权），土地管理与争议处理的诉讼案件。第一部分为寡妇阿龙的诉状及归义军节度使曹元忠受理案件的批示；第二部分系索义成与索怀义的佃地契约；第三部分是左马步都押衙王文通的讯问记录、当事人的口供及曹元忠对案件的判决批示。敦煌百姓寡妇阿龙的丈夫早年去世，儿子义成犯法被遣送到瓜州。家中原有口分地32亩，义成出走时卖掉10亩，留下22亩交给了伯父索怀义佃种。索怀义由于其他的原因而没有耕种，导致土地空闲。后来索佛奴的叔叔索进君从远处回来，将自己获得的一匹马交给官府，受到官府奖励。同时索进君想继承家产。但因索进君从小就已经离开，本应由索进君继承的家产已被兄弟分割完毕，于是索进君就把由索怀义佃种现空闲的土地申请到自己名下。可是索进君由于离开家乡太久，已经不大习惯这里的生活，很快就离开了。从此这块土地便为索佛奴耕种。寡妇阿龙的儿子义成死后，阿龙与孙子幸通生活困难，遂向归义军衙门提起诉讼，要求收回土地。节度使曹元忠最后判决认为其地不需要再办理过户手续，直接归由阿龙所有。上述程序，反映了归义军时期敦煌官府办理民事诉讼案件的具体步骤及索取当事人口供、证据，呈送批复到最后结案的完整过程。归义军衙门从12月11日受理到当月22日结案前后只不过12天时间，考虑到案件的复杂程度，我们不得不叹服其效率与速度之高。敦煌学者李正宇先生认为这是我国保存最早的一宗民事诉讼案件的完整档案。

　　该案反映出归义军时期土地纠纷诉讼及敦煌民间百姓的法律生活，内容非常丰富。其一，此案使我们详细地知道了曹氏归义军衙门审理、调查、取证的整个过程，即首先由节度使批示，再交由左马步押衙调查，询问有关当事人及证人，再提交节度使，由节度使做出最后判决。其二，此案的证据制度也较为完善，不仅有书证（租佃契约），而且有当事人陈述。每位当事人陈述完毕后都签字画押，按男画左手中指节，女画右手中指节的规定进行，构成了完整的证据体系。其三，此案也反映了契约的效力问题。此案中最有力的证据是由索义成与其伯父签订的佃种契约，契约中约定，义成回来，可收本地。因此，尽管索进君取得土地的使用权，但索佛奴耕种其地无法律根据，所以，在最后判决时将索进君请射取得的22亩土地判归义成男女及阿龙所有，体现了官府对民间私契的尊重和私契具有法律效力的原则精神。

此件既是一件民事纠纷诉讼案件，同时也是一件土地管理行政案件。涉及唐代土地管理、行政效率等问题。此案的标的是土地所有权，具体为22亩口分田。我国隋唐时期土地制度划分为永业田和口分田并成为定制，仍苦于缺乏实证和史料的支持。而此案和敦煌其他有关永业田、口分田的具体分配资料，则提供了强有力的真实佐证。

第三，中国古代是中央集权制，行政管理（包括经济管理）制度相当发达。从历代王朝的治国理念，到制度保障，再到地方政府的贯彻实施，又有社会自治组织的配合，十分严谨周密。而且行政官员的任免、考核、监督、奖惩环环相扣，从而确保政统的安定有序。敦煌地域虽属边远，又多政权更替，但行政管理、经济管理依然严格有效，举措合理，堪称范例。

第二节　敦煌法律文献中的土地制度

唐初，为了使经过隋末战乱破坏的敦煌和吐鲁番等地的经济快速恢复和发展，保证西部边疆的稳定，巩固西部边防，唐朝中央政府在敦煌等地实施均田制，以确认土地的所有权，从而提高当地农民的生产积极性，推动当地经济的恢复和发展。

一　均田制

均田制是国家将固有土地分配给农民的一种制度。均田制的实行，以法律形式确认受田者的土地占有权和使用权，改变了赋税征收的混乱状态，调动了广大民众的生产积极性，在一定程度上减轻了自耕农的负担，有利于社会经济的恢复与发展，使敦煌等地的经济在唐初很短的时间内恢复了生机和繁荣。

关于均田制的基本内容，据《唐会要》记载，主要包括以下几种情

农作图

况：第一，每个 18 岁以上的男子（丁男）受田 100 亩，而对年过 60 的"老男"和 16 岁以上 18 岁以下的"中男"则授田 40 亩；第二，对身体有病的人（笃疾）和残疾人（废疾）分别授田 40 亩；第三，守寡的女子（寡妻妾）授田 30 亩；第四，道士和僧人授田 30 亩，女道士（女冠）和尼姑授田 20 亩。法律还规定，国家所授之田，十分之二为永业田，剩余的是口分田。同时，永业田作为个人的私产，可以传给子孙和自由买卖，而口分田只能占有、使用、收益而不能买卖。唐律还规定，对擅自买卖口分田者"一亩笞十，二十亩加一等，罪止杖一百，地还本主，财没不追"。均田制在最初颁布推行时，法令比较简单，后随着实践的发展，不断补充完善，到永徽年间编撰唐律及其疏议时，已臻于完善。

【例2】《武周大足元年沙州敦煌县效谷乡籍》

从敦煌出土的大量田籍文书可看出，唐朝统治者的法律制度在敦煌和吐鲁番等地也得到了较好的贯彻执行。我们在 P. 3557 号《武周大足元年沙州敦煌县效谷乡籍》中选取一户的记录来说明：

> 户主邯寿寿，年伍拾陆岁，白丁，课户见输
> 女，娘子，年拾三岁，小女

亡弟妻，孙，年叁拾陆岁，寡
计布二丈五尺
计麻三斤
计租二石
肆拾肆亩已受，廿亩永业
廿三亩口分
合应受田壹顷叁拾壹亩一亩居住园宅
八十七亩未受
　一段陆亩，永业。城东卅里两支渠。东宋孝行；西邯娑；南张善贵；北荒。
　一段伍亩，永业。城东卅里两支渠。东刘相；西曹石生；南自田；北索仲谦。
　一段伍亩，永业。城东卅里两支渠。东荒；西自田；南索仲谦；北刘海相。
　一段五亩，四亩永业，一亩口分。城东卅里两支渠。东树生；西屯屯；南索仲谦；北索仲谦。
　一段贰亩，口分。城东卅里两支渠。东自田；西场；南渠；北渠。
　一段壹亩，口分。城东卅里两支渠。东自田；西自田；南渠；北自田。
　一段贰亩，口分。城东卅里两支渠。东索善住；西道；南自田；北道。
　一段贰亩，口分。城东卅里两支渠。东自田；西邯文相；南道；北园。
　一段拾伍亩，口分。城东卅里两支渠。东康才；西宋君才；南渠；北渠。
　一段壹亩，居住园宅。

　　这是关于邯寿寿一户的户账。记录了该户户主及本户各成员的姓名、性别、年龄、身份，每名成员是否应当缴税和课赋的数量，各成员应受、已受及未受田的亩数，各块田地所处的方位等。盖有"沙州之印"、"敦煌之印"，属于州籍。可以说，这项记载既是户籍又是田籍，还是税收记录。唐代政府登记本地人口、土地、赋税等情况的乡籍，虽然史书中多有记载，但原物早已遗失多年，无一传世，而敦煌法律文献中的记载增加了我们对唐代乡籍形式、内容、性质、作用等一系列问题的认识，进而为我们研究探讨唐代的土地、户籍管理及赋税制度提供了宝贵的资料。

二 突田制

安史之乱后，吐蕃占领了河西陇右地区，改变了唐朝的授田制度，实行了"突田制"。"突"的原意是两头牛抬杠一天所耕土地的面积，在这里"突"实际上是土地计量单位，一突为十亩。突田制实际上是计口授田制，也就是按照每户人口的数量分配土地的制度。如敦煌文书P.3410号《沙州僧崇恩析产遗嘱》中有"无穷地两突。延康地两突"，S.4661号文书第一行有"八突"字样，其后则是明细的亩数记载。

【例3】 敦煌遗书 S.9156 号《沙州诸户口数地亩计簿》

  白光进五口（双渠二突半三亩四畦，都乡二亩一畦，宜秋东支渠二突四畦）计五突。
  白光胤二口（双树渠一突半四畦，员佛图渠一突四畦）计二突。
  陈英奴五口（双树渠一突三亩六畦，员佛图渠三突九畦，阳开渠一突三畦）计五突三亩。
  张华奴五口（双渠三突半七畦，员佛图渠三亩五畦，宜秋东支渠一突三畦，菜田渠二亩一畦）计五突。

  吐蕃在敦煌实行计口授田制之后，由于没有及时按各户家口变动情况重新分配土地，土地买卖及兼并之风便在社会上悄然而起，如 S.1475 背《未年安环清卖地契》等契约文书反映了这一事实。说明汉唐间我国土地私有制的传统已经根深蒂固，在这种情况下，吐蕃统治者可以凭借其政权力量，在敦煌等地推行带有土地国有性质的计口授田制，但却不能使其长期维持下去。计口授田不久，这些田土都变成了私田。

三　屯田制

屯田制是指利用士兵和农民垦种荒地，以取得军队的军粮和税粮的一种封建土地国有制。屯田制是汉代开创的，隋唐沿用。屯田分为民屯和军屯两种。民屯就是政府把流离失所的农民和移民组织起来，向他们提供种子、农具、耕畜等，让他们去耕种无主的土地和荒地；收获后，这些农民把收成的五成或六成上缴政府，作为租税。军屯以士兵为主，战时打仗，闲时种地，为军队补充军粮。军屯的土地属国家所有，耕牛、农具、种子也由官方配发，屯田军士的口粮也由官方配发，收获物则全部上缴国家，存于本军。由于唐代河西地区原有人口较少，所以屯田的发展主要以军屯为主，民屯所占比例较小。

屯田制不仅使隋末以来遭到战争破坏的北方社会经济得到恢复和发展，而且安置了大量的流民，稳定了北方的社会秩序，充实了国家力量，为唐朝政权的建立打下了基础。

虽然正史典籍没有记载唐代在敦煌是否有屯田之制，但根据敦煌等地发现的文献，敦煌地区在当时的确实行了屯田制度。不仅如此，唐朝还采取了一系列行之有效的管理办法，对屯田管理机构的职能、屯田管理官吏的设置及其职责、考核标准等都有详细的规定。如据《新唐书·百官志》载："边州别置经略使，沃衍有屯田之州，则置营田使。"《通鉴》卷210载："置河西节度、支度、营田等使，领凉、甘、肃、伊、瓜、沙、西七州，治凉州。"就是在河西地区设立军使、节度使、都督等管理屯田。

唐代屯田管理非常严格，对耕牛配发也很重视，并作出详细的规定。每年进行耕作时，政府要根据各屯所在地区的土质来决定耕牛的配给：土质硬则配耕牛多，土质软则配耕牛少。如敦煌文书P.2492《河西节度使判集》中记载"建康无屯牛，取肃州绝户朱光的遗产，变卖以后换得耕牛配给建康军"，这样就保证了河西屯田开发所需的畜力。

唐初屯田开发的成功，不仅为敦煌等地发展农业经济开垦了大量耕地，促进了西部农业的繁荣，而且创造了以军养军的成功之路，获得了巨大的社会效益。

第三节　敦煌遗书中的人口管理制度

唐初，由于隋末的战乱和少数民族的侵扰，敦煌等河西地区的社会、经济受到了严重的破坏，使人口的增长和经济的开发都遇到很大困难。针对这一严峻形势，唐前期为增加河西人口，采取了一系列政策法规以恢复和发展当地经济：

第一，加强了对河西地区编户的管理，设置并健全了乡、里建制，使农民与土地的结合更加牢固。

第二，采取免税等政策措施，吸引括还逃户。敦煌文书《长安三年三月括逃使牒并敦煌县牒》：甘、凉、瓜、肃等州"以田水稍宽，百姓多悉居城，庄野少（人）执作。沙州力田为务，大小咸解农功，逃迸投诣他州，例被招携安置"。

这里所说的甘、凉、瓜、肃等州"百姓多悉居城"，是说当地老百姓大多是以商业活动为生的，如以农业为主，则会依傍土地居于乡里。"田水稍宽"标志着河西农业扩大再生产潜力巨大，只是严重缺少劳力。于是官府遂颁布法令括还沙州（敦煌）逃户，对其采取系列配套优抚政策。如唐朝政府规定，在逃户未括归之时，所遗田产，"官代种子，付户助苗"，以免土地抛荒。当逃户返回本乡时，"苗稼见在，课役俱免，复得田苗"。这些政策措施体现了统治者宽容、扶持、鼓励民户回归沙州的立法意图。又如，天宝八年正月敕："其有逃还复业者，务令优恤，使得安存，纵先为代输租庸，不在酬还之限。"进一步要求地方政府优抚逃户，即使在民户回归之前代为缴纳税收，也不再酬还。

第三，积极推行屯田措施，增加河西开发农业经济的劳力。唐代在河西推行的屯田法令有两种形式即军屯和民屯，屯田军士也参与开发河西农业，为河西农业的开发增加了主力军。

第四，唐朝政府采取移民实边政策，向河西地区安置户口，包括安置少数民族人口。唐朝对少数民族实行羁縻政策，在边疆设都护府、羁縻府州，对少数民族政权采取册封、和亲、封爵、版籍不上户部等优抚措施，因此众多少数民族纷纷内附。如玄宗开元十一年（723年），吐谷浑"帅众诣沙州降，河西节度使抚纳之"。这些少数民族的纷纷内附，促进了民族融合，加快了少数民族的封建化进程，而且使敦煌等地的发展获得了更多的社会生产力。

唐朝政府为推动西部经济的发展采取了多种有效增加人口的法律措施，使敦煌等很快摆脱了隋末战乱后的一片萧条景象，呈现出一片繁荣局面。《资治通鉴》记载："是时中国强盛，自安远门西尽唐境万二千里，间间相望，桑麻翳野，天下富庶者无如陇右。"

第四节　租庸调制度

租庸调制是隋唐时期的赋税制度，这种赋税制度建立在均田制的基础上，租是田租，调是人头税，庸是指纳绢（或布）代役。租庸调制实施的前提是均田制的推行，其特点是以家庭为单位。租庸调制规定受田农民纳租调，服徭役兵役，即有田就有租，有户就有调，有身就有役。隋朝开始推行以庸代役，唐朝的庸不再有年龄限制。唐初法律规定"每丁租二石，绢二丈，绵三两"。后又进一步规定"每丁岁入粟二石，调则随乡土所产，绫绢各三丈，布加五分之一……凡丁岁役二旬，若不役则收其庸"。也就是说，租庸调是按成年男子的数量征收的，但其实质上是由农户负担的。唐初规定，男女21岁成丁、供役，60岁以上者免役。租、调所交纳的是产品，庸虽有劳役剥削的性质，但可以在"输庸代役"的情况下转化成产品。

【例4】中《武周大足元年沙州敦煌县效谷乡籍》（前一部分）

　　户主邯寿寿，年伍拾陆岁，白丁课户见输
　　女，娘子，年拾三岁，小女
　　亡弟妻，孙，年叁拾陆岁，寡
　　计布二丈五尺
　　计麻三斤
　　计租二石

这件文献所说的"计布二丈五尺、计麻三斤"是指户主邯寿寿每年向国家交纳的实物税,"计租二石"是户主每年向国家交纳的地租。这些资料说明敦煌等地已经普遍实行了租庸调法。租庸调制的实行,有利于保证农民的生产劳动时间,有利于减轻农民的赋役负担,有利于保障政府的赋税收入,有利于推动社会经济的发展。

一 敦煌法律文献中隋唐时期的地税规定

地税,是根据青苗顷亩征收的税种,原本是为义仓征收储存,以备灾荒之年救济灾民所需。《通典·食货·轻重》载:隋开皇十五年(595年)诏"灵、夏、甘、瓜(隋瓜州即敦煌)等十一州所有义仓杂种,并纳本州"。唐沿隋制,故沙州各县"义仓杂种"皆纳于郡仓(唐天宝年间沙州改称敦煌郡)。

【例5】《唐天宝九年(750年)八月敦煌郡仓纳谷牒》

这件文书编号为 P.2803,是登记当时敦煌县关于诸乡应纳义仓粟数种子申报郡仓的牒文,记载了当时收取地税的情况:

>　　合今载应纳种子粟壹万贰仟贰百捌拾伍硕玖斗叁升
>　　洪池乡柒佰壹拾陆硕壹斗壹胜陆合玖勺
>　　玉关乡壹仟肆拾壹硕肆斗贰胜玖合捌勺
>　　效谷乡玖佰玖硕肆斗贰胜捌合捌硕
>　　洪闰乡壹阡叁伯肆拾贰石玖斗伍升柒合
>　　悬泉乡壹阡伍伯壹石陆斗玖升陆合
>　　慈惠乡壹阡柒石陆斗柒升
>　　从化乡叁伯陆拾伍石贰斗壹升
>　　敦煌乡玖伯贰石捌斗贰合肆勺
>　　莫高乡捌伯柒石伍斗叁升玖合
>　　龙勒乡陆伯贰拾柒石玖斗柒升
>　　神沙乡玖伯贰拾壹石玖升伍合壹勺
>　　平康乡壹阡壹伯肆拾柒石叁斗肆升伍合
>　　寿昌乡玖伯玖拾肆石陆斗柒升
>　　牒状,件如前,谨牒

天宝九载八月廿七日史杨元晖牒

录事薛有明

宣德郎行尉事程盐械

廿七日　谦

从这件文书所载敦煌全县十三乡交纳地税情况来看，地税在当时是较为重要的税收种类。这种税收种类设立的本意不失为"取之于民，用之于民"。但随着均田制的逐渐瓦解，租庸调制的逐渐破坏，地税成为政府财政的主要来源之一，其作用也就更加突出。当时纳税的名目也比较多，有按户交纳的，也有按地亩交纳的。按地亩交纳的赋税，又称地子，其性质为地方税的一种。关于地子向官府交纳的记载多见于敦煌和吐鲁番出土的文献中，如敦煌遗书《唐天复七年（907年）洪池乡百姓高加盈等典地契》载"其地内所著官布、地子、柴草等仰地主抵当，不干种地人之事"；《吐鲁番出土文书》第五册所载《唐□□五年范海绪纳地子粟草抄》："范海绪纳五年地子粟叁硕贰□□肆围。其年九月十八日主簿父领"，也说明在敦煌和吐鲁番两地，地子作为地方税的主要税种广泛存在。而从各乡纳粟数，可以大致推算出各乡耕地面积及历来增减，从而成为农业史、制度史研究的重要资料。

【例6】《杨庆界寅年地子历》

杨庆界寅年地子历

青麦肆馱半玖豆，小麦肆拾馱貳豆，粟柒馱伍豆。禾两馱，豆肆馱半伍豆，计伍拾玖馱壹斗。曹兴国（小貳斗），余游严（貳斗），田福子（小半馱貳斗）（后略）

此文书前部分为杨庆界经手征纳的地子总数，后面是各户已交地子数的明细记载。吐蕃时期，为方便人们交纳赋税，同时也为了保证税收的及时足额征纳，常实行由几个人代收，然后集中交纳的办法。

二 敦煌文书中的"突税差科"规定

安史之乱后,吐蕃在敦煌地区实行突田制。随着突田制的推行,敦煌等地的赋税制度发生了较大变化,敦煌的各种赋税负担总称为"突税差科"或"突课差科"。一般人户皆需负担"突税差科",下引几件吐蕃统治时期的文献以说明之。

据《吐蕃酉年正月沙州乐人奉仙等牒》记载:"奉仙等虽沾乐人,八音未辨。常蒙抚恤,颇受赏荣。突课差科,优聆至甚。"也就是说,奉仙等乐人是因为演奏音乐而作为其应交纳的力役地租的替代物,从而免除他们的"差科"(力役)和"突课"(地租),而这些劳役和地租原本是一般人户所必须负担的"重科"。《吐蕃丑年十二月沙州僧龙藏牒》也记载"齐周身充将头,当户突税差科并无",即齐周虽然是官员,但仍然要负担"突税差科"。敦煌遗书的记载,可以说明吐蕃统治时期的"突税差科"的税制情况。

【例7】《吐蕃寅年沙州左三将纳丑年突田历》

左三将纳丑年(公元821年)突田历"招"再文下常乐。

张逸 常乐一驮半二斗 瓜州一驮寅?百尺一驮 氾弁开三驮 帖亲常乐一驮

索荣 常乐一驮半二斗 氾弁下青一驮半

小三驮半 又小半驮 瓜州自送一驮

……

张进卿 常乐一驮半二斗 小卿纳"不合纳"

……

张寺加 一千人斋一驮"不纳"

……

五什德 党顺纳常乐一驮"不合纳"

索蕃奴 常乐一驮半二斗 百尺青一驮小一驮 瓜州半驮

……

本件"突田历"中的"历"即是账目。唐代俗称支账为"入破历"。"突田历"就是指根据土地征收税收的账目。通过对本件文书的分析，可略知吐蕃占领时期突田制下的赋税制度的主要内容是：

第一，突田制下纳税户有纳和"不合纳"的区别，即正常纳税户和减免户的区别。

第二，各户一般均向常乐（地名）交纳一驮半，交瓜州一驮。

第三，虽然当时的纳突与计口授田有关，但突税并非按口（即按地亩）或按丁交纳，而是按户交纳，其税额是每户八驮上下。当时的一驮等于2石，半驮等于1石，因此，则每户每年需纳突16—20石，可见赋税是比较沉重的。

另外，从敦煌遗书可知，突田制下百姓除了纳突以外，还有差科。差科是指官府的徭役。

【例8】《丑年十二月沙州僧龙藏牒》

> 齐周身充将头，当户突税差科并无，官得手力一人，家中种田驱使，计功年到卅驮，从分部落午年至昨亥年，计卅年，计突课九百驮，尽在家中使用。
>
> 大兄初番和之日，齐周父脚下，附作奴。后至金弁使上析出为户，便有差税身役；直至于今。自齐周勾当之时，突田大家输纳。其身役知更远使，并不曾料。

从此件文书可知，差科包括身役、知更（守夜）、远使（派往远处当差）等。

敦煌文献中记载的敦煌等地赋税制度的实施情况，反映了唐朝统治阶级与吐蕃统治阶级对农民的剥削与统治情况，是敦煌地区社会经济生活的生动写照。

第五节　水利管理制度

敦煌莫高窟藏经洞出土的S.5894号《渠规残卷》文书开篇写道："本

地，水是人血脉"，一语道破了水在敦煌绿洲地区农业生产中的重要地位。敦煌文献中记载了敦煌地区众多的河流水渠，据李正宇先生统计，共辑得河流6条，水渠66道，以及湖泊、泉泽、池水若干，并绘制敦煌渠系分布示意图一帧，清晰地展现了唐宋时代敦煌地区密网错置的水利图景。

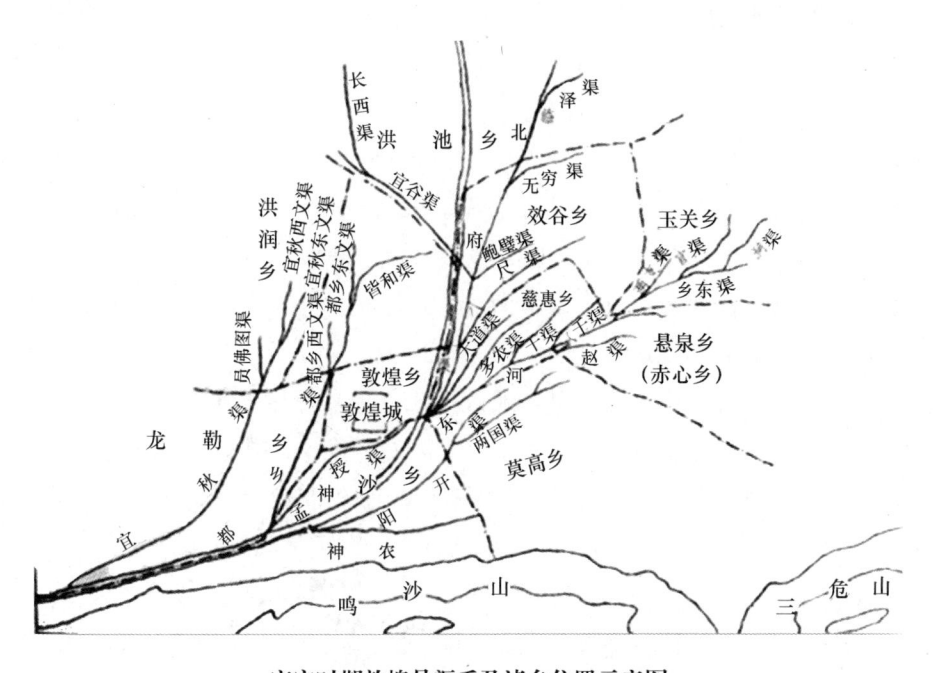

唐宋时期敦煌县渠系及诸乡位置示意图

资料来源：转引自李正宇《敦煌学导论》插图。

唐代水利管理制度已非常完备。敦煌文献中最重要的水利管理法规为《唐开元二十五年水部式残卷》和《沙州敦煌县行用水施行细则》。前者是中央政府颁布的水利管理法规，后者是地方政府制定的配套规章。以《水部式》为例，其内容涉及水利管理机构设置，主干支各级渠道浇田次序，灌溉时间和方法，斗门节水量，斗门开闭时期，渠道维修责任和方法，水道运输及渠道斗门设置，等等。

这些具体而细致的法律为提高水利工程的灌溉功效，保证农民的受益公平合理，起到了重大的作用。不论当时的中央政府还是地方政权，从官方政府到民间渠社组织，都十分重视加强农田水利制度建设，具体地说，上有专门的水司机构，下有广泛的渠社组织，协同管理，调节行水，灌溉农田，并对之进行积极有效的维修护理。可见，唐朝政府在敦煌建立了完备的水利管理机构和管理制度，形成了一套完善的组织体系。

一　敦煌遗书中唐朝政府的水利管理机构

从敦煌遗书中可以看出唐代的水利管理机构随着社会的变化而不断调整。

P. 2507 号文书《唐开元二十五年水部式残卷》规定：全国河渠水利诸事，中央由尚书省工部尚书下属的水部郎中、员外郎与都水监掌管；地方上由州县官检校；另外还设有专职管理农田水利的各级地方官吏，州设都渠治使，县设平水、前官，乡设渠头、渠长及斗门长等吏员。这些不同级别的管水人员对农田水利的管理不是凭个人意愿行事，而是严格按《水部式》的规定设立的。

安史之乱后，吐蕃控制河西地区，吐蕃贵族沿用了唐代的水利管理制度，仍设水官之职，管理水利事宜。吐蕃时期文书中经常出现水官与营田官联署判理水渠附近的农田纠纷事件。如 P. 3613 号《申年正月令狐子余及判词》记载："孟授渠令狐子余地六亩右件地，奉判付水官与营田官检上者。"

晚唐归义军时期，负责管理水利的机构是节度使衙门下属的水司。水司的长官称都渠泊使，也称作管内都渠泊使，统管归义军管辖范围内的河渠水利事宜。除水官外，归义军沿用晋唐旧制，还设置了平水一职，主要负责行水期的放水浇田，"务使均善"。水司掌管诸渠水利，同时对水渠附近的田地也有一定的管辖权，故吐蕃占领时期出现由水官与营田官联署判案的例证，归义军时期亦然。

【例9】《己未年至辛酉年（899—901）归义军衙内破用布纸历》

九月九日，支水司都乡口赛神钱财纸一帖；
十八日，支与水司盘灌粗纸一帖；
廿三日，支与水司马圈口赛神粗纸三十张；
五日，支与水司北府才舌地细纸一帖。

这件文书中，多处提到水司，而都乡口、马圈口皆是重要的水利枢纽，归义军时期官府经常在这些堤堰要津举行赛神活动，这说明当时的赛神活动是由水司主持，军资库司负责出资供纸。

二 敦煌的民间水利管理组织"渠社"

渠社，又称作渠人社，是由水渠附近的百姓自发结集而成的民间水利管理组织，负责行水溉田、护理河渠及防洪抗灾。敦煌地区的水地是绿洲农业经济的命脉，具有十分重要的地位。由于人工开凿的水渠密集分布，纵横错落，村落宅社大多在河渠之畔，田地庄园也依河傍水，依赖于渠水灌溉。因此，长期以来，敦煌水利与当地居民的生产、生活关系非常密切，诸水渠附近的百姓大多自发结成"渠社"，担负起维护水渠的责任，保障农业灌溉。

结社活动在中国民间历史悠久，在敦煌地区也十分盛行，尤其到晚唐五代归义军时期蔚然成风，普遍流行。渠社由水渠附近的百姓自发结集而成，推举德高望重且有丰富的水利经验者担任社长、社官、录事等职。归义军曹氏晚期的敦煌文书中关于渠社组织的记载颇多，据粗略统计，大致有19种。如S.6123《戊寅年六月渠人转帖》、P.3412背《壬午年五月十五日渠人转帖》、P.4017《渠人转帖》及一组卷号为P.5032的共13件《甲申年（984）渠人转帖文书》。

渠社有全体成员必须遵守的社规。按照社规，渠社进行社内活动时，全体成员必须集中到齐，且各备礼物、器械，参加同社中人赈济、纳赠、吊祭等活动，或是前往护渠防洪。若有迟到者，往往需"罚酒一角"或"决杖七下"，"全不来者"处罚更重。水利抗洪是农业生产中至关重要的大事，更需要全体渠人同心协力，集体抗洪，如有不参加者，则被重重责罚，甚至会被送交官方处罚。由于水利是系统的灌溉工程，渠水相通，诸渠纵横交错，因此经常需要由政府来作统一的调配与管理，在渠社转帖文书中常可见到的"官有处分"、"官有重责"，就是官府对不遵守社规的渠人的科罚惩处。如P.5032号《甲申年（984）四月十七日渠人转帖》就记载："已上渠人，今缘水次逼近，切要修治沙渠口，人口桯一束，白刺一束，七尺掘一笙，幸请诸公等，帖至限今月十七日限夜，于渠口头取齐，捉二人后到，决杖七下，全不来者，官中处分。"

三 敦煌遗书中浇田用水的原则

敦煌遗书中浇田用水的原则主要是通过《唐开元二十五年水部式残卷》和《沙州敦煌县行用水施行细则》这两件文献反映出来的。

从两件敦煌遗书中可以了解，敦煌地区浇田用水的原则大致如下：

第一，浇田用水的计划性原则。《水部式》确定浇田用水制订计划的原则是对用水者平等对待，不偏不倚，而且不能浪费渠水。《水部式》规定："凡浇田，皆仰预知顷亩，依次取用，水遍即令闭塞，务使均普，不得偏并。"《沙州敦煌县行用水施行细则》前篇对敦煌水渠行水顺序作了具体详细规定，先从河流及大河母（即主干渠）引水入诸干渠，再导入各支渠、子渠、分流灌溉，并按地域远近，地势高低次第送水，尽可能使境内所有田地都用到水，行水中还规定必须"依次收用"，若前件渠放满，"水多不受"，再"依次放后件渠"。兹举其中一例说明：

> 都乡大河母依次承阳开，神农了，即放都乡东支渠，西支渠，宋渠，仰渠，解渠，胃渠，鬶解渠，冢念渠，李念渠，索家渠。右件已前渠水，都乡河下尾依次收用。若水多不受，即向减入阶和，宜谷等渠。

第二，浇田用水必须遵守农时的原则。如果说《沙州敦煌县行用水施行细则》前篇确定了浇田用水的计划性原则，其后篇则确立了浇田用水必须遵守农时的原则。该文书后篇对每年几次行水作了详细具体规定：首先，每年行水的时间从春分前十五日开始，于秋分前三日最后一遍行水而结束；其次，在行水期内，共有六次放水的时间，即春分前十五日，立夏前十五日，秋分前三日，以及夏秋之间的三次重灌行水，充分保证农田的用水灌溉。

第三，水利设施的维修保护原则。首先，加强对渠道斗门的管理。由于管水人员对渠水的控制是通过斗门来实现的，一旦斗门损毁，就会影响灌溉的顺利进行并造成水资源的浪费。因此，《唐开元二十五年水部式残卷》对斗门的管理非常重视，规定"斗门皆州县官司检行安置，不得私造"；"每斗门置长一人，有水槽处置二人，恒令巡行，若渠堰破坏，

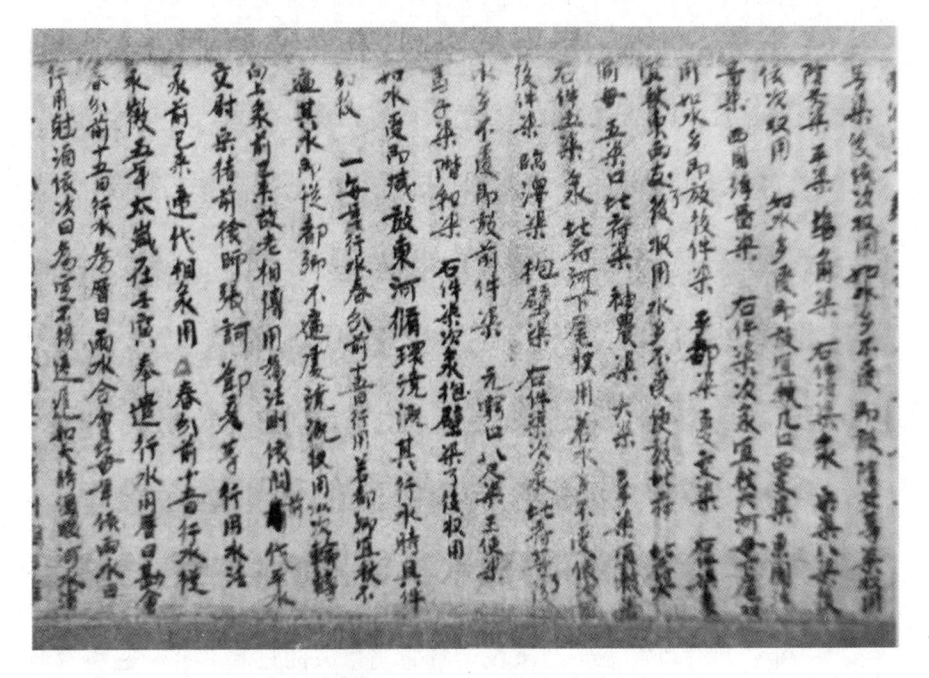

沙州敦煌县灌溉用水细则（部分）

即用附近人修理"。其次，明令禁止可能有损水利设施、妨碍灌溉的现象。如《唐开元二十五年水部式残卷》规定"设置碾，不许妨碍灌溉"，就是说虽然允许利用渠道水利设置水磨，但不能影响灌水浇田。《唐开元二十五年水部式残卷》还规定："诸灌溉大渠有水下地高者，不得当渠造堰，听于上流势高之处，为斗门引所……其傍支渠有地高水下，须临时暂将堰灌溉者，听之。"这说明，同样是"地高水下"，在支渠就可以筑堰引水灌溉，在主渠就不许筑堰。显然，筑堰以后水位抬高对主渠堤岸压力增大，容易造成主渠的损坏，这个规定体现了对基本水利设施的爱护。

《唐开元二十五年水部式残卷》和《沙州敦煌县行用水施行细则》这两部水利管理法规的颁布与实施，严格、细密、科学有效，操作性极强，历千年而不衰，延至今世，成为世界水利制度史上的一大范例。充分体现了我国古代政府对农业经济生产的参与、投入、干预的积极作用，协调了用水农户之间、乡邻之间的关系，对于稳定社会关系、有计划、有秩序地进行水利资源保护利用和农业生产开发具有重要意义，对于我们今天开发利用水资源，发展西部农业生产，保护生态环境仍有重要借鉴作用。

第六节 隋唐时期敦煌地区的手工业管理制度

隋唐时期敦煌地区的手工业发展至唐已达到相当高的水平，其标志之一是大量手工业职业群体的出现，二是手工业涉及领域行业相当广泛，如土木兴造、金工铸造、画塑工艺、冶金、酿酒等。手工业有官营与私营之分。随着手工业的发展，与之相适应的手工业管理制度也随之建立。敦煌遗书中反映出，隋唐时期敦煌地区的手工业管理制度已经相当完善，当地官营手工业已经设立了专门的管理机构，私营手工业内部也有自治性质的组织机构——"行"及"都料"。"行"与"都料"作为普通手工业者与官府联系的组织，在官府与普通手工业者之间起着桥梁、纽带作用。手工业者从事生产靠契约来设定双方当事人的权利义务。这些内容都说明，隋唐时期敦煌地区的手工业管理制度已相当完善、发达。

莫高窟第 61 窟　制陶图

一 "都料"与"行"

"都料"与"行"是敦煌地区手工业者的自治组织。从敦煌遗书反映的情况看,从事手工业的专业工匠从唐代开始大量出现,人数众多,这些专门从事手工业生产的雇匠被称为"博士"。敦煌出现了各种"博士",如煮盆博士、剪羊博士、缝皮鞋博士及掘井、押油人等。手工业的发展和大量手工业工人在社会经济生活中的出现,促使敦煌地区产生了私营手工业者的自治性组织——"都料"与"行"。

榆林窟第3窟 打铁

"都料"原是高级工匠的意思,是手工业各"行"中的师傅,类似于现今的"工头",是手工业的"行首"。如净土寺账目中所见的"康都料""史都料"即属此类。

净土寺账目中提到的康都料是一位高级木工,P.2032号背《己亥年西仓破》有"粟十贰硕康都料造西仓手工用",P.2032号背《935年破历》有"蕃褐一段,立幡康都料手工用",这说明康都料应是与净土寺有密切往来的一间作坊的负责人。

净土寺账目中还提到史都料,他是一名高级铁匠。账目中见有:
粟贰斗,五月史都料、李都料用。(P.2032号背935年破历)
粟壹斗,与史都料用。(P.2032号背,西仓破)

隋代第 302 窟　建塔图

粟壹斗，宋僧政处分与史都料用。（P.2032 号背）

麻壹石，为史都料用。（P.2040 号背）

从这些敦煌遗书及石窟看，晚唐时期，高级都料身居沙州各"行"的上层地位，有的还兼有归义军节度使衙的衔称。如敦煌遗书 S.3929 中有"节度使衙知画行都料董保德"。

【例 10】《行首陈鲁俏牒》

行首陈鲁俏谨在衙门随例祗候

贺，伏听

处分。

条件状如前，谨牒。

长兴五年正月一日行首陈鲁俏牒。

这是 934 年后唐的一件文牒，记录的是敦煌某行首陈鲁俏到衙门办事的帖子。这表明，当时敦煌地区手工业各行都有"行首"，而且敦煌各行

北魏太和十一年丝织绣品

与官府有密切往来，赋有应官取物的性质。

二 归义军时期管理官匠的机构

归义军时期设置的专门管理官籍工匠的机构是作坊司，其管理官为"作坊"。下面的例子证明了这方面的情况。

【例11】《唐己未年至辛酉年归义军衙内破用布、纸历》

（己亥年十二月十六日）同日，支与作坊司画钟宣细纸两帖，粘灯笼纸拾张。
（庚申年三月）十四日，支与作坊纸壹帖。

从此会计账目中可知，作坊司是一专门负责管理官工匠的机构。

【例12】《别长兴二年正月沙州净土寺直岁原达手下诸色人破历》

麦架斗,修土门时看拘当都头,乡官及诸工匠兼众僧等用。
油叁胜半,修土门时,看都斗,乡官,工匠并众僧等用。
粟柒斗,卧酒看土门都头,修造乡官众僧等用。

从这件账目可以看出,修土门是一件与净土寺有关的公共工程,既有众僧参加,更有都头及乡官主持,而所派工匠也包含着官府系统的工匠。这说明,当时的官籍工匠除担负一般日常工作,如扎灯笼、画钟等之外,还参与一些公共工程的修造。

三 敦煌遗书中手工业者与雇主签订的契约

契约是规范人与人之间经济交往等社会关系的主要法律形式,从敦煌发现的契约资料来看,唐中期以后,随着敦煌寺院经济逐渐由封闭走向开放和敦煌手工业的发展,敦煌地区亦开始运用契约来规范手工业与对方当事人之间的权利义务关系。

【例13】《卯年张和和预支麦价承造饦篱契》

卯年四月一日,悉董萨部落百姓张和和,为无种子,今于永康寺常往处取(饦)篱苗价麦壹番驮,断造饦篱贰拾扇,长玖心尺,阔六尺。其饦篱限四月廿五日已前造了。如违其限,(饦)篱清陪,麦壹驮倍两驮。恐人无信,故勒此契。卯年四月一日,张和和手帖。中间或身东西,一仰保人等代还。

麦主
取麦人张和和年卅一
保人弟张贾子年廿五
见人氾老
见人康赞
见人齐生

这是一件吐蕃统治敦煌时期预支工价承造筐篱的契约。这里的常住处是指佛寺中经管常住物的职司。佛寺中的常住物包括宅舍庄田和寺户家口（后称常住百姓），是寺院的不动资产，其来源一是国家颁赐，二是信士奉献。筐篱是指一种箩筛一类形状的盛物用具。张和和是织篾匠或箩筛匠的匠人。

这件文书说明张和和因为没有种子而向永康寺借种子"壹驮"，约定以筐篱二十扇交换，交货期限为四月二十五日。并在合同中约定了违约责任，如张和和不能如期履约，不仅要承担交付四十扇筐篱的责任，而且其麦偿还也要壹驮变两驮。可见，合同的违约责任十分严格。

【例14】丁酉年（877年）租油梁，水硙契稿①

  丁酉年二月一日立契。捉押油户②硙户③二人厶等，缘百姓田地窄［上穴下女］，珠（租）捉油梁水硙，轮看一周年，断油梁硙课少多，限至其（期）满，并须填纳，如若不纳课税，掣夺家资，用充课税。如先悔者，罚看临事，充入不悔人。恐人无信，故勒此契，押字为凭，用待后验。（下残）

这是一件租赁契约，反映了晚唐时期敦煌粮油加工业的发展状况。此契实质为一契约样文，但从中我们也可以略知敦煌油梁主（产权所有人）与承租人之间的权利义务关系。油梁主通过出租油梁（木制榨油器械）、水碾（水磨）享有收益权，而承租户的义务则是交纳课税，即交纳租金。

  四 敦煌遗书中酿酒业的管理制度

我国唐五代时期，酒在敦煌已渗透到人们日常生活、政治社交的各个方面，是人民生活必不可少的重要生活资料。关于敦煌酿酒业，敦煌

---

① 本件出自敦煌莫高窟藏经洞，编号 P.3391，为承租油梁水硙的契稿。此文反映晚唐时期敦煌粮油加工业的存在和油梁硙主通过出租设备在手工业领域中进行经营的实况。
② 捉押油户：捉，操作押油户，承租油梁的人户。
③ 硙户：经营硙磨的人户。

文书中有丰富的记载。唐代实行酒类专卖，私酿有罪。晚唐归义军时期官府已经不实行酒类专卖，因此，敦煌民间私人酿酒十分活跃，私营酿酒业形成了敦煌酿酒手工业的主体。

酿酒业是唐五代时期敦煌的一种特殊的手工业，分官营、私营两大类，唐代在沙州（敦煌）设立"宴设厨"管理官府酿酒。晚唐五代时期则专设酒司统领，役使直属的酒户从事酿造。如敦煌文书 P. 2763 号《午年三月沙州仓曹杨恒谦等牒》记载："仓辰年十二月已前给宴设厨造酒斛斗卅二石二斗四升……"私营酿酒业主要是敦煌城内的酒店，另一方面从事酿造，一方面从事销售。尤其特殊的是，寺院也有兼营酒类酿造和出纳的机构，就是设在净土寺内的常住库司。

为了规范酿酒行业，当时官府设有专门机构对下属的官营酒户进行管理，其原料供给和产品支出均由官府控制，酿出的酒完全用于官府的开销。

到了晚唐归义军时期，敦煌酿酒业更加兴盛。归义军节度使衙下设专门管理官府用酒的机构——酒司，由节度使押衙担任酒司使之职。敦煌文书 P. 4635 号《年代不明造瓮得物历》记载某工匠于东河邓使君庄等处造瓮，其中提到有一批瓮是给酒司造的，"酒司家取麦一石"作为酬金。敦煌研究院藏的 P. 2629 号《酒账》、P. 4625 号《付酒历》都是酒司支出酒的详细账目，这种账目在一定的时间必须结算并送最高权力机关使衙审查核实。在 S. 1398 号《壬午年酒破历》中，几乎每一笔细账后面都钤有印文，说明账目中的每一次支出都要经过审批，由此可见，其用酒账目的管理是很严格的。

酒司的管理对象是官营酒户，官营酒户是敦煌官府用酒的主要制造者。而酒司的职责则是把粮食分配给官营酒户用以酿酒，并随时向官府提供各项活动的用酒，管理官营酒户的每项用酒开支。

【例15】《酒户邓留定状及判凭三件》

　　酒户邓留定：
　　伏以今月十八日城南庄割麦酒壹瓮。十一日支毡匠酒壹斗。伏请处分。戊辰年七月囗日酒户邓留定。为准十二日（乌押）。

伏以今日十四日支瓜户安阿朵酒壹斗，伏请处分，戊辰年七月□日酒户邓留定，为准，十五日，（乌印）。

节酒壹斗支独蜂驼似月，酒壹瓮，甘州走回鹘，伏请处分。壬申年五月□日酒户曹流德牒。

从这件状文的内容看，酒司对官营酒户的控制很严格，每一项支出必须当天向酒司报批，酒司审核批准最迟不能超过两天，由此可知酒司办事效率之高。

晚唐五代时期敦煌的寺院中也设有管理酒类酿造和支用的机构，这就是净土寺的常住库司。本来，在佛教戒律中，饮酒被列为十戒之一，属于严格禁止之列，但是对于晚唐五代敦煌寺院的僧徒来说，饮酒却成了生活中的常事，并且风气很盛，经久不衰。寺院用于酒类的开支比例很大，为了规范寺院酒类酿造和支用，便设置了常住库寺。

从上可看出，敦煌酿酒业由于管理机制的完善以及归义军时期官府不实行酒类专卖的制度，对促进敦煌酿酒业的发展起到了一定的积极作用。

第七节 敦煌遗书中的畜牧业管理制度

第431窟 马夫与马（初唐）

古称河西"水草丰饶，以屯牧为宜"，祁连山送出的雪水滋润着山麓坡地，林木茂盛，绿草如茵，是游牧民族的乐土。隋唐时期，随着中央政权对河西控制的加强，为了对付突厥、吐蕃、吐谷浑等"马上民族"的威胁，在开国之初就非常重视马政。

打猎图

为了促进牧马业的发展，唐朝政府在河陇地区设置监牧，管理牧马。《资治通鉴》记载："初，隋末国马皆为盗贼及戎狄所掠，唐初才得牧牡3000匹于赤岸泽，徙之陇右，命太仆张万岁掌之，万岁善于其职，自贞观至麟德，马蕃息及70万匹。分为八坊，四十八监，各置使以领之。"由于唐朝政府始终对牧马高度重视，监牧官吏治理牧马有方，因此，从贞观至麟德约40年，马匹由3000匹发展到70万匹，这种发展速度和数额都是历史上空前的。

唐朝政府还制定劝勉民间养马政策，鼓励民间养马。开元初，玄宗面对牧马不景气的局面，调整政策，鼓励民间养马。《新唐书·兵志》载："能家畜十马以上，免帖驿邮递征行，定户无以马为资。"实行此项政策后，民间牧马收到了较好效果，至开元十九年（731年），民间养马便达到了40余万匹。

综上所述，尽管由于唐中央政权采取的措施得力，牧马取得了一定的成效，但唐王朝加强牧马的立法意图只是出于满足军需，并无开发经济的目的，所以忽视了牛、羊、驼等牲畜的管理制度。

第八节　敦煌法律文献中的商业贸易制度

一　商业管理制度

1. 市场管理

在隋唐时期，政府除设置各级官僚机构，并以立法形式确定其市场管理职责外，政府同样还以立法形式明确了各级市场管理机构对市场实施行政管理的若干具体内容。这些具体内容主要包含以下几个方面。

（1）市场启闭管理

唐代各级市场作为政府特别设定的商品交易区，四周均筑有围墙或围篱。法律规定不得翻越或者破坏围篱，亦不得自市外通水之渠中偷渡。《唐律疏议》卷八《卫禁律》"越州镇戍等城垣"条有云："越官府廨垣及坊市坦篱者杖七十。侵坏者，亦如之。（从沟渎出入者，与越同罪。越而为过，减一等。）"唐律规定，出入各级市场必须经从市门。市门又有门禁法式，启闭有制。《大唐六典》有云："凡市，以日午击鼓三百声，而众以会；日入前七刻，击钲三百声，而众以散。"可见，唐政府对市场的开关时间都有着明确的规定。唐律还规定，有关市场管理人员必须按时上锁关闭市门和按时开锁市门，若违制擅自开闭市门，则要处以徒刑二年；若应上锁关闭市门却不用管键，或者偷盗市门钥匙，则要处以杖六十或四十的处罚。

（2）入市商品质量、规格的管理

唐律规定，弓矢长刀及镰帛等产品要严格按照官样生产。《大唐六典》卷二十《太府寺》有云，"其造弓矢长刀，官立为样，仍题工人姓名，然后听鬻之，诸器物亦如之"，严禁违反官样私造。就丝织总类而言，唐政府"有长短、广狭、端正、屯织之差"之制。具体说来，"锦、罗、纱、绫、细、绢、布，皆广尺有八寸，四丈为匹。布五丈为端，绵六两为屯，丝五两为绚，麻三斤为织"。唐政府对各类入市产品的质量和规格有着明确规定。若有行滥、短狭的产品入市交易，法律有着严格的处罚规定。《唐律疏议》卷二十六《杂律》"器用绢布行滥短狭而卖"条云："诸造器用之物及绢布之属，有行滥、短狭而卖者，各杖六十。得利赃重者，计利，准盗论。贩卖者，亦如之。市及州县官司知情，各与同罪，不觉者，减二等。"可见唐律对于入市产品不符合质量及规格的行为，不仅惩治制造者、贩卖者，而且还处罚有关失职市场管理人员。《大唐六典》卷二十《太府寺》还规定不合格的商品不准入市，曰："用器兵车不中度，布帛精粗不中数，幅广狭不中量，奸色乱正色，五谷不时，果实未熟，木不中伐，禽兽鱼鳖不中杀，均不鬻于市。"这些对入市商品质量、规格的管理制度，实际上也是对各类商品生产的管理制度。

（3）奴婢、马、牛、驼、骡、驴等特殊商品交易的管理

唐代关于奴婢、马、牛、驼、骡、驴等特殊商品的交易要在市场内的"口马行"中进行，实行严格管理。如前所述，高宗时曾"中立市署，领口马牛驴之肆"，设立了专门的管理机构，后来在武周末年废止。《大唐六典》卷二十《太府寺》规定："凡买卖奴婢牛马，用本司本部公验以立券。"可见，对于奴婢及马、牛、驼、骡、驴等特殊商品的交易，依唐制有着严格的管理，必须有市司发给"市券"才算合法。

（4）度量衡器的管理

唐朝政府对市场所用度量衡器有统一的标准，并严格管理。《唐律疏

议》卷二十六《杂律》"校斛斗秤度不平"条云:"诸校斛斗秤度不平,杖七十。监校者不觉,减一等;知情,与同罪。"唐政府还规定,必须在每年八月间对行用京师和地方州县的度量衡器进行校正,加盖官方印署后方准使用,负责平校的官吏和负责监督的官吏要依法行事,不得有误。唐代各级市场中度量衡器的标准样品皆以铜为之,度量衡器的平校权和印署权明确归政府所有,法律严禁私人制造度量衡器或者使用未经官府印署的度量衡器。

唐《算经》(节录)

凡度之所起,起于忽。从蚕口中吐丝为一忽。忽者,口專息之拔。十忽为一丝,十丝为一豪(毫,下同),十豪为一厘,十厘为一分,十分为寸,十寸为一尺,十尺为一丈,四丈为一疋,五疋为一端;十丈为弘〔引〕;方丈曰堵;五尺曰步;六尺为寻;七尺为常;八尺为仞;

五尺为一步,二百四十步为一亩,一百亩为一顷;

一疋有四丈,四百寸,四千分,四万厘,四十万豪,四百万丝,四千万忽;

一丈有十尺,百寸,千分,万厘,十万豪,百万丝,千万忽;

一尺有十寸,百分,千厘,万豪,十万丝,百万忽;

一寸有十分,百厘,千豪,万丝,十万忽;

一分有十厘,百豪,千丝,万忽;

一豪有十丝,百忽;

丝有十忽。

又据《大唐令》文,诸以北方种〔秬〕黍中者,一黍之广〔为分〕,〔十分为寸,十寸为尺,一尺二寸为大尺,十尺为丈。〕

凡斗量所起,起于圭〔粟〕,十粟为一圭,十圭为一秒。十秒为撮,十撮为一勺,十勺为一合,十合为一升,十升为一斗,十斗为一白升,〔一白升〕有十斗,百升,千合,万勺,十万撮,百万秒,千万圭;

一斗有十升,百合,千勺,万撮,十万秒,百万圭;

一升有十合,百勺,千撮,万秒,十万圭;

一合有十勺，百撮，千抄，万圭；

一勺有十撮，百抄，千圭；

一撮有十抄，百［圭］；

一抄有十圭。或云六粟为一圭，今云廿粟为一圭。

方一尺，深一尺六寸二分，受一石。

秤之所起，起于黍，黍者，如一黍之重。十黍为一累，十累为一铢，廿四铢为一两，十六两为一斤；卅斤为一钧；四钧为一石。

一石有四钧，一百二十斤，一千九百廿两，四万六千八十铢，卅六万八百累，四百六十万八千黍；

一钧有卅斤，四百八十两，一万一千五百廿铢，一十一万五千二百累，百一十五万二千黍；

一斤十六两，三百八十四铢，三千八百四十累，三万八千四百黍；

一两有廿四铢，二百四十累，两千四百黍；

一铢有十累，百黍；

一累有十黍。

本件出自敦煌莫高窟藏经洞，编号 S.0019，系失传的一种唐代实用算经。这里节录的是其中关于度量衡的部分，为唐、五代和北宋时期敦煌地区通用的计量标准，也是古代计量文献的珍贵遗存。

（5）市场物价的制定与调控

唐律规定，从京都到地方的各级市场管理部门要对市场内出售的每类商品，按精、次、粗的质量高低，依照市场行情，制定出三种时价。这三种时价每隔十日制定调整一次，并造为账簿，形成了比较成熟的物价"遣评"管理制度。唐律还规定，格式市司制定三等时价要依照市场行情客观而定，若营私舞弊、上下其手，将会受到严重的法律处罚。

此处政府调控物价的实质，唐人韦仁约在《劾张睿册回护褚遂良断判不当奏》中一语道明——"然估价之设，属国家所须"，即政府调控物价是统治上的需要。除此之外，唐政府还常使用贵籴与贱粜的方法调控粮价，其实质与前述并无二致。

2. 商品流通管理

唐代的公验、过所制度由汉代的传节之制发展而来。唐律规定，各类官私人员因公私经行政府设在各地的关津镇戍守捉等关卡，均须持有由政府有关部门颁给的通行证明，即"行人来往皆有公文，谓驿使验符券，传送据递牒，军防、丁夫有总历，自余各请过所而度"。过所是公验的一种，公验包括过所，两者可以通称，是非官方人员经行各地关卡须持有的证明公文。按照唐制，商人若携带商品游走逐利，从事商品贩运，必须向政府有关部门具牒申请过所，持有政府有关部门批给的过所。

过所的申请和批给有着明确规定。《大唐六典》卷六《尚书刑部》"司门郎中员外郎职掌"条云："司门郎中、员外郎、掌天下诸门及关出人往来之籍赋，而审其政……凡度关者，先经本部本司请过所。在京则省（尚书省）给之，在外州给之，虽非所部，有来文者，所在给之。"规定行商在京城申请过所，则向尚书省刑部之司门司具牒申请。行商在地方申请过所，则向地方都督府、都护府户曹或州府司户具牒申请。

过所批给部门对具牒申请过所的行商审查主要有两个方面的内容：一是审查请给过所的行商的人身资格，以及是否存在冒充他人请给过所的情况。若审查失职，负责官吏要受到法律严惩。二是审查具牒所载内容是否与行商所携的真实情况相一致，重点审查行商所携商货是否有违禁物品以及行商所携奴婢、作人和牲畜的合法性，严禁奴婢有压良为贱、诱骗及作人是逃户、逃兵等非法情况。

概括来说，唐代的公验、过所制度是由政府以立法和法律形式加以确立和规范的，已相当成熟，可以说是一项对政治统治和商品流通进行的综合管理制度，体现了唐政府控制商品流通领域的意图，它虽未将唐朝商品流通领域完全封闭，却也把商人的商品贩运活动变为实属不易的事情，而这就与商品经济发展所要求的货畅其流相去甚远。

3. 货币管理制度

在我国古代，货币的价值尺度和流通手段，很早便占据重要地位。金属货币在我国先秦时的产生便是伴随着商品经济的发展而出现的。唐初承隋制，沿用五铢钱，后铸通宝钱。开元通宝钱的创制，不仅结束了自西汉以来以重量确定铸币名称的量名钱体系，开创了此后"通宝""元宝"钱制的新体系，而且确立了十进位的一两等于十钱的新衡制，成为更高一级的铸币形式，在我国古代货币史上具有划时代的重要意义。除了长期通用的开元通宝外，唐高宗时，曾铸乾封泉宝，肃宗时，铸乾元重宝、重轮乾元钱，以及武宗时所铸京钱和州名钱。另外，唐代中叶，河东铸有铁钱（《元和郡县图志》卷14《河东道·蔚州》）。

唐朝实行钱帛兼行的货币制度，并以法律、财政、行政等综合手段来极力维护这一制度。主要包括以下几方面：

（1）力保绢帛的货币地位，将绢帛等实物与铜钱都作为货币，并鼓励优先使用实物货币。在唐代实行"钱帛兼行"的货币制度，钱即铜钱，帛则是丝织物的总称。作为实物货币主体的是丝麻织品，包括绫、绢、绸、罗、缣、锦、绮、火麻、紵等。实物货币用以缴纳租赋、支付官俸、赏赐酬劳。在民间，大凡借贷蓄藏、馈赠、贿赂、雇佣等都可用。民间交易中，充作货币的实物因地而异，纷繁多样。这实际上是唐朝较有特色的实物货币和金属货币兼而行之的多元货币制度。唐政府还运用财政手段来调节市场绢帛供需，保持绢帛价格，维持绢帛等实物的货币职能，防止其作为货币而贬值。唐后期还出台实施了"虚实估"的物价政策，确定绢帛等实物的"虚估"，力图提高它们的市场价格，竭力维护其货币职能和货币地位。

（2）确保官营铸币的垄断地位。唐朝对货币管理有一个总体上的指导思想，即货币的生产铸造权和发行流通权均要由政府垄断，乃国之权柄，不许私人染指。为此，唐朝制定了铸币官营、私铸非法的政策法规，严厉打击私铸滥铸。武德四年（621年）铸行开元通宝钱时，即下令"敢有盗铸者身死，家口配没"（《旧唐书》卷48《食货志上》）。《唐律疏议》对私铸量刑放宽，废除死刑，判以流刑、徒刑和杖刑。《唐律疏议》卷26《杂律》"私铸钱"条规定："诸私铸钱者，流三千里，作具已备，未铸者，徒二年；作具未备者，杖一百。若磨错钱，令薄小，取铜以求利者，徒一年。"

4. 商业税收管理

商税是国家对市场交易进行的征税。征收商税至迟在战国时期业已出现，但"商税"一词比较晚出。"税商"和"商税"一词在唐五代时多次出现，但其内涵未见有明文规定，税率也不清楚。

唐政府对民间工商业者征收各种名目的租税，主要有唐前期的租庸调、地税和户税以及唐后期的两税、商税。

商税，唐代对商人和商业征税很分散，商税主要包括关市之征（商品通过税、交易税）和对商人的苛捐杂税。唐前期"凡关，呵而不征"（《大唐六典》卷6《尚书刑部》"司门郎中员外郎"条），没有商品通过税。租庸调制时代，国家按户等收税，商人一般都被列入高等户，税额自然很重，所谓"凡天下人户，量其资产，定为九等"（《旧唐书·食货志》）。"乡成于县，县成于州，州成于户部。又有计账。具来岁课役以报度支。国有所须，先奏而敛。凡税敛之数，书于县门、村坊，与众知之。"（《新唐书·食货志》）这既适用于士农，也适用于工商。其中对工商业户的完税管理更为严格，严禁工商业者勾结政府官吏以降低户等，少交户税（《唐会要》卷85《定户等第》）。商品交易税一般认为始征于玄宗天宝九载（750年），按照2%的税率征收除陌钱，实施得也较晚（《唐会要》卷66《太府寺》）。总体而言，安史之乱以前，商税税种很少，不是重要的税收项目。安史之乱后，为平叛救国，唐王朝开始多方敛财。至德二载（757年），肃宗下令："其商贾，准令所在收税"（杜佑：《通典》卷11《食货十一·杂税》），一举大开税商之门。

商税的另一大项就是职业专税，如茶税、盐税、酒税、矿冶税等。自此以后，商税税收逐渐成熟，其财政地位有所提高。唐代对来唐进行贸易的外国人都要征税，唐太宗贞观十七年（643年），下诏对外国商船贩至中国的龙香、沉香、丁香、白豆蔻四种货物由政府抽取10%的实物税，是中国历史上第一项外贸征税法令。德宗至宪宗时期，开始对来华外国商船征收舶脚税，即"纳舶脚"。晚唐时，外商税成为重要的财政收入。僖宗乾符五年（878年），黄巢起义军围攻广州城，左仆射于琮惊呼："南海有市舶之利，岁供珠玑，如令妖贼所有，国藏渐当废竭。"（《旧唐书》卷178《郑畋传》）一语道明当时外商税在国家财政中举足轻重的地位。

安史之乱后，地方政府也大肆税商，苛捐杂税名目繁杂，多如牛毛，唐统治阶层自身对此也不讳言。杜佑说安史之乱后，"诸道节度使、观察使多率税商贾，以充军资杂用，或于津济要路及市肆间交易之处，计钱至一千以上者，皆以分数税之，自是商旅无利，多失业矣"（杜佑：《通

唐李贤墓壁画《客使图》

典》卷11《食货十一·杂税》)。昭宗指出,"诸镇县节度及诸津渡,访闻每年兴贩百姓,广有邀求,致令停滞"(《全唐文》卷92《改元天复赦文》)。后期商人除交纳两税外,苛捐杂税也成为他们极其沉重的负担。

二 贸易制度

1. 丝绸之路贸易的发达促进了隋唐之际敦煌地区商业贸易法律制度的完善

丝绸之路是中国古代对外贸易的重要通道,而敦煌地处丝绸之路的北、中、南三条线路的交汇之处,是丝绸之路上的咽喉要地,也是重要商镇,商业贸易非常繁荣。

正是因为敦煌地区贸易的发达,唐朝中央政府和地方政权积极采取了一系列重要措施如实行"过所"制度与"公验"制度、馆驿制度,加强交通安全管理,为正常的贸易开展创造条件;实行"和籴"政策,活跃繁荣西部地区的粮食贸易，促进西部地区的农业经济发展。如敦煌、吐鲁番文书中，有许多关于胡商在沙州、瓜州进行贸易的记载，胡商持有的"过所"上写着"沙州市勘同，市令张休"的字样，说明当时敦煌设有胡、汉贸易的"市"，"市"上设有管理市场的官吏。而这些法律制度的实施，对西部地区商业贸易的健康有序发展又起到了积极的促进作用。

敦煌地区的贸易与西部其他地区贸易有许多共同之处，同时，随着丝绸之路商业的发展，来往贸易使团商贾的增多，敦煌地区的贸易也形成了自己的特色，包括以下内容：粮食贸易是其整个贸易的基础；民族间的互市贸易是其贸易的重要内容；丝绸等过境商品的贸易构成其贸易繁荣的标志。

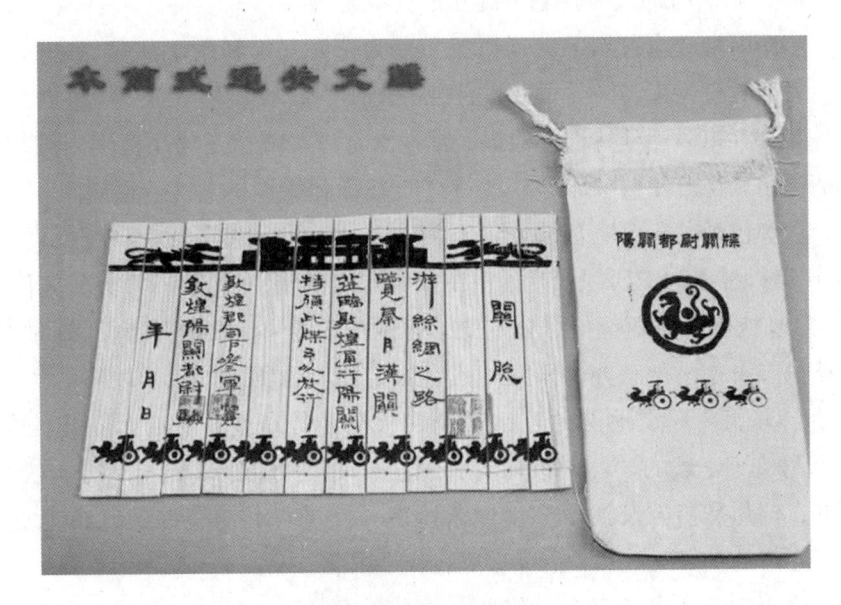

木简式通关文牒

2. 敦煌文献中的互市贸易制度

（1）互市贸易

互市也称交市，是指国与国以及不同民族之间的互相贸易往来。对这种民族贸易，若从交易双方经营的身份来看，可以分为民间自由贸易和由政府控制的主市；如从经营形式上讲，可以分为国内民族贸易与国际贸易两种形式。

敦煌等地民族成分复杂，农耕生产与游牧生产相互补充的需要决定了这些地区民间日常贸易异常活跃，牲畜及其加工成品与农产品的交换异常频繁，成为民间日常贸易的主流。同时，大批西域客商来到敦煌等地，首先与当地居民、商人进行贸易，河西充当了中外贸易的中转站，史称"西域诸胡多至张掖交市"。

敦煌地区民族互市贸易繁盛的原因很多，不仅因为地理位置优越，又有开展民族互市贸易的历史传统和多民族聚居区的优势等众多因素，这些因素为各族人民进行的互市贸易提供了广阔的社会背景与深厚的物质基础，而隋唐国家的统一强盛、民族关系融洽、社会安定为民族间大规模的贸易活动提供了保障。

（2）隋唐时期政府控制下的互市贸易类型

隋唐时期政府控制下的互市贸易分为特许互市和附于朝聘往来的互市，官府通过互市与少数民族进行经济交往。

特许互市以朝廷特许为前提，常在指定边关或指定物品范围内进行。如唐高祖武德八年（625年）就特许吐谷浑和突厥的耕牛杂畜来市，此时，敦煌出现了一个短暂的安定局面，展开茶马、绢马互市。开元四年（726年）杜暹为安西都护时，曾在安西开办互市。《旧唐书·突骑施传》载："时杜暹为安西都护，公主遣牙官赍马千匹，诣安西互市。"这种在西州的互市是一种官办的限定地点、限定数量的贸易形式，政府的"市马使"只能在一定地点的互市市场购买马匹等货物。从吐鲁番出土的5839号文书记载的"河西市马使米真防"，往西州市马请纸笔事等文献中可知，西州是朔方及河西节度使派遣市马使进行马匹贸易的互市地点。对于互市的次数与数额，唐朝政府也作了限制。

附于朝聘往来的互市，狭义上是指各国来朝使者除贡品外，又附带货物前来交易，这种交易形式占全部商业贸易的较大比重。据统计，仅唐代安史之乱以前西域来唐朝贡达174次之多。西域诸国，或使节来贡，或商团进献，朝廷都以丝绸等物或赐或赠。这种贸易属于官方与西域诸国的贸易，这种官方经济往来频繁往返于丝绸之路上，对丝绸之路沿线的商品经济有很大的促进作用。但是，广义上来看，诸国的朝贡和朝廷对之的赏赐，很大程度上亦可视为政治色彩较浓的互市，朝廷一般把它当作朝聘往来模式的补充或延伸部分，当作羁縻手段来

进贡马和骆驼 发现于 9 世纪晚期的敦煌壁画残片

运用。

政府控制下的互市贸易，既是河西地区居民民族贸易发展的必然结果，又是隋、唐朝政府促进对外交往、显示天朝大国国威的重要途径。

（3）隋唐互市的管理机构

隋唐时期互市贸易的具体过程都处于政府行政系统的有力控制之下。对于这些互市，唐朝政府采取措施，设置专门机构予以管理。《新唐书·百官志》记载："突厥市置市坊，有贸易，录奏，为质其轻重，太府丞一人准之。"

一般来说，凡发生于各地的互市皆由州郡长官或都护、校尉等特派性边境镇抚官加以节制。在京城进行的互市贸易，则通常由鸿胪或六部协调有关机构加以管理，如唐与突厥的在京市坊贸易，系由礼部录奏，又以太府丞一人准之。而与回纥的绢马互市，则由鸿胪寺具体管理并支付其价。

此外，唐代的整套市易制度，包括由各地行政长官管理并受中央政府有关部门指导的市坊建制和市令、市吏等专门人员，以及规范市易活动的一系列条规法令，都对前述几类民族间的商业贸易起直接的约束作用。

3."过所"与"公验"制度

所谓"过所"，就是商贾旅客通过丝绸之路沿线关口的通行证明，同时也是证明商旅贾客贸易身份的文件。"公验"是沿线地方政府对其贸易身份的确认制度。"过所"与"公验"类似于今天的身份证和护照。隋、唐朝政府为加强丝绸之路沿线交通秩序管理，确保丝绸之路畅通，促进西部商业贸易繁荣，在丝绸之路实行"过所"制度与"公验"制度，为正常的丝绸之路交通提供保障。

唐代的"过所"制度较为完善。在敦煌、吐鲁番发现的文书中，如《唐垂拱元年康艺罗施请过所案卷》《唐开元二十一年唐益谦、薛光此、康大之请给过所案卷》等，后一件中，唐、薛两人的事情记载得比较完整。唐益谦一案，说的是他原从四镇带奴两人、婢两人，马四匹，拟回福州，路上失落"过所"，同时在路上又买来四个奴婢，附有市券，请按验补发"过所"，以便经过玉门、金城、潼关等处查验。薛光此则拟从西州返回老家甘州，同行的有老母、妻室，并有驴10头，原已发给"过所"，因病未行，隔年病好，请改给"过所"。

这两件事使我们清楚地知道，唐代商贾行入内地，必须持有"过所"。在申请时，既要证明自己的身份，同行人之间的关系，奴婢是否有保人、市券，牲口是何种毛色等，也规定有效期限。各项内容必须核实，才能动身，所经过的镇戍、关津，经查验签证，方可放行。由此可见，唐代丝绸之路的交通管理制度是非常严密的。

4. 馆驿制度、馆驿中的马匹管理

为了保证过往商旅的供给及各方面的需要，唐朝政府建立了严密的馆驿制度。在长安至西域6000公里的丝绸之路上，设立了众多的馆驿，仅敦煌周围就有21个驿站及邻店。驿站的职责是供给过往官员、外国使团和客商的食宿及牲畜草料，只是根据来往行旅的性质不同，待遇有所不同。

馆驿制度中最重要的一个部分是驿馆的马匹管理制度。马匹是古代主要的交通通信工具，唐对交通通信用马——驿传马匹的管理办法很多，其中最主要的是簿籍制度、打烙马印和勘定肤第，此外，对病、伤、亡马匹也有一系列的管理措施和处理程序。

唐代馆驿马匹管理制度中起最大作用的是簿籍制度。马匹无论是私家饲养、集体放牧、使用死亡等情况，都有非常详细的记录，其具体内容包括主人姓名、马匹毛色、性别、岁齿、印记、肤第等。所谓主名，指马主的姓名，饲养、使用官马者或私马者都可称马主。敦煌遗书P.3714号背面传马坊文书记录马驴时皆有主名，如：

……
91. 张才智驴青
……
103. 才智频追不到。煤坊
104. 到日，将□其新赔驴
……

根据唐代法律规定："官马因公事死失者，官为立替，在家死失，卅日里备替。"也就是说，马、驴主丢失官畜，必须赔偿。

毛色是马匹基本的特征，通过毛色辨认马匹是最基本的方法，因此，印记和肤第是马匹簿籍的重要内容。打烙马印和勘定肤第是唐朝馆驿马匹管理中的重要方式。唐代无论官马或私马，都身烙印记，即官印或私印，这些印记的作用在于标明马匹的归属，是马匹所有权的象征，可防止被盗，或在丢失后便于寻找。肤第，按字义是"皮肤的等级"，是对马匹身体损耗程度的分类。通过肤第勘定，可以知道马使用中的身体损耗程度，依此定出马匹是否再能出使。

综上所述，严密完善的交通管理制度为丝绸之路贸易创造了良好的交通条件和外部环境，正常的商业贸易活动有了保障，为进一步开展地区之间、民族之间的贸易活动奠定了良好的基础。

5. 敦煌粮食贸易中的和籴制度

粮食贸易是敦煌等地商品贸易的主要内容，"和籴"是敦煌粮食贸易最主要的形式。"和籴"是指百姓与政府之间的粮食交易，如果当年粮食丰收，价格下跌，政府就向农民收购粮食，防止"谷贱伤农"；反之，如果当年粮食歉收，粮食价格上涨，政府则以常平价向百姓出售粮食。和籴政策是唐朝政府保护农民利益、平抑市场物价、保持社会稳定的重要手段。和籴政策的实行，对于促进敦煌等地农业经济的发展起到了一定的促进作用。

负责和籴政策实施的专门管理机构是常平署，其职责就是谷贱时加价收进，以免伤农；谷贵时低价抛售，平抑物价，此即"常平"之意。这个作用及目的在实际过程中得到了较好的贯彻实施。

唐朝政府和籴政策的积极意义还表现在以下几个方面：

首先，和籴使粮食价格相对稳定，起到了抑制兼并、打击囤积居奇、防止垄断市场、人为抬高市场物价的作用，减少了富商大贾和地主利用年成丰歉盘剥农民的机会。

其次，和籴制度扶助了小农经济的发展。不仅丰年增价而收，灾年减价而出，并且百姓还可以向政府借米，等到收获时再行返还。这样，农民的生产获得了相对保障，激发了农民的生产积极性，促进了农业生产。

最后，政府通过和籴获取了大量粮食，满足了军需，备战备荒，使政权更加巩固。

和籴活动只是唐前期河西粮食贸易的一部分，当地还存在民间的粮食贸易。由于丝绸之路贸易兴盛，过往商旅很多，需要大量粮食，因此，丝绸之路沿线有很多的行客从事这种民间的粮食贸易。敦煌文书《河西节度使判集》有"肃州请闭籴，不许甘州交易"一案的判文，强调了"商贾往来，请无壅塞，粟麦交易，自合通流"的重要性。这里所指的粮食贸易的主要形式就是这种民间粮食贸易。进行民间粮食贸易的主要是"行客"，行客一方面从民户手里大批收购粮食，再向官府成批交售；另一方面，他们也直接向城镇工商业者、居民和过境行旅销售粮食。

马可·波罗穿越沙漠 选自 1375 年的加泰隆画册（局部）

总之，在敦煌等河西地区的官私粮食贸易者中，和籴政策居于十分重要的地位，政府通过实行"和籴"政策对小农的扶持，调动了农户积极性，为商品粮食交易打下了更为坚实的基础。但是，自唐安史之乱以后，随着唐土地制度均田制的逐渐瓦解和其财政税收制度租庸调制的被破坏，"和籴"政策逐渐失去了其本来的目的和意义。

6. 敦煌商业贸易中的商人

敦煌商人成分复杂，主要有波斯人、突厥人、粟特人及活跃在河西走廊的行客。昭武九姓胡商、波斯人、突厥人和行客构成敦煌等丝绸之路沿线商品贸易的重要活动主体，对于推动敦煌等地商品贸易的发展产生了很大作用。

这些不同民族的商人进行的商业贸易其实质是一种文化的交流。文化的交流在三个层次上进行，即器物文化、制度文化、观念性文化。文化的交流也往往是从器物文化即商品的交流开始的。这些商人在与我国进行贸易的同时，也把其文化带到了我国，形成了文化上的相互交往、冲突、融合的趋势。

开辟丝绸之路第一人张骞雕像

张骞通西域

（1）丝绸之路贸易中波斯人的作用

波斯萨珊王朝（226—651年）是中国与拜占庭之间丝绸中继贸易的垄断者。近年出土的吐鲁番文书，记载了当时西州地区曾是"银钱"流通区的事实，这些银钱实质上是波斯银币。由此可知，从中国通往波斯的丝绸之路也就是从波斯通往中国的一条"白银之路"。

在敦煌文献中，大量见到有关"波斯僧"、"波斯锦"的记载。敦煌所出 P.3532 号慧超《往五天竺国传》有关于波斯国的记载："又从吐火罗国西行一月，至波斯国。"敦煌文书 S.1366 号《归义军使行内麦油破用历》中有：

> 甘州来波斯僧月面七斗，油一升。
> 廿六日，支纳药波斯僧面一石，油三升。

这说明了波斯人在敦煌的存在与活动情况。波斯人的东来，给我国文化带来了影响。段文杰先生在关于敦煌服饰的研究中指出，"唐代的新装、时装不少是西北少数民族或中亚各国乃至波斯的服饰，唐代通称'服'"。敦煌45号石窟中有成组的胡商形象。这些记载形象地说明了波斯人与我国在古代的交往。这些波斯人来敦煌等地进行贸易，将产于波斯的香药、珠宝、琉璃等商品带到了我国，丰富了丝绸之路贸易的商品种类，有的学者也因此将波斯到敦煌的贸易之路称为"香药之路""珠宝之路""琉璃之路"。

在香药之路方面,一些文献记载了敦煌有来自波斯等地的乳香情况。如《宋会要》番夷五之二,记载了天圣元年(1023年)闰九月沙州遣使贡"乳香"的情况。敦煌研究院藏955—1002年间《酒账》残卷第6行有"廿一日,支纳呵梨勒胡酒壹瓮"。而"呵梨勒"又可写成"河黎勒",是一种出产在波斯的水果,果实可入药。酒账记载的"纳呵梨勒胡",说明交纳者为"胡人",而这一胡人可能是波斯商人。

在珠宝之路方面,《册府元龟》卷169记载了沙州曹议金进和市马百匹、资羊角……又进皇后白玉符、金青符、白玉狮子、指环等。由于唐代两京、扬州、敦煌等地的珠宝商多为波斯人,其赠皇后多首饰的情况或与波斯珠宝商有关。

在琉璃之路方面,敦煌莫高窟壁画上的玻璃器皿为我们提供了有力佐证。安家瑶先生认为,与壁画玻璃钵相似的我国出土物中,鄂城西晋碗和北齐冯素弗墓出土的玻璃钵,都被定为来自萨珊或罗马的进口品。在敦煌文书P.3638号《辛未年正月六日沙州净土寺沙弥善胜领得历》载:"琉璃瓶子壹。"这表明玻璃在敦煌的存在,它们或来自波斯,或是用来自波斯的工艺制成。

唐朝赤陶小塑像:一位商人骑着驮货物的骆驼

土匪在丝绸之路上攻击外国商人。选自敦煌壁画

（2）丝绸之路上突厥商人的贡献

突厥人在6—8世纪前穆斯林时期的陆路丝绸之路上，充当了东方贸易担当者的角色。作为突厥系的铁勒人、西突厥人和突骑施人，以游牧部落的武力和马市绢帛的实力为凭借，参与了东西方丝绢贸易。下面以突厥系的一部突骑施为重点介绍突厥人参与丝绸之路贸易的情况。

突骑施于8世纪崛起于碎叶川及伊利河地区，唐玄宗朝前突骑施是与吐鲁番地区亦即西州紧邻的"邻藩"。因此，突骑施与西州之间存在着绢马交易或偿付铜钱的钱马交易。这种市马贸易分为两种形式，即贡马与互市。

贡就是以朝贡进行的贸易，这种贸易规模曾经达到了相当大的数目。《册府元龟》卷971载："卿远贡忠信，诣献驼马。朕玄默为神，淡泊为德。税彼部落，则有劳费，已敕所司，不令辄受。"由于贸易规模大、数量多，以致唐朝政府令有关部门暂停进行。开元五年（717年），唐朝由于康国、安国、突骑施等贡献珍异器物较多，下令"百中留一"，"计价酬答，务从优厚，余并却还"。从这段引文可知，朝贡实质上也是一种贸易，但这种贸易是一种不公平的贸易。

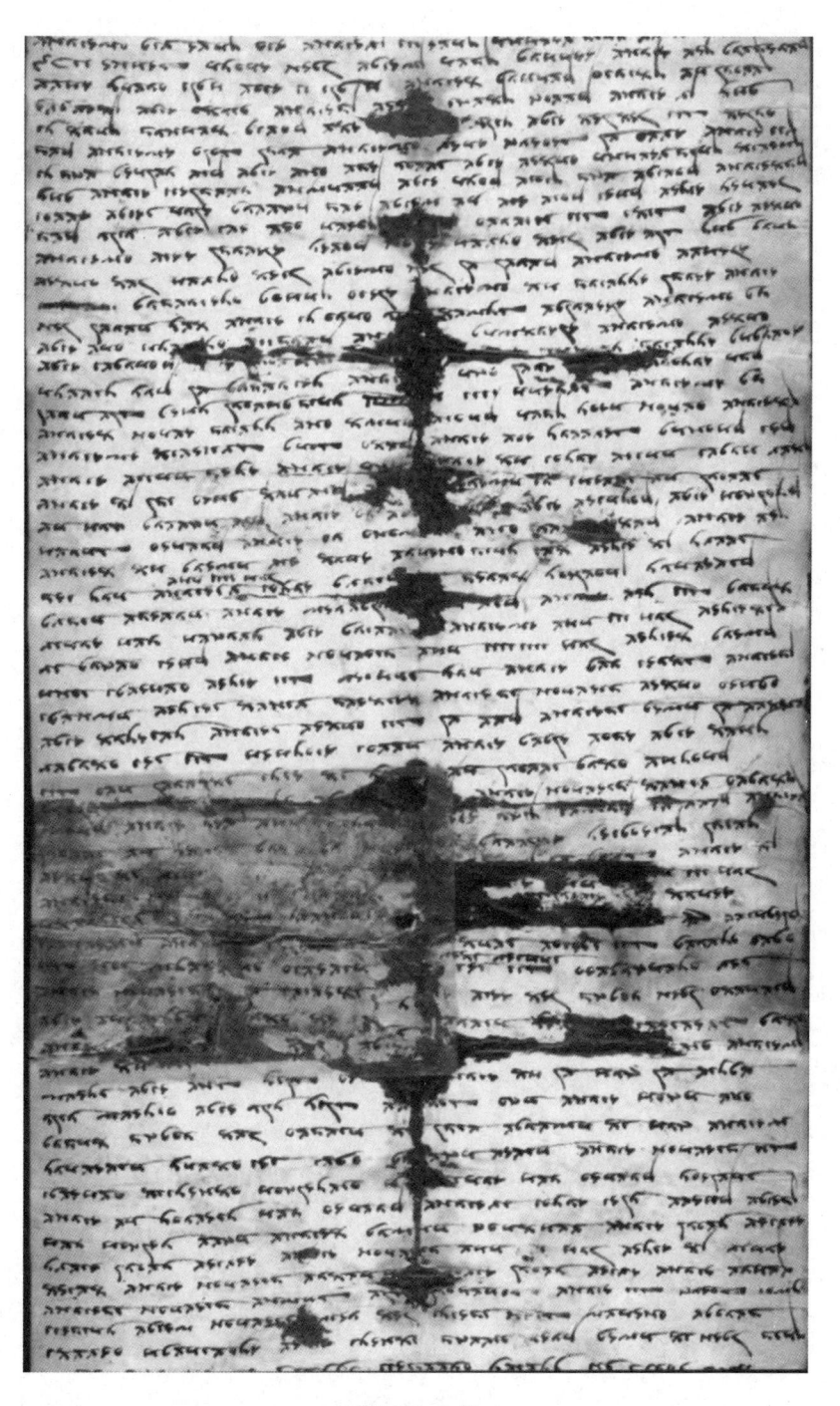

粟特文　文献

互市是另一种贸易形式。开元十四年（726年）杜暹为安西都护时，曾在安西开办互市。《旧唐书·突骑施传》载："时杜暹为安西都护，公主遣牙官赛马千匹，诣安西互市。"从吐鲁番所出大谷5839号文书记载的"河西市马使米真陀，往西州市马请纸笔事"等可知，西州是朔方及河西节度使派遣市马使市马的互市地点。对于互市的次数与数额，唐朝政府也作了限制。当时与突厥诸部的"和市"，"常有限约"，"一年再市，旧无此法"，"约有定准，来使交易发遣易为"。

开元年间，通过纳马及互市两种方式输入马匹的贸易，曾达到相当的规模。唐西州官府为支付马价，甚至必须"便钱"，也就是借钱。《唐便钱酬马价文书》记载了这方面的情况，"前后便钱总玖拾"。由于金帛马驼贸易，唐的铜钱流入突骑管辖地区，影响到突骑施货币流通的繁荣。

（3）丝绸之路贸易中粟特商人（昭武九姓胡）的贡献

粟特人，又被称为昭武九姓胡，是我国古代史书对居住在中亚粟特地区（今阿姆河流域）的国家和百姓的一种称呼。大约在公元5世纪以后，粟特地区分裂为许多小国，分别以康、史、曹、何、安、石、米及穆（火寻）、戊地等为国名。称"昭武"者，据说这里的民族本为月氏人，"旧居祁连山北昭武城，因被匈奴所破，西逾葱岭。遂有其国"，"并以昭武为姓，示不忘本也"。

粟特人是有经商传统的民族，汉魏以来，就曾沿着丝绸之路深入我国内地进行商业活动。隋唐时期，随着中央王朝的强大，丝绸之路更加繁荣，尤其是唐代奉行对外政策，鼓励西域商胡到内地经商，这就吸引了大量粟特商人不断东来，其足迹遍布西域至两京的丝绸之路，形成了经常驻足的几个中心地区，一是以西州为中心的安西地区，二是以沙州（敦煌）、凉州为中心的潭西地区，三是长安、洛阳两京地区。

沙州（即敦煌）地处河西走廊西端，是丝绸之路咽喉，因此吸引了大量的中亚胡人。敦煌文书P.2005《沙州都督府图经》载有"一所兴胡泊"。兴胡，即兴生胡，谓兴生贸易的胡商，多指粟特商人。史称粟特商人"善商贾，好利"，"利所在，无不至"。这些中亚各国商人大批涌入唐境，其主要活动是为了生财兴利，从事商业贸易。如吐鲁番发现的一件《高昌内藏奏得称价钱账》，详细记录了粟特商人在高昌市场买卖各类货物的事实，他们在市场上成交买卖的货物品种较多，如金、银、香、药、丝等，而且购物的数量也很可观，如买香，某人一次就购 800 斤；买药，某人一次就购 144 斤；买丝，某人一次就购 80 斤。这种大批量的购买，很显然不是供个人消费，而是反映了粟特商人就地转手买卖或进行长途贩运贸易的活动。

前文曾提到的石染典这位"西州百姓游击将军"，曾到瓜州做生意，"市易事了"后，由瓜州给"过所"返回安西。这些中亚胡人的大批东来，不仅对活跃、繁荣丝绸之路贸易起了很大作用，而且对唐朝的边防巩固也起到了很大作用。史称"开元盛时，税西域商胡，以供四镇，出北道者，纳赋轮台"。通过税西域胡商，补充了四镇的给养，省去从内地转运物资的许多开支，缓解了军队供给开支的矛盾。

(4) 丝绸之路贸易中的行客

行客是行会内部的商贾。唐代把市内出售同类货物的店肆，集中排列在同一区域里，叫作"行"。堆放商品货物的货栈，叫作"邸"。邸招徕外地的商客，并替他们代办大宗批发交易。市的各行都设有行头，负责一行事务，主持向官府纳税和交涉其他事项。行头与官府有联系，官府通过他们控制管理各个行户。

由于商业的发展、商人的增多，因而唐代的市行组织较为发达。唐朝前期，敦煌等地已有市行设置。行的划分非常细。如 P. 3468 号《驱摊文》记载："皱店章店，匝于城市，莩行肆行；溢于酒肆。"到了晚唐五代归义军时期，敦煌市内的行肆划分更细。不仅如此，西去敦煌不远的吐鲁番的行肆更加发达。据吐鲁番出土的《唐天宝二年交河郡市估案》记载，西州交河郡市场设置有非常细致的行，有谷麦行、米面行、果子行、菜子行、牲畜行、帛练行、布行、彩帛行、丝行、毛行、鞋行、皮裘行、日杂行、药材行等。在大行下面又依据商品种类划分为更加细致的行，如帛练行包括大练行、梓州小练行、河南府生缩行、蒲州绝（音 shī）行、生绢行等；采帛行包括熟锦绫行、隔纱行等；布行包括常州布行、各州产纤布行、火麻布行等，主持这些行经营贸易的行头，既有粟特商人，也有汉族商人等，民族成分复杂。这些粟特商人与汉族人和睦相处，共同经商，一同往返于丝绸古道上。《唐西州高昌县上安西都护府牒为录上讯问曹禄山诉李绍谨两造弁辞事》证明了这点，曹禄山诉状案大意为：

唐高宗时期，居住京师的胡人曹禄山向西州府都督提出申诉，说汉人李绍谨在弓月城向其兄长曹延炎借绢200匹，另曹延炎还有驼2头、牛4头等许多财物。李绍谨与曹延炎同去龟兹，但未到达，不知下落，因此，曹禄山追查其兄下落及财物，要求官府解决。此案交由高昌县审理，经两造对质、调查，案情基本明了，因曹延炎与曹毕娑"相打"被捉，只有李绍谨按原定计划去了弓月城，李绍谨承认曾向曹延炎借绢一事，以前不知曹禄山即为曹延炎之弟，今已明确，愿意偿还本利275匹。

这件案卷说明曹为胡人、李为汉人，两人结伴去弓月兴贩经商，并且曹给李借绢200百匹，是一件胡汉两族间的纠纷。尽管如此，当地官府并不因为曹为胡人，偏袒汉族，而是不分胡汉，根据法律进行调查对质，给予公正的处理。同时也说明，昭武九姓胡商与汉族商人在经商贸易中互相合作，相处比较融洽。

许多敦煌文书也记载了商贾行客的交易情况。《唐天宝九载八月至九月敦煌郡仓纳谷牒》和《唐天宝六载十一月河西豆卢军军仓收纳籴粟牒》两件文书反映了行客商贾从事粮食贸易的情况，有的行客如王玉芝、李庭金一次就分别纳籴粟200石。

行客以交籴形式参与粮食贸易与一般民户交籴在性质上有很大区别：

第一，行客向政府交籴的不是自己的产品，而是从民户手中收购来的商品，民户把粮食出卖给专门从事粮食贸易的行商，是一种商品交换行为，在价格上民户有一定自主权，这对于刺激民户从事商品生产有一定作用，而一般民户的交籴行为交纳的是自己的产品，不是商品。

第二，行客交籴数量大，尤其是包揽和籴的行客，可以在交籴中获取或预支大量匹段，然后运用这批匹段从事其他贸易。也就是说，行客可以利用和籴作为他整个买卖过程中的一个环节，从中图利，这样，行客交籴的活动就具有明显的商品经济意义。

7. 招徕叫卖的商业"广告"

唐五代时期，敦煌就已有市井叫卖口号流行，如藏经洞出土的P.3644文书是一件五代后唐同光年间（923—926年）的学童习字杂抄，其中有店铺招徕叫卖的诗歌两首。其一曰：

厶乙铺上新铺货，要者相问不须过。交关市易任平章，买物之

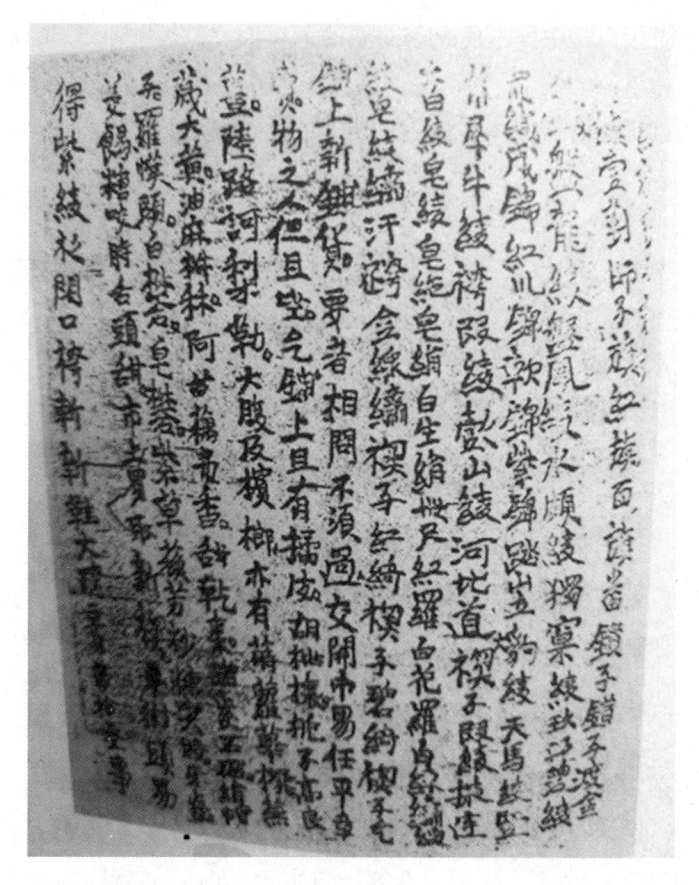

习字抄广告

人但且坐。

　　这首广告诗是为店铺经营者招徕顾客而编写的韵语口号，宣传本铺有新到货品，需要者切莫错失良机，价格可以商量，买主请到铺里坐下来谈。开头"厶乙铺上新铺货"的"厶乙"，即为代词"某乙"，或曰"某某"。"某某"可以根据不同的店名铺号换成特指的实词，如"张家铺上""李家铺上""兴隆铺上""茂发铺上"，也可以换成"香药铺上""衣帽铺上"。这是一首可供各类商店套用的招徕口号。由此可以使人们想见唐五代时期敦煌店铺林立，市井列肆，五花八门，各店争邀生意、招徕顾客的热闹情景。

唐宋时代，是中国古代商业发展的鼎盛期，敦煌文献 S. 5641 号《王梵志诗》中就有"行行皆有铺，铺里有新货"的生动描写。唐宋时代商业的发达也从上面招徕顾客的套用叫卖口号中得到了印证。P. 3644 文书第二首是：

厶乙铺上且有：橘皮胡桃瓢，栀子高良姜。陆路诃黎勒，大腹及槟榔。亦有想莳萝荜拨，羌黄大黄。油麻椒蒜，河〔荷〕藕弗（拂）香。甜干枣，醋（错）齿石榴。绢帽子，罗幞头。白矾皂矾，紫草苏芳。籽（砂）糖吃时牙齿美，饧糖咬时舌头甜。市上买取新袄，街头易得紫绫衫，阔口袴，斩（崭）新鞋，大跨腰带拾叁事。

这则广告中的商品从橘皮至石榴共 18 种，皆属药材，有的亦为食物及果品，如油麻、藕、干枣、石榴等；有的还是调味品，如蒜、荜拨、高良姜、荫萝等。袍子、幞头、袄、绫衫、鞋、腰带等为衣物穿戴之属。白矾皂矾、紫草苏芳，可能是洗涤化妆用品。砂糖饴糖是佐餐食品。详细宣传了杂货铺经营的各色商品，有吃的、用的、穿的、戴的、夸示身份的配饰、医治疾病的药物，可谓品种繁多，琳琅满目。货物来自四面八方：胡桃瓢、大黄、蒜、干枣等产自本地；白矾、皂矾、花椒等产自陇西；陈皮、油麻、荷藕、芫荑等产自中原、川陕及江南；栀子、高良姜、陆路等产于两广云贵；胡桃、石榴、大腹皮、槟挪产自西域。既有土产，又有外来品，更有外国进口"洋货"，对买主有着强烈的吸引力、诱惑力和鼓动作用。

中国古代向来重文轻商，古人有"小人近市"（《左传》），"小人喻于利""君子谋道不谋食"（《论语》），"法律贱商人"（《汉书·食货志》）等警句。在士人心中深深种下轻商的观念，对商贾货卖之事不屑笔之于文，故而在古代典籍中记录市井商贾招徕行事者极为罕见。因此敦煌文献中的这两则广告作品，可谓弥足珍贵，并且文字押韵，朗朗上口，生动形象，千载之后读之，仍可从中感受店家殷勤之态，市井叫卖之声充耳，货品陈设之炫目耀眼，堪称中国古代商业文化之一绝，为后代广告之先声。

8. 国际商贸大都会

初唐盛唐时期，由于西域交通大开，商旅信使往来不绝，丝绸之路安宁兴旺，敦煌出现了"村坞毗连，鸡犬相闻，佛塔遍地，市场广大，家给人足，焉然富庶"和"男耕女桑不相失，百余年间未灾变"的繁荣景象，应该说，唐代的敦煌进入了封建时代发展的顶峰。在唐代的沙州城内，不仅建有州县两级学校还设有不少私立学校。唐代敦煌民歌中的"三农五谷，万庚子箱，载兴文教，载构明堂""乡土济济，流水漾漾""昔靡单裤，今日重裳"等，就描绘了当时敦煌的安定、繁荣景象。诗人张籍的《凉州词》生动地描绘了当时南北贸易往来频繁、丝路无比兴盛的景象：

边城暮雨雁飞低，芦笋初生渐欲齐。
无数铃声遥过碛，应驮白练到安西。

当时的敦煌已经具有国际贸易城市的三大特点：一是从商人员国际化，敦煌地区居住有大量外来从事商业贸易的居民，其中以粟特人居多；二是商品国际化，市场上的商品有出产于中亚的胡粉、金青，也有出产于西域的胡椒、高良姜，还有来自阗的玉石、玉器，以及印度进口的香料等；三是货币国际化，既有金银钱币和金银为主的硬通货，也有少量的波斯银币，还有以实物作为支付物价的补充手段。所以说，当时的敦煌是名副其实的"华戎所交一都会"。

公元581年，隋文帝杨坚取代北周政权，"削平天下，统一海宇"，结束了近三百年南北分裂的局面，建立了统一的隋王朝（581—618年）。由于隋文帝采取一系列改革措施，实行均田、薄赋之策减轻了由长年战乱带给人民的苦难，使人民得到了休养生息的机会，因此很快出现了"人物殷阜，朝野欢娱"的新局面。隋文帝平定南方的陈朝之后，立即进军西北，抗击突厥，打通丝路，经营西域。这不仅解除了来自西北的一大威胁，还打开了中西通道，推动了国际贸易的繁荣。

大业三年（607年），隋炀帝杨广曾派黄门侍郎裴矩到张掖筹办二十七国交易会。隋炀帝亲自出巡河西，各国使者"皆令佩金玉，被锦罽，

国际商贸大都会

焚香奏乐，歌舞喧噪；武威、张掖士女盛饰纵观，骑乘填咽，周亘数十里，以示中国之盛"，引得"蛮夷嗟叹，谓中国为神仙"。隋炀帝西巡，极大地促进了丝路贸易的繁荣。

第三章

敦煌、吐鲁番契约与契约管理制度

第一节 敦煌、吐鲁番法律文献中的契约文书

契约即合同，是由平等地位的双方当事人签订并具有法律效力的私法。我国中古时代，敦煌当地百姓非常重视契约，认为契约是"日月山河之盟""官有政法，民从私契"。本章介绍敦煌与吐鲁番出土的600余件各类契约，反映出中古时期敦煌契约的丰富性、活跃性与先进性。

一 隋唐契约制度

隋唐时期契约制度较前朝有了进一步的完善。唐称契约为"市券"。唐朝法律对订立契约及契约的管理都作出了不少具体的规定。如凡买卖田地房产、奴婢、马、牛、驼、骡、驴等物都必须立契。官府有专门的契约管理机构，按照法律的规定对立契及契约严加管理。

1. 契约类型

（1）买卖契约

《隋书·食货志》载："晋自过江，凡货买奴婢、马牛、田宅，有文券。率钱一万，输估四百入官，卖者三百，买者一百。"即隋朝官府按照买卖交易额的4%征税，买卖双方按卖方3%、买方1%的比率分摊。东晋的"文券"指的是税讫后盖有官印的契约，唐代改称"文券"为"市券"。市券不仅加盖有官府印章，同时还需有官府批示，官府统一规定了市券的格式和文字。《唐六典·太府寺·京都诸市令》："凡卖买奴婢、牛马，用本司本部公验以立券。"（《唐令·关市令》又加驼骡驴等）《唐律·杂律》规定："诸买奴婢、马牛驼骡驴，已过价，不立市券，过三日

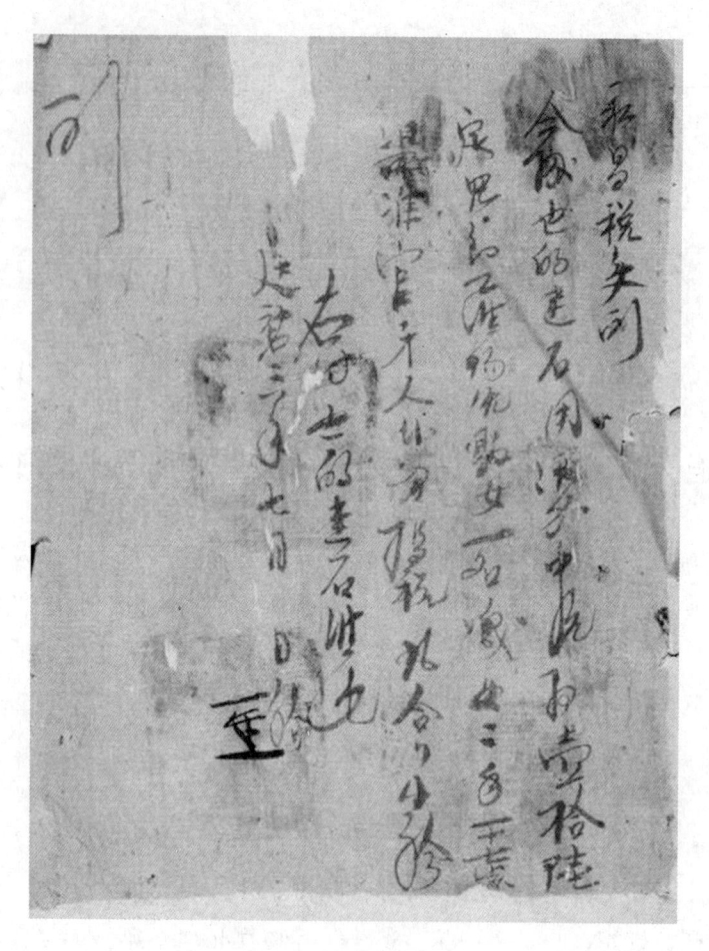

延祐三年奴婢买卖文书
（《敦煌文物珍品》）

笞三十；卖者，减一等。立券之后，有旧病者三日内听悔，无病欺者市如法，违者笞四十。"《疏议》曰："买奴婢、马、牛、驼、骡、驴等，依令并立市券。……若有病欺，不受悔者，亦笞四十。令无私契之文，不准私券之限。""即卖买已讫，而市司不时过券者，一日笞三十，一日加一等，罪止杖一百。"可见，在隋唐时期，法律明文规定买卖奴婢、房产、田地及马、牛、驼、骡、驴等必须在三日内立契，并且明确规定不准订立私契，立契必须经官府"过券"，掌管市司的官吏对登记验证契券，负有法律责任。

因为奴婢、牛马、房产、田地及其他贵重物品等价值较高，交易中容易产生诈欺或变更，所以必须立契约以守信义。唐代奴婢转移的契约较多，如《太平御览》卷五九八记载："《唐书》曰：罗让为福建观察使兼御史中示，甚著仁惠，有以女奴遗让者。让问其所因，曰：本某处家人，兄姊九人，皆为官所卖，其留者唯老母耳。让惨然焚其券书，以女奴归其母。"即上述家庭因为犯罪或欠下官家的租税，子女被没为官奴、皆被官府所卖。这些被出卖的男女，手中都留有一份卖身契的副本。

（2）借贷契约

隋唐时期，借贷财物同样需要订立契约。据《旧唐书·孝友·崔衍传》载：父卒，衍事后母李氏益谨，"李氏所生子郃，每多取子母钱，使其主以契书征负于衍。衍岁为偿之"。以契书征负，而且如数偿还，即不仅订立契约，而且严守契约信义。

唐代法律禁止质押田地，但从租佃关系中发现，有一种以借贷为前提条件的租佃，即田主因缺少或急需花费，或者偿还债务，向有钱人借贷，田主以将口分田地租佃给钱主的形式，收取钱主的"先打租"（部分或全部）作为所借款物。这种租佃关系实质上就是用田地作质押而进行借贷。质押与抵押的区别，就是质押的物品在质押期间，其占有权、用益权转移，即转移到债权人手中，债权人可以利用质押的物品牟取利益。因此，这种田地租佃关系应视为质押借贷关系。

唐代还存在着以家产作抵押，并以契约形式确立债权债务关系的抵押借贷契约。如总章元年（668年），张善熹向"财丰齐景"的财主左憧熹举钱20文，按月交利息，年利率高达120%。举债期限完全依债权人的意志为准，即左憧熹何时需要就何时还钱，债务还要以家产作抵押担保，并有妻儿和保人负连带责任。如果妻儿、保人不能还钱，就将半亩菜园作钱质卖。这是非常苛刻的抵押借贷关系。

（3）合伙契约

唐代还存在着合伙契约。如龙朔三年张海隆与赵欢仁订立契约，龙朔四年、五年、六年，三年间合伙耕种土地。赵欢仁出二亩田地，张海隆出耕牛、麦种，"二人舍佃食"疑为二人协佃食。生产粮食二人均分。又规定了双方的罚则，即出佃时（实际是出田方）违约和承佃（实际是出力方）违约都要受罚。承佃者悔佃还多罚九捆草，在契上签字画押的是田主和（舍）佃人双方。这里的"舍佃人"就是协佃人，以区分单纯的承佃，实际上是合伙耕种。

（4）雇佣契约

唐到五代雇佣关系不仅有广泛发展，而且多订立雇佣契约，朝廷对"庸力买卖"除正律规定之外还定有"常式"，使雇佣契约关系走向规范化。唐宣宗大中九年（855年）敕，"欲以男女庸雇与人，贵分日食，任于行止，当立年限为约"（《唐大诏令集·禁岭南货卖男女敕》卷109），具有自由契约的性质。

（5）租佃契约

唐代的田地租佃关系是在实行口分田的均田制条件下出现的。农民和田主出租土地实际上是利用田地的使用权和收益权，通过租赁获取利益。到了唐末和五代，均田制已经破坏，田地转为私有，地主和农民出租的土地属于自有。这时田地从单纯的出租向租佃、质押、典卖转变。

隋唐五代统治的中原内地没有发现租佃契约文书，但在敦煌、吐鲁番地区却发现许多当时的租佃契约文书或文书抄件。从吐鲁番、敦煌出土的租佃契约文书中，可以看出唐代存在各种类型的租佃关系。

按租佃期限和交租时间区分，有如下几种类型：①有年限，先打租；②按收获期部分先打租、部分收获后打租；③无年限，按收获期收获后交租；④有年限，按年或按年分两季后交租。由于租佃关系主体的复杂，契约在责任约束上可以分为三种类型：①出租人与承租人皆有违约责任；②只规定出租田主的违约责任；③只追究承租人的违约责任。这三种不同的约定，反映了租佃关系双方的不同地位。

（6）票据

票据亦是一种特殊的契约，在唐代，出现了两种票据，即"飞钱"和"帖"。飞钱，又称"便换"，起源于唐宪宗时的一种汇兑方式。当时商业发达，钱币携带不便，加之钱币缺乏，各地方政府又禁钱出境，于是各地在京师的商人，遂将售货所得款项，交付各道驻京的进奏院及各军各使等机关，或交各地设有联号的富商，由机关、商号发给半联票券，另半联寄往各道有关机关、商号。商人回到本道后，合对票券取款。帖，一种存取款的凭据。钱主把积攒的钱财存放在有资信的药店、梳行、波斯店及官库，双方约定凭某种信物或文字票据领取款项，这就出现了

"帖子"。这种帖子可以转让，或用作转债冲债，任何人持存款人签发的帖子都可以取钱。总之，"飞钱"的半联票据和"帖"这一存款凭证，都可以称为一种初级形态的票据。

除此之外，在隋唐时期的诸多史料中，还存在着诸如租赁契约、典当契约等其他类型的契约。

2. 订立契约手续

隋唐时期，订立买卖契约，需买卖双方到官府陈述，官府首先检验由卖方提供的原契，即上手契，然后勘责保人，并将检验勘责结果写入市券。最后画押盖印，双方按比例纳税。唐开元二十年（732年）有薛十五娘买婢绿珠市券抄件，可以印证这个过程。"今保见集，谨连元（原）券如前……进状勘责状同，问口承贱不虚。又责得保人陈希演等五人款，保上件人婢不是寒良该诱等色，如后虚妄。主保当罪。"唐政府对奴婢买卖立券更加严格，所以才有勘责保人的专门情节。如《唐大诏令》："旧格，买卖奴婢，皆须两市署出公券，仍经本县长吏，引检正身，谓之过贱。"（《唐大诏令集·改元天复赦》）即奴婢可以立券买卖，但要严格防止混淆良贱身份。

关于契约签押的方式，现今发现的契约原件大部分采取画指，即按指节长度画杠杠，后来可能不拘于形式，只要亲手画上杠杠就表示了不悔的信义，有个别契约出现拇指印和署名押，这是按手指印和签字的起始。画押时标明年龄，与确认行为能力有关。隋唐亦流行"花押"，多为士大夫阶层使用，即用草书连笔写成一个花体字。后逐步扩大流行，其形式简化为在名字后面画上"十"字或"七"字。

二 契约文书在敦煌遗书中的重要地位

契约，即现代所说的合同，是处理平等地位的双方当事人，自愿订立的关于民事权利和义务的协议。依法订立的合同或契约具有法律效力，是处理民间债权债务法律关系、法律纠纷的重要依据。契约文书在敦煌遗书中占很大比重。1998年江苏古籍出版社出版的沙知先生《敦煌契约文书辑校》共计收集契约资料300余件，分为买卖、借贷、雇佣、租佃质典、收养、分书放书遗书、凭约、性质不明八类。另外，尚有吐鲁番出土的契约300件。数量之多，为各国罕见。敦煌契约文书上自唐天宝年间，下至北宋初，其中以吐蕃占领和归义军时期为多。吐鲁番契约文书上自北凉，下至唐开元年间。两地契约文书时间大致相衔接，虽然各有特点，但地域相近，内容形式相似，可以作为相互补充的共同研究对象。

契约法是民商法的基本组成部分，是民间社会交换的基本形式，契约自由是民法的基本原则和民法文化的基本理念。敦煌契约文书中明确提出"官依政法、民从私约"的契约原则，反映我国古代同样存在着国家制定法（公法）与民间约定法（私法）的基本分类。从敦煌契约文书的内容、形式、原则和适用等方面看，我国唐代契约已具有很高的发展水平和调整功能，对我们认识我国古代民间生活的法律规制与传统具有重大意义。

隋唐时期，民事上的债务关系、契约关系迅速发展，并通过买卖、借贷、租赁、租佃、质典、雇佣、储存、运输、代理等各种形式表现出来。

契约成为民间交往交换和商品贸易的主要形式，因债务和契约纠纷而发生的民事诉讼也日趋繁复。这些情况在敦煌法制文书中都有充分的反映。

三　敦煌契约文书类型

经由沙知先生整理的 300 余件敦煌契约文书，可分为：①买卖类（卖地契、卖合契、换舍契、卖牛契、卖儿契、卖奴仆契、卖婢子契等）；②便贷类（便麦契、便粟契、便谷契、便豆契、便物契、贷布契、贷绢契、贷生绢契、贷褐契、贷红塔契等）；③雇佣类（僧人雇人造佛堂契、予取割价契、雇工契、雇牧羊人契、雇驼契、雇驴契、雇牛契等）；④租佃质典类（租地贴、出租地契、典地契、借地契、佃种凭、种地契、典身契、养男契、养女契等）；⑤凭约类（算会凭、领羊凭、欠羊凭、领物凭、具领麦粟凭、把仓凭、出社凭等）；⑥分书放书类（兄弟分书、兄弟分产书、亲情放书、放妻书、夫妻相别书、放良书、从良书、家重放书、放奴婢书、析产遗嘱、遗物分配凭据、遗书、析产遗书等）；⑦其他类。可见契约形式繁多，内容丰富，程序严格，已具很高的发展水平。

这些契约文书记载了 4 世纪中叶到 11 世纪之初西部地区普通民众

甲辰年洪池乡百姓卖舍契

的民间经济往来和社会生活的诸方面，也间接地反映出西部地区地方政府的行政司法活动。契约类型涉及买卖、互易、借贷、租赁、雇佣、扶养赠予等。在西部边远的敦煌、吐鲁番两地发现如此之多的契约资料，说明契约已成为我国古代调整民间普通民众社会经济生活的主要法律形式。

四 敦煌契约形式

契约的形式，又称契约的方式，是契约内容的外部表现，是契约内容的载体。

我国古代法律对契约形式并没有明确规定，但从敦煌、吐鲁番契约来看，唐时，我国契约在形式上发生了一个重要变化，单本契约逐渐增多，一般契约不再采用复本形式，而仅由权利人收藏单本契约。仍采用复本形式的主要是有关人身、典押等契约。吐鲁番出土的唐龙朔三年（663年）西州高昌县张海隆夏田券（租佃契约），券中特别注明，"契有两本，各捉一本"。券纸背面左侧。有笔画的几道横线，是当时一式两份的契约。各自对折后。对缝有"合同"记号。阿拉伯旅行家苏莱曼曾在

《中国印度见闻录》（著于851年）中说，中国人在立借据时，"两张票据叠在一起，在连接处再写上几个字，然后各持一份"，而敦煌、吐鲁番出土的大部分契约文书都没有合同记号，也未注明有复本，当都为单本契约。

张国清便麦契（《敦煌文物珍品》）

从敦煌、吐鲁番发现的契约来看，至唐代，我国古代契约材料已普遍采用纸张。随着社会经济生活的日趋复杂，订立契约成为人们日常的一种经济活动。

【例1】《龙兴观道士杨神岳便麦契（稿）》（佰4052背）

天宝十三载六月五日，龙兴观常往为少种粮，今于□□边直便小麦捌硕，其麦限至八月还纳了。如违限不还，一任□□牵掣常往车牛杂物等，用充麦直，官有政法，人从私契；两共平章，画指为验。

麦主、便麦人龙兴观道士杨神岳，保人道士汜志灯载卅五，保

人，保人紫极宫道士贺通，龙兴观杨神岳取麦还，恐人无信，故（后缺）

据沙知先生介绍，此件及同卷另一件杨神岳便麦残契，是20世纪80年代李正宇先生首次发现并经几位国内外敦煌学者协力考证，以求准确释录，令人可感。此卷应是目前已知最早的敦煌写本契约。而此卷本身，仅用简洁的10行契文，就把龙兴观的一名名叫杨神岳的道士，因少粮而向麦主借了八硕小麦，限至八月偿还，如违限不还，则自己的车牛杂物任凭麦主拿去抵麦。恐人无信，立此契文，把立契的时间（天宝十三载六月五日）、地点（龙兴观）、合同性质（便麦契）、契约当事人（麦主、便麦人道士杨神岳，实际为单方立契）、担保方式（人保）与保人及其年龄（道士氾志灯载卅五）、标的（小麦）、标的数量（八硕）、偿还日期（限至八月）、违约责任（一任牵掣常住车牛杂物等，用充麦直）、立契遵循的法律原则（"官有政法，人从私契"）、双方的平等地位和意思自治而形成双方合意（两共平章）、契约生效形式（画指为验）等契约要素和精神原则多达14项全部包容进去。无论契约的形式、内容、契约要素，还是遵循的主体平等、契约自由、私法自治等基本原则，都反映出我国契约在唐代已达到高度发展的水平，极具特色，在世界契约发展史上也应占有非常重要的地位。

【例2】《寅年令狐宠宠卖牛契》（斯1475背）

紫挞牛壹头，陆岁，并无印记。故立私契，两共平章。书指为记。其查拾玖硕麦内，粟三硕，和（下缺）

牛主令狐宠宠年廿九，兄和和年卅四，保人宗广年五十二，保人赵日年卅五，保人令狐小郎年卅九。

这件契约，从契约性质来看，属于买卖契约，具体则是卖牛契约。契约开始就直截了当写明了标的物的特征，"紫挞牛壹头，陆岁，并无印记"。随后写出订立契约的理由及买卖双方当事人，牛主"令狐宠宠为无年粮种子，今将前件牛出卖与同部落武光晖"，价金"断作麦汉斗壹拾玖硕",交付方式为"其牛及麦,当日交相付了,并无悬欠",并明确规定了契约双方当事人的权利义务,所有权的转移与风险责任的承担,载明了违约责任,规定了契约的法律效力和立契原则。

【例3】《未年安环清卖地契》(斯1475背)

　　宜秋十里西支地壹段,共柒畦拾亩(东道、西渠、南索及北武再再)。未年十月二日,上部落百姓安环清为突田债负,不办输纳,今将前件地出买(卖)与同部落人武国子。其地亩别断作斜斗汉斗壹硕陆斗,都计麦壹拾伍硕,粟壹硕,并汉斗。一卖已后,一任武国子修营佃种。如后有人干扰识认,一仰安环清割上地佃种与国子。其地及麦,当日交相分付,一无悬欠。一卖□如若先翻悔,罚麦五硕,入不悔人。已后若恩赦,安清罚金五两纳入官。官有政法,人从私契,两共平章,书指为记。

　　地主安环青年廿一,师叔正灯(押),母安年五十二,姊夫安恒子,见人张良友。

这件土地买卖契约沿用秦汉以来惯例,仍写明四至。说的是地主安环清因突田债负,不办输纳,因此将土地出卖给同部落人武国子。之所以摘录这件契约,有两点比较典型,一是出现了"官有政法,人从私契"的惯语;二是中国古代契约中比较特殊的恩赦担保制度已出现。

五　契约"样文"

契约样文,就是比较规范、标准、统一的契约形式,类似当今的标准合同文本。由于当时敦煌民事、经济、商贸活动活跃,民间契约行为已很普遍,契约形式也多种多样。源于这种实际生活的需要,这一时期除了专门替人写契的书契人外,还出现了契约的样文。之所以出现契约样文,一是可能因为当时敦煌民间经济往来中订立契约活动频繁,为了规范契约形式,避免因订立契约条款欠缺或不明而引起纠纷;二是表明契约形式发展至唐时亦比较固定,有了统一的可能。从契约样文涉及的契约类型来看,主要有买卖契约样文、雇佣契约样文、扶养赠予契约

（养男契）样文、分家析产契约样文等。

【例4】《卖舍契（样文）》

　　出卖与□□乡百姓姚文清，断作舍价每尺两石，都计舍物壹拾陆硕。其物及（舍），当日交相分付，并无悬欠升合。自买（已）后，永世子孙，世上男女作主，李家不得道东说西，后若房从兄弟及亲姻论理来者，为邻看上好舍充替。中间或有恩敕流行，亦不在论理之限。两共对面平章为定。

这是一件买卖房舍的样文，说的是百姓姚文清买了一处房舍，舍价每尺两石粮，共作价16硕。买后世人作证，卖房人李家及其亲友不得说东道西，即使遇到政府干预，也不受限制。依双方当事人平等协商为定。

【例5】《雇工契（样文）》

　　□年□月□日，百姓康富子为缘欠少人力，遂雇□乡百姓□专甲于，雇使一周年，断作雇价每月多少，役事酌度。立契已后，使须入作。所有农具什物等，一仰受雇人□什。若是放畜牧，畔上失却，狼咬煞，一仰售（受）雇抵当与充替。若无替，克雇价物。一定已后，比年限满，中间不得抛直（掷）。若有抛直（掷），五日已外，便知算日克勿（物）。若有年未满善（翻）悔者，罚在临时，入不悔人。官有政法，人从私契，两共对面平章，书纸为记，用为后凭。

这是一件雇工契约样文，百姓康富子因缺少劳力，雇了专甲作雇工，期限1年，每月雇价根据从事的劳作酌定。立契后立即履行。家中所有的农具杂物任凭受雇人使用。如果是放牧，牲畜在崖畔坠落，或被狼吃掉，应由受雇人承担损失或扣除雇价物。立契后，期限届满前不得旷工或反悔，反悔者当即处罚，处罚的钱物归未反悔人。官府有王法，民间有私人契约，讲究双方当事人对面平等协商确定，以立契文书为记，用作日后凭证。

【例6】《分书（样文）》

兄某告弟某甲□□□忠孝千代同居，今时浅狭，难立始终。□□子孙乖角，不守父条，或有兄弟参商，不□大休。既欲分荆截树，难制颓波，□领分原，任从来意。家资产业，对面在分张，地舍园林，人奴半分。分枝各别，具执文凭，不许他年更相斗讼。乡原体例，今亦同，反目憎嫌，仍须禁制。骨肉情分，汝勿违之。兄友弟恭，尤须转厚，今对六亲商量底定，始立分书，既无偏坡，将为后验。人各一本，不许重论。

某物　某物　某物　某物　某物

这是一件分家析产的契约样文，某兄弟祖上孝忠世代同居，如今浅薄狭窄，难共始终。子孙不守父训，兄弟不顾大体。既然想分家析产，也是无可挽回的了，只好分吧。家资产业当面分清，奴仆各分一半。分家后各门各支都持有分家析产凭据，今后不得再相争讼。乡风厚朴是有规矩的，兄弟反目憎嫌应属禁制。骨肉情分不可违，兄友弟恭更须坚守，如今面对六亲商量确定，立此分书，公平而无偏向，将为后来所验证。人各一本，不许重论。下面是对各种农资产业，包括牛、羊、驼、马、奴、婢、庄园、舍宅、田地、渠道等的计算、丈量、分割。并严肃规定，立此分书之后，如再有争闹违反，就请科于重罪伏法。最后是立分书的日期、见证人和当事人。

这三件契约样文，从契约思想、原则、内容、形式、契约要素等，均达到了很高的水平，堪与世上各类契约媲美。

样文的出现，大大方便了人们立契，同时也使各地的契约习惯有了统一的可能，减少了人们在履约过程中的纠纷，契约的形式因而相对固定、正规化，在中国契约发展史上有重要意义。

六 担保制度

我国古代担保制度是国家制定法与契约私法、民间习惯法相结合的产物，形成人保、物保、抵押等契约担保体系。敦煌契约文献中的担保制度相当完善。

1. 保人担保

保人担保是敦煌、吐鲁番买卖契约中常见的一种保证制度。这种制度具体体现为以下几点：

第一，保人要在契约末尾签名，并注明自己的身份、年龄。保人可以是一人，也可以是数人，如：《寅年令狐宠宠卖牛契》有"保人宗广年五十二，保人趁日年四十，保人令狐小郎年卅九"的签名。《未年尼明相卖牛契》中有"保人尼僧净壤年十八，保人僧空照、保人王忠敬年廿六"的署名。如有数个保证人，债务应均摊承担。保人之外还有见人、口承人、同便人、同取人，他们大都与被保人有亲属关系，反映出家族观念与宗法思想的影响。

第二，对保证人身份严格规定。保证人一般应为品质优良、身份清楚的。法律禁止家子为别人家子担保。因为唐律规定，只有家长才可为契约当事人，故家子不通过家长与人私立契约而请他人家子作保证人，亦为法律所不允许。如前面引用的契约中就有保人签名并下书年龄，大约就是证明保人身份是家长而不是未成年的子女。

第三，保证人对债务清偿承担责任。这不仅在契约中有明文约定，法律也有明文规定。如：《唐大中六年僧张月光博地契》中有"如身东西不在，一仰口承人知当"句。前句指债务人逃跑或死亡，后句的口承人即指保人。又如：《寅年令狐宠宠卖牛契》中有"一仰主保知当"句。《宋刑统》引唐开元二十五年令有"诸公私以财物出举者，如负债者逃，保人代偿"的明文规定。

2. 以物担保

以物担保就是以财产作担保，它比人保具有更强的保障性。敦煌、吐鲁番契约中以物担保的方式较为具体。主要有：

第一，指质与质典。就债务人的某项财产设定抵押权，成立契约时不立即转移占有，当债务人无法清偿债务时，债权人便取得该项财产的所有权。这种抵押方式，称之为"指质"。债务人在成立契约的同时向债权人提交抵押品的，称之为"收质""质典"，等等。如《乙丑年索猪苟贷麦契》中约定"更欠麦两硕，直至十月，趁还不得，他自将大头钏壹，质欠麦两硕"。这里，索猪苟"自将大头钏壹"作为质物，抵偿剩余两硕麦。《唐乾封三年张善某举钱契》中有"若延引不还左（债权人左懂烹）钱者，将中渠菜园半亩与作钱质，要须得好菜处"，指定将菜园作为抵押。

第二，牵掣杂物。牵掣，指由债权人扣押不能清偿到期债务的债务人的财产。《唐律·杂律》"负债强牵财物"条："诸负债不告官司，而强牵财物过本契者，坐赃论。"律疏解释"谓公私债负、过契不偿，应牵掣者，皆告官司听断。若不告官司而强牵财物，若奴婢、畜产，过本契者，坐赃论"。从这一律条立法原意看，只规定"负债"违契不偿时可行牵掣，不存在计息问题，所以超过"本契"就要受罚，"坐赃致罪"。按《唐律·杂律》："一尺笞二十，一匹加一等；十匹徒一年；十匹加一等，罪止徒三年。"照此，牵掣应受官府的控制，必须官府批准后才可牵掣。然而，唐《条令》规定："诸公私以财物出举者，任依私契，官不为理……家资尽者，役身折酬。"可见，"任依私契，官不为理"的出举也是以牵掣为主要担保方式，而且这种牵掣不必惊动官府，债权人可自行实施。只有当"契外掣夺"时，才"官为理"。在敦煌、吐鲁番契约中，常见"听掣家资财物，平为钱直"，"如违限不还，一任掣夺家资杂物，用充麦直"，"过月如上不付，即任掣夺家资，用充本利直"。

七 敦煌契约的担保责任制度

中国古代契约担保责任制度至唐代已甚发达。包括标的物质量瑕疵担保和权利瑕疵担保、无欺诈担保，还有恩赦担保。敦煌契约的担保责任制度，也主要体现为以下三方面：

1. 担保契约标的物无瑕疵

尤其是对有生命之物，敦煌买卖契约中强调了时效性，约定了具体的时效，在此时效内，如标的物存在瑕疵，由出卖人承担标的物毁损灭失的风险责任；时效期满，风险责任由买受人承担。如：《寅年令狐宠宠卖牛契》有"如立契后三日内牛有宿疾，不食水草，一任却还本主，三日以外，以契约定"的约定。这实际上是一种表面看不出来的隐形瑕疵责任。这种时效约定也符合《唐律疏议·杂律》中"诸买卖奴婢、马、牛、驼……立券之后，有旧病者，三日内听悔"的规定，但需要我们进一步注意的是，宋初，这种时效制度似乎发生了变化。《宋淳化二年押衙韩愿定卖妮子契》中约定"其人在患，比至十日已后不用休悔者"，风险责任转移的时效从三日延长至十日。但也规定了保人的法律连带责任，增加了国家法权利救济方式。

2. 权利瑕疵担保和无欺诈担保

买卖已成，买卖标的物又被第三人追夺或主张权利，这时卖主承担责任。敦煌契约中买卖牛畜、土地等时，卖主要担保其标的物无"寒盗"即保证标的物不为第三人追夺或主张权利。如前引《寅年令狐宠宠卖牛契》中有"如后牛若有人识认，称是寒盗。一仰主保知当，不干买人之事"。《未年尼明相卖牛契》有"如后有人称是寒道（盗）……认识者，一仰本主买上好牛充替"，《末年安环清卖地契》中有"如后有人干扰识认，一仰安环清割上地佃种与国子"。这些契约中的具体约定都体现出我国古代权利瑕疵担保和无欺诈担保制度的特点。

3. 恩赦担保制度

这种担保制度始于北魏，具有中国古代契约法自身的特点。我国古代封建王朝往往在皇帝登基等日子颁布法令、宣布大赦天下，赦免债务、减免刑罚等。恩赦担保亦即保证契约达成后，即使遇有恩赦，契约内容仍不得更改，具有法律效力，这是一项抵赦条款。如：敦煌契约《唐乾宁四年平康乡百姓张义全卖舍契》"或有恩赦故书行下，亦不在论理之限"；《后周显德三年间兵马使张骨子买宅舍契》约定"中间若有恩赦亦不在论限；《天复九年己巳洪润乡百姓安力子卖地契》约定"或有恩赦流行，亦不在论理之内"；《后唐清泰三年百姓杨忽律哺卖舍契》中有"中间如遇恩赦大赦流行，亦不许论理"，等等。这些都说明恩赦担保制度是我国古代契约中一种普遍且独特的担保责任制度。其实质是对国家法律效力的否定和排除，以确保双方当事人所立契约的效力和履行。当然这种私法约定不能对抗国家法的强制力。敦煌文献翟信子诉高康子免债一案，官府即按恩赦律令，判决欠债免除。同时还应看到，国家对私债的赦免，主要是针对"偿利过本，翻改卷契"等民间高利贷行为，是国家管控高利贷的一项法律举措。

上述史实说明，我国古代契约制度发展至唐时已具有相当水准，并具备自身的传统与制度、文化特点。

八 敦煌契约中的买卖契约

由于买卖是人们最普遍、最经常的民事行为，因此，买卖契约在敦煌、吐鲁番契约文书中是最主要的契约种类。依据买卖所涉及的标的物的属性，可将敦煌、吐鲁番契约文书中的买卖契约分为动产买卖与不动产买卖。

1. 动产买卖契约

敦煌动产买卖契约涉及的标的物主要是粮食、衣物、日用品、牛、奴婢等生产、生活资料（按唐制，奴婢列于资财，比作畜产），也有车具等日常物品。动产买卖之所以标的物为奴婢、牛等，主要原因是当时生产力不发达，牛等畜力在人们的日常生活中占有主要地位，如不订立契约，明确双方当事人的权利义务，买卖行为容易引起纠纷。为了防止发生纠纷，买卖双方通过立契约，将交易结果确定下来。敦煌买卖契约中几乎都有"恐人无信，立此私契，用为后凭"的字样，表明了立契的目的及作用。

【例7】《未年尼明相卖牛契》（斯5820）

黑悖牛一头三岁，并无印记。

未年润十月廿五日，尼明相为无粮食及有债负，今将前件牛出卖于张抱玉，准作汉斗麦壹拾贰硕，粟两硕，其牛及麦即日交相付了。如后有人称是寒盗识认者，一仰本主卖（买）上好牛充替，立契后有人先悔者，罚麦三石。入不诲人，恐人无信，故立此契为记。

麦主
牛主　　尼僧明相年五十三
保人　　尼僧净壤年十八
保人　　僧空照
保人　　王忠敬年廿六
见人　　尼明香

这件契约说的是尼明相因"无粮食及有债负"，将前件牛出卖给张抱玉，价金断作"汉斗麦壹拾贰硕，粟两硕"，履行方式为即时交付履行，即"其牛及麦即日交相付了"。为了保证契约涉及的标的物不致被人追夺，约定了双方的权利义务。如果契约生效后有人认为此牛是偷盗而来，所有权不是出卖人的，出卖人要承担由此引发的责任，"一仰本主卖

(买)上好牛充替"。

【例8】《唐大中五年僧光镜负儭布买告钏契》（斯1350）

　　大中五年二月十二日，当寺僧光镜缘缺车小头钏壹交停事，遂于僧神捷边买□壹救（枚），断作价直（值）布壹佰尺。其布限十月已后（前）于□司填纳，如过十月已后至十二月勾填，更加□拾尺。立契后，不许休悔。如先悔，罚布壹尺，入不悔人。恐后无凭，答项印为验（手印）。

　　负儭布人　　僧光镜（朱印）
　　见人　　　　僧龙心
　　见人　　　　僧智文（朱印）
　　见人　　　　僧智恒字达

　　这件契约，与卖牲畜契约明显不同，是一件除卖契约，虽然是僧光镜买"车小头"，但僧光镜并没有立即支付价金，而是约定由傔司在十月前支付价金，如违约，要"更加贰拾尺"。
　　傔司是指负责管理寺院作为布施和遗赠而收取衣物和织物的机构，在这里充当了银行经纪人的作用和负责为卖主在契约规定的期限内填还债务。这是一件很有特色的契约。

【例9】《唐敦煌郡奴婢买卖市券》（录白案记）[①]

　　约缺8字〔行〕客[②]王修智牒称：今将胡奴多宝，载拾叁

[①] 本件出自敦煌莫高窟，编号敦研298+299号，为天宝三载（744年）至乾元元年（758年）二月之间文书。唐代规定买卖奴婢牲畜皆须立券。市券由市司发给，呈郡盖印。本件只在应盖郡印处书云"敦煌郡印"而无钤印，知为官府存查之录白案记。唐代市券，此前向无传世者，其款式与内容无从考究。赖此始知唐市之内容款式，洵为法制史、经济史之遗珍。原文与注参见李正宇《敦煌学导论》，甘肃人民出版社2008年版。下同。

[②] 据卷尾王修智落款"行客王修智"，知"客"字前当缺"行"字，故补。行客，谓客行异乡者，或释为商业行会中的商人。

108　/　敦煌古代法律制度略论

　　[此处约缺7字]张惠温得大生绢贰拾壹疋①，请给买人市券者。依[约缺4字]安神庆等款保，前件人奴，是贱不虚②。又，问奴多宝甘心□[约缺5字]修智，其价领足者。行客王修智出卖胡奴多宝与[约缺5字]绢贰拾壹疋。勘责状同，据保给券，仍请郡印约缺7字罪。

　　绢主
　　[敦煌]郡印　奴主、行客　王修智　载陆拾壹
　　胡奴　多宝　载壹拾叁
　　保□[人]、□□□百姓安神庆　载伍拾玖
　　保人、行客　张思禄　载肆拾捌
　　保人敦煌郡百姓左怀节　载伍拾柒
　　保人、健儿　王奉祥　载叁拾陆
　　保人、健儿　高千丈　载叁拾叁
　　市令秀昂给券　史（下残）

【例10】《宋淳化二年（991年）韩愿定卖妮子契》③

　　淳化二年辛卯岁十一月十二日立契。押衙韩愿定，伏缘家中用度不换（逭），欠阙疋帛今有家妮子④出（取）名盐胜，年可贰拾捌岁，出卖与常住百姓朱愿松妻男等，断偿女人价，生熟绢伍疋，当

---

　　① 得大生绢贰拾壹疋："生绢"，指未加漂煮、染色的本色绢。又，唐代兼以绢、布作货币。本件载王修智将胡奴多宝卖与张惠温得价大生绢贰拾壹疋，即以"绢"代钱，是当地"钱货通用"之证。
　　② 是贱不虚：自古良民不得买卖。但奴婢则可以买卖，古代统治阶级观念视奴婢同牛马，《唐律疏议》所谓"奴婢贱人（即贱民），律比畜产"（见《唐律疏议》卷六），故可以像其他所有物一样进行买卖。但买卖奴婢时，须言明被卖者确为贱民身份，且需有保人作证，本件所谓"是贱不虚"，即卖主对所卖者身份确为奴婢的申明和保证。
　　③ 本件出自敦煌莫高窟藏经洞，编号S.1946，北宋前期敦煌县买卖家生奴的契约。本件反映了奴婢子女与生俱来的悲惨命运。
　　④ 家妮子：家奴所生女谓之家生婢，又称家生妮子、家妮子。家奴所生男则曰家生奴，亦曰家生子。

日现还生绢叁疋,熟绢两疋限至来年五月尽填还。其人及价互相分付。自卖已后,任承朱家男女世代为主。中间有亲情眷表识认此人来者,一仰韩愿定及妻七娘子面上觅好人充替;或遇恩流行,亦不在再来论理之限。两共面对商仪(议)为定,准格不许反悔。如若先悔者,罚楼绫壹疋,仍罚大周羊两口,充

(缺)用为后凭。其人在患,比至十日已后,
(缺)
(缺)　盐胜(画押)
(缺)　娘主七娘子(画押)
(缺)　郎主韩愿定(画押)
(缺)　商量人袁富深(画押)
(缺)　知见报恩寺僧丑挞(画押)
(缺)　知见龙兴寺乐善安法律(押)
(缺)　疋,断出(粗)褐陆段,白褐陆段,计拾贰段,各丈(长)
(缺)　比至五月尽还也(韩愿定画押)。

【例11】《丙子年(916年)赤心乡百姓阿吴卖儿契》①

赤心乡百姓王再盈妻阿吴,为缘夫主早亡,男女碎小,无人求济供急(给)依(衣)食,债负深扩(广),今将福(腹)生儿庆德——柒岁,时丙子年正月廿五日立契,出卖与洪润乡百姓令狐信通②断作时价乾湿共叁拾石。当日交相分付讫,一无玄(悬)欠。其儿庆德,自出卖与(已)后,永世一任令孤进通家□□趣(驱)供,

---

① 本件出自敦煌莫高窟藏经洞,编号S.3877背,为五代后梁时期敦煌寡妇阿吴在生计逼迫下出卖刚刚七岁的亲生儿子的契约。使人们看到在号称"神乡福地"的敦煌,依然有着血泪斑斑的人家。
② 令狐信通:晚唐及后梁期间敦煌县一个贪得无厌的聚敛者。其弟名进通,二人沆瀣一气,狼狈为奸,敦煌遗书保存有他弟兄二人乘人之危买人宅舍(见上引《张义全卖宅舍契》)、换取上好宅地(见同上号《曹大行换舍地契》)、收买土地(见同号《安力子卖地契》),以及本件之掠买人口等,是10世纪敦煌县掠夺型地主的一个生动的典型。

不许别人论理。其物——所买儿斛斗，亦付与，或有恩赦流行，亦不在论理之限。官有政法，人从此契①，恐后无凭，故立此契，用为后验。（下缺）

2. 敦煌不动产买卖契约

敦煌不动产买卖契约涉及的标的物主要是土地、宅舍房屋等。

【例12】《后周显德四年敦煌乡百姓吴盈顺卖地契》（伯3649背）

南沙灌进渠中界，有地柒畦，共叁拾亩，东至官园，西至吴盈住，南至沙，北至大河。于时显德肆年丁巳岁正月廿五日立契。敦煌乡百姓吴盈顺，伏缘上件地水佃种，往来施功不便，出售与神沙乡百姓琛义深。断作地价，每尺两硕，干湿中亭，生绢伍疋，麦粟伍拾贰硕。当日交相分付讫，并无升合玄（悬）欠。自卖已后，永世琛家子孙男女称为主记。为唯有吴家元弟及别人侵射此地，来者一仰地主面上，并畔觅好地充替。中间或有恩赦流行，亦不在论理之限。两共对面平章为定，准法不许休悔。如若先悔者，罚上马壹疋，充入不悔人，恐人无信，故立斯契，用为后验。（押）

这件契约保存完好，开始写明了标的物的数量、位置和立契时间，随后是订立契约的原因及买卖双方当事人。关于价金的约定更有特色，根据粮食的干湿程度将地价断作"每尺两硕，干湿中亭，生绢伍疋，麦粟伍拾贰硕"。"中亭"意为各占一半。契约后半部分主要是担保与保证条款。更为引人注目的是，这里出现防止"侵射"的约定。"侵射"即"请射"，请射是我国古代私有土地发展的一条途径。《五代会要》卷25《逃户》载"请射承佃，供纳租税，充为永业"。请射的土地，虽曰"承佃"，实际上就变成了"私田"。请射，犹如射箭中的一样，指物而取曰射。契约中约定的"侵射"条款，实际上是买主防止所买之地的所有权

---

① 人从此契：即民从此契。唐人避太宗讳，往往以"人"代"民"，敦煌相沿成习五代时犹有以"人"代"民"者。

被人追问。

【例13】《后唐清泰三年百姓杨忽律哺卖舍契》（斯1285）

　　修文坊巷西壁上舍壹所，内堂西头壹片，东西并基壹仗（丈），伍寸，南北并基壹仗（丈）五尺，（东至杨万子，西至张欺忠，南至邓坡山，北至薛安位）。又院落地壹条，东西仗四尺，南北并基伍尺，东至井道，西至邓坡山，南至坡山及万子，北至薛安升及万子。又井道回家停支出入，不许隔截。时清泰三年丙申岁十一月廿三日，百姓杨忽律哺为手头缺乏，今将父祖□分合出卖与弟薛安子弟富子二人。断作舍价，每地壹尺，断物壹硕贰斗，兼屋木并伏，都计得物叁拾叁硕柒斗，其舍及物当日交相分付讫更无玄欠。向后或有别人认识者，一仰忽律哺□当，中间如遇恩敕大赦流行，亦不许论理，两共面对平章，准法不许休悔，如先悔者，罚青麦拾伍驮，充入不悔人。恐人无信，立此文书，用为后凭。（押）内主兼字（缺）。

　　出卖舍主杨忽律哺　　　（左头指……）
　　出卖舍主母阿张　　　　（右中指）
　　同院人　邓坡山（押）
　　同院人　薛安升（押）
　　见人　　薛安胜（押）
　　见人　　薛安住（押）
　　见人　　关再住（押）
　　见人押衙　邓万延（押）
　　邻见人　高计德、
　　邻见人　张威贤（知）
　　邻见人　兵马使邓兴后（押）

　　这件契约文书几无任何缺损，保存相当完整。契约开头对买卖所涉及的标的物的描述详细具体，简洁明确，并在契约中约定了出卖人的义务，"又井道四家停支出入，不许隔截"，以防止买卖以后邻里发生纠纷。立契时间为"清泰三年丙申岁十一月廿三日"，其后与前引几件契约格式几乎一致，是关于价金、担保责任、违约责任等条款。契约末尾开具的契约当事人及见人达 11 位之多，同院人也在契约末签字画押，其用意一是起到了见人的作用，二是因前面关于邻里井道不许隔截与他们有关系，因此，也要求其签字画押，以示认可同意。

九 敦煌契约中的互易契约

互易契约又称以物易物契约，敦煌契约中有五件互易契约，其中《唐天复二年赤心乡百姓曹大行回换舍地契》为习字契，可能未有实际经济关系发生，其余四件均有实际交换关系发生。

【例14】《唐大中六年僧张月光博地契》（伯3394）

（宜）（秋）（平）都南枝渠上界舍地壹畦壹亩，并墙及井水，门前（道）（张）（月）（光）张日兴两家合同共出入，至大道（东至张日兴舍半分，西至僧张法原园及智通园道，南至张法原园及东道井南墙，北至张日兴园园道、智通舍东头）。又园地三畦共四亩（东至张日兴园，西至张达子道，南至张法原园及子渠，并智远园道法原园□□墙下开四尺道，从智通舍至智通园，与智通往来出入为主记，其法原园东墙□□智通舍西墙，法原不许纥吝，北至何荣，又僧法原园与东无地分井水，共用园门与西东道□分，同出入，至大道），又南枝下界地一段三畦共贰拾亩，（东至刘黑子及张和子，西至□荣子庙，南至渠及周兴子，北至索进晟庙）。已上园舍及东道井水共计并田地贰拾伍亩。大中年壬申十月廿七日，官有处分，许回博田地，各取稳便。僧张月光子父将上件宜秋平都南枝渠园舍地道池井水计贰拾伍亩，博僧吕智通孟授葱同渠地伍畦共拾壹亩两段（东至阎家及子渠，西至阎屾儿及建女道，南至子渠及张文秀，北至阎家）。又一段（东至阎家及麻黄，西至张文秀，南至荒，北至阎家）。壹博已后，各自收地，入官措案为定，永为主已。又月光园内有大小树子少多，园墙壁及井水开道功直解出买（卖）与僧吕智通。断作解直，青草驴牵头陆岁，麦两硕壹斗，布三丈三尺。当日郊（交）相分付，一无玄（悬）欠，立契。或有人立（并）畦觅上好地充替，入官措案，上件解直斛斗驴布等，当日却分付智通，一定已后，不许休悔，如先悔者，罚麦贰拾驮，入军粮，仍决丈（杖）卅。如身东西不在，一仰口承人知当。恐人无信，故立此契，用作后凭。

　　园舍地主　　僧月光（手印）
　　保人　　男坚坚（手印）
　　保人　　男手坚（手印）
　　保人　　弟张日兴（藏文押）
　　男　　　儒男（手印）
　　侄　　　力力
　　见人　　僧张法房、
　　见人　　于佛奴
　　见人　　张达子
　　见人　　王和子
　　见人　　马宜奴
　　见人　　杨千荣
　　见人　　僧善惠

这件博地契是补价金互易契约，大意是在官府主持下，僧张月光与僧吕智通、孟授葱交换田地，但由于张月光园内有树木、水井等，为保证交换的公平，由吕智通、孟授葱给张月光补偿差价，价金断作"青草驴壹头，麦两硕壹斗，布三丈三尺"。履行方式为当日交相分付，一无悬欠。违约责任包括两种责任形式，一是财产责任，罚先悔者"麦贰拾驮，入军粮"；二是刑事责任，运用刑罚处罚，决杖三十。

【例15】《寅年报恩寺寺主博换驴牛契》（斯6233）

　　紫犍牛一头，捌岁，无印
　　寅年正月十八日，报恩常住为无牛驱使，寺主僧□如今将青草驴壹头染岁，更贴细布壹疋，博换玉关乡驿户成允恭紫□□□，其牛及驴布等（后缺）。

此契约后面部分缺损，但从前半部分可看出驴牛互易的主要内容，报恩寺寺主用一头青草驴，然后用"细布壹疋"补偿差价，博换成允恭牛一头。调剂余缺，互取所需。

十　敦煌契约中的借贷契约

敦煌契中借贷独多，占全部契约文献的四分之一强。以借贷契约的标的物为标准，可将敦煌吐鲁番借贷契约分为货币借贷契约和实物借贷契约两类。货币又分为钱币和实物，实物又可分为织物和粮食，包括绢、布、褐、麦、粟、豆。

以借贷契约是否有息为标准，可将之分为有息借贷契约与无息借贷契约。唐初至中唐后期，对有息与无息在称谓上的区别是十分严格的，有息的一般称为"出举""举取"，所形成的债务称为"息债"，无息的一般名为"便贷""便取"，所形成的债务称为"负债""欠负"。这种区分得到了官方制定法律条文的确认。"负债者，谓非出举之物依令合理者。"这里以"非出举之物"指无息借贷之"负债"。《旧唐书》云："贞观初……放息出举，追求什一，公侯尚且求利，黎庶岂觉其非？"可见，"举取"乃专指有息借贷。但到了晚唐，这些称谓名目的界限已不复存在，尤其是"负债"一词，逐渐有统称一切借贷契约之债的趋向。

1. 敦煌法律文献中的无息借贷契约

敦煌吐鲁番契约中的无息借贷，是指通过故意缺省利率条款的方式体现的。

【例16】《唐麟德二年张海欢白怀洛贷银钱契》

麟德二年十一月二十四日，前庭府卫士张海欢于左憧熹贷取银钱肆拾捌文，限至西州十日内还本钱使了。如违限不偿钱，月别拾钱后生利钱壹文入左。银延引注托不还钱，任左揳张家资杂物□分田（萄）桃园用充钱直取。若张生东西没洛（落）者，一仰妻儿及收后保人替偿。两和立契，画指为信。

同日，白怀洛贷取贰拾肆文，还日、别部依上券同。钱主左、贷钱人张海欢卅，货钱人白怀洛卅。保人张欢相，保人张欢德卅。

满欢母替男酬练，若不上，依月生利。

大台李台明卅，保人满欢妻郭如达卅，保人阴欢德卅。

这里张海欢和白怀洛分别向左憧熹借银钱"肆拾捌文"和"贰拾肆文"，只要"至西州十日内还本钱使了"，约定在规定期限内仅需还本，不需付息。"若违限不偿钱，月别拾钱后生利钱壹文"则为违约条款，并非利率条款，带有惩罚性。因此，这是一起无息借贷。

【例17】《甲午年邓善子贷绢契》

甲午年八月十八子邓善子欠少疋物，遂于邓上座面上贷生绢一疋，长叁丈捌尺五寸，幅壹九寸。又贷生绢壹疋，长叁丈九尺，幅一尺九寸。其绢限至十一月填还。若违时限不还，于乡元生利。恐人无信，故立此契，用为后凭。

贷绢人　邓善子（押）
见人　　押衙张宗进
见人　　上座宗福

这件契约保存得相当好，无任何缺损，标的物绢的长度、幅度、立契时间、还贷期限、违约责任等契约要素条款齐全，唯独没有利率条款，很显然是一则典型的无息借贷。

【例18】《卯年悉董萨部落百姓翟米老便麦契》

卯年四月十八日悉董萨部落百姓翟米老，为无斛豆驱使，遂于灵图寺便佛帐所便麦陆硕。其麦请限至秋八月卅日还足。如违限不还，其麦请倍。仍任掣夺家资中畜，用充麦直，如身东西不在，一仰僧志贞代纳，不在免限。恐人无信，故立此契。两共平章，书纸为记。

便麦人　翟米老年廿六
保人　　弟突厥年廿

见人

见人

书契人　僧志贠

粮食的无息借贷数量很多，借麦、粟、豆的都有，尤以"便麦契"最为常见。

这件契约是翟米老从灵图寺佛帐所贷麦时所立契约。契约约定了违约责任及两种保证制度。既然是佛帐所借贷，明显有救济之意，所以无息。

【例19】《吐蕃丑年（821年）灵修寺寺户刘进国等便麦种牒》①

灵修寺户团头②刘进国，头下户王君子、户麴海朝、户贺再晟。已上户各请便种子麦伍驮，都共计贰拾驮。

右进国等贷便前件麦，其麦自限至秋，依时进国自勾当输纳。如违限不纳，其斛斗请倍。请乞处分。

牒件状如前。谨牒。

五年二月　日团头刘进国等

户王君子

户麴海朝

户贺再晟

付所由，进国等共便与壹拾伍驮。十四日。正勤

---

① 本件出自敦煌莫高窟藏经洞，编号北图碱字59号，为吐蕃统治中期寺户向都司贷麦种的申请书，又兼充借贷契据。从中可知，寺户为寺院种地，麦种需自备；寺院虽以无息借贷方式借给，但必须至秋偿还，如违期不还，即一倍生利。文末有都教授（即都僧统）之批示，只批给申请数之四分之三。

② 团头：唐宋时敦煌居民编组基层单位，大体10户左右为团，一团之首户户主为团头，近似于后世保甲制度下的甲或甲长。

【例20】《酉年（829年）曹茂晟便豆种契》①

酉年三月一日，下部落百姓曹茂晟②，为无种子，遂于僧海清处便豆壹硕捌斗。其豆自展至秋八月三十日已前送纳。如违不纳，其豆请（倍），一任掣夺家资杂物，用充豆直。如身东西，一仰保人代还。中间或有恩赦，不在免限。恐人无信，故立此帖，两共平章，书指（纸）为记。

　　豆主③
　　便豆人　曹茂晟　五十（指节押）
　　保人　男　沙弥法珪　年十八（指节押）
　　见人
　　见人　僧慈灯

2. 敦煌法律文献中的有息借贷契约

【例21】《唐乾封三年张善熹举钱契》

　　银钱有息借贷的标准契约当数这件遗书记载得最为精彩。

　　乾封三年三月三日，武城乡张善熹于崇化乡左憧熹边举取银钱贰拾文，月别生利贰文。到月满，张即须送利。到左须钱之日，张并须本利酬还。若延引还，所左拽取张家财物杂物平为本钱直。身东西不在，一仰妻儿保人上钱使了。若延引不与左钱者，将中渠菜园半亩与作钱质，要须得好菜处。两和立契，获指为验。左共折生钱，日别与左菜五尺园，到菜干日。

　　钱主　　左
　　举钱人　张善熹卅
　　保人　　女如资卅

---

① 本件出自敦煌莫高窟藏经洞，编号S.1475，为吐蕃统治敦煌中期无息借贷契之一种，但若不按期归还本利，就要承担违约责任。
② 下部落：吐蕃统治时期，敦煌居民基层管理单位之一，大致相当于唐朝的乡级建制。
③ 豆主名下无署名画押，表示此件主要是借豆人出具给豆主的保证书。敦煌所出古代诸种契据，多见其例。

保人　　　高隆欢卅
知见人　　张隆端卅

这件契约规定"举取银钱贰拾文，月别生利银钱贰文"，即规定月利率为10%，利率非常高。尤为苛刻的是，这件契约没有规定还贷期限，而是规定"到左须钱之日，张并须本利酬还"。这对于债务人来说面临着无法预料的须立即还贷的风险。

这件契约还有一点特殊之处，那就是尾部还有一条颇有意思的补充条款"左共折生钱，日别与左菜五尺园，到菜干日"，就是说除付息外，每日尚须将五尺大小的菜地上所种之菜卖于左。这样算来利率恐不止10%。

此外，本契不但规定了违约责任，而且还约定同时适用以物作保和以担保人作保两种保证制度，可见古代对交易安全的重视。

敦煌所出有息借贷契约很有特点，一般是契约生效后先付利息，然后再还本钱。

【例22】《己丑年（929年）龙家何愿德贷褐契》[①]

乙丑年十二月廿三日。龙家[②]何愿德于南山买买（卖），欠小（少）褐，遂于永安寺僧长千面上贷出（粗）褐叁段，白褐壹段。比至南山到来之日，还褐六段，若百不平善者，一仰口承弟定德、丑子面上取本褐，若不还者，看乡原生利。恐人无信，故立此契，用为后凭。

口承　弟定德（画押）
口承　丑子（画押）
取褐人　何愿德（画押）

【例23】《壬午年平康乡百姓贷绢契》（斯266背）

壬午年七月廿日立契，平康乡百姓某甲伏缘家中欠少疋帛，遂

[①] 本件出自敦煌莫高窟藏经洞，编号S.5445，为五代后唐时期敦煌境内少数民族居民留下的一件贷褐契，褐主为永安寺僧人，利率50%。

[②] 龙家：即龙家族，原为龟兹王族，唐代，一部分迁入河西地区，敦煌亦有其居民。

于赤心乡百姓宋清灰面上贷白丝生绢一疋，长叁丈柒尺，幅阔贰尺陆寸。其绢利头现还麦粟肆硕。其绢限至来年却还本绢，于看乡元生利。若自身东西不平善者，一仰口承男昌力面上取本绢，恐后无凭，故立此契，为后凭。

此契虽为习字契约，但却反映了敦煌所出有息借贷契约的一般特征。遗憾的是，我们无法从契约内容看出此契的利率，只知其利息为"麦粟肆硕"。另外，本契还反映出这样一个信息，口承人（保证人）在当事人发生不可抗力的情况下，只履行偿还本绢的义务，至于其违约以后的利息，则不在其限，体现出风险责任的公平合理负担。

十一　敦煌契约中的租佃契约

租佃契约是耕田人或佃户租种田庄的土地，交付租金的契约。敦煌、吐鲁番出土的租佃契约资料较多。从量的方面看，敦煌出土的租佃契约为 15 件，占敦煌所出全部契约资料的 1/20。吐鲁番出土的租佃契约为 150 余件，占吐鲁番所出全部契约资料的一半左右。从时间来看，敦煌所出租佃契约以吐蕃和归义军时期为主，尤以归义军时期为多；吐鲁番出土的租佃契约则以唐前期及唐前期的高昌为主，上限为西凉前凉。大量租佃契约资料的出土，表明在西部边远的敦煌和吐鲁番两地租佃契约关系的存在。

从敦煌和吐鲁番出土的租佃契约的形式及内容来看，我国中世纪的租佃契约达到了相当水准。如《武周长安三年严苟仁租葡萄园券》中约定，"契限五年收佃"，田租为货币形式，"当年不论价值；至辰岁（第二年）与租价铜钱肆佰捌拾文；到巳岁，与租价铜钱陆佰肆拾文；至午岁，与租价铜钱捌佰文；至未岁，一依午岁价与捌佰文"。

这件契约显示出相当高的立契水平，保护了立契双方当事人的利益。双方约定：第一年不论租价，是因为承租葡萄园的第一年需要投入，如第一年就论租价，对承租人显然不利。从第二年开始收取租金，然后每年增加 160 文，增至最高限 800 文。考虑到了出租人与承佃人的利益平衡。

关于地租的质量，吐鲁番出土的租佃契约文书往往有"使净好，若不好，听向风常取（由团主自行扬谷）"的惯语。有的还规定收租时量具"依官斛中取"。同时也写明双方的权利义务："租输百役，仰田主了；渠破水滴，仰耕田人了。"有的契约上还特意约定在不可抗力情况下契约权利义务的处分办法。"风虫贼破，随大匕例"，这里的"大匕例"较为费解，可能是当地民间土语，指某习惯。

从租佃契约中的具体条款来看，值得特别注意的是契约与契约之间的担保条款悬殊，有的租佃契约仅有悔约罚，但有的租佃契约则与借贷契约类似，订有具体的担保方式。

【例24】《唐贞观二十二年索善奴夏田契》

贞观廿二年十月卅日，索善奴……夏孔进渠常回肆亩，要运（经）……年别田壹亩。与夏价大麦五斛，与……到五月内，偿麦使毕；到十月内，偿……毕。若不毕壹月麦秋壹升（斛）。

上生麦秋□□。若延引不偿，得抽家资，平为麦秋直。若身□西无者，一仰妻儿及收后者偿了。取麦秋之日，依高昌旧故，平衷（囊）升中取。使净好，若不好，听向风常取。田中租课仰田主，若有渠破水滴仰佃……获指为倍（信）。

本件吐鲁番出土的契约，其主要内容都是关于地租担保的条款，涉及担保方式有地租计息、牵掣扣押、家属代偿等，可谓苛刻至极。在吐鲁番出土的租佃契约，类似于此的还有不少，当为民间惯例。

【例25】《乙未年（935年）塑匠都料赵僧子典儿契》[①]

乙未年十一月三日立契，塑匠都料赵僧子，伏缘家中户内有地水出来，阙少手上工物，无地方（访）觅。今有腹生男苟子，只（质）典与

---

① 本件出自敦煌莫高窟藏经洞，编号 P. 3964，是一件以人为质的特殊典当契约。年代为后唐清泰二年（935年）。塑匠师傅赵僧子，由于遭到突如其来的自然灾害——宅内地下水涌出，急需工料治理，乃以亲生儿典给亲家翁无偿服役六年为条件，借得麦粟各20石，六年以后，仍需拿出 20 石麦粟赎人。从中可以看出五代技艺匠人的困苦处境。

亲家翁贤者李千定。断作典直（值）价数：麦贰拾石，粟贰拾石。自典已后，人无雇价，物无利润。如或典人苟子身上病疾、疮出、病死者仰兄佛奴面上取于（以）本物，若有畔上及城内偷劫高下之时，仰在苟子祗当。忽若恐怕人无凭信，车无明月，二此〔辞〕之间，两情不知，限至陆年。其限满足，容许修赎；若不满之时，不喜〔许〕修赎。伏恐后时交加，故立此契，用为后凭。

　　　　只（质）典身　男苟子　（画押）
　　　　只（质）典口承　兄佛奴（画押）
　　　　商量取物　父塑匠都料赵僧子（画押）
　　　　知见亲情　米愿昌（画押）
　　　　知见亲情　米愿盈（画押）
　　　　知见并畔村人　杨清忽（画押）
　　　　知见亲情　开元寺僧愿通（画押）

十二　敦煌契约中的租赁契约

我国古代租赁契约西周已有，当时的租赁标的主要是土地。经过秦汉发展，至唐，我国租赁契约已获较大发展。敦煌、吐鲁番出土的租赁契约大体包含以下几方面内容：第一，租赁契约标的主要包括不动产土地、房舍；第二，租赁契约的成立以租赁双方对租金意见的一致为条件；第三，租赁契约中对承租人的权利义务、出租人的权利义务均有明确规定。

【例26】《唐天复二年（902）刘加兴出租地契》

　　　　天复二年壬戌岁次十一月九日，慈惠乡百姓刘加兴地东□渠上□地四畔共十亩，缺乏人力，莫种不得，遂租与当乡百姓樊曹子莫种三年，断作三年，价直乾货斛斗壹拾贰石，麦粟五石，布壹疋肆拾尺。又□□布一疋，至到五月末分付。又布三丈余到其上□并分付刘加兴。是日一任租地人莫种（三年），□□刘加兴三年除□，并不□刘加兴论限，其地及物，当日交相分付。两共对面平章，一□

与后，不得休悔，如休悔者，罚□大入不悔人……

这则契约规定了租赁标的为十亩地，租期三年，租金（以实物折价）和租金交付期限，并规定，自租金交付之日起，土地的占有、使用、收益权归承租人，在三年租期内出租人对该土地不享有占有、使用、收益权。出租人的权利是在出租土地后享有租金。

【例27】《唐天复四年（904年）僧令狐法性出租地契稿》①

天复四年岁次甲子捌月拾柒日立契，神沙乡百姓僧②令狐法性，有口分地两畦捌亩，请在孟授阳员渠③下界。为要物色用度，遂将前件地捌亩遂共同乡邻近百姓價（贾）员子商量，取员子上好生绢一疋，长□尺，捌综緤壹疋，长贰丈五尺。其前件地，租与员子贰拾贰年佃种。从今乙丑年至后丙戌年末，却付本地主。其地内除地子一色，余有所著差税，一仰地主祗当；地子逐年于官，员子逞（呈）纳。渠河口作，两家各支半。从今已后，有恩赦行下，亦不在论说之限。更亲姻及别人称忍（认）主记者，一仰保人□当，邻近觅上好地充替。一定已后，两共对面平章，更不休悔；如先悔者，罚□□□□见纳入官。恐后无凭，立此凭俭（验）。

地主僧令狐法姓（性）
见人　吴贤信
见人　宋员住

---

① 本件出自敦煌莫高窟藏经洞，编号 P.3155 背。这是一件不平等的出租地契，田主令弧法性8亩地出租22年，仅仅得到"上好生绢一疋"、"八综继壹疋"，还要承担租出的8亩地22年间所应纳的地税，以及8亩地22年间所应负担的水利义务工的一半。而租别人土地的贾员子，付出的租价1疋绢、1疋继，甚至不抵田主22年为8亩地所出的水利义务工钱，贾员子等于白白占有别人8亩地22年的使用权和土地产出收入。为使这一不平等租佃关系合法化，承租人要求田主出具契据和担保。

② 百姓僧：户籍隶于乡司，僧籍列名佛寺；身虽出家，却多住俗家，不住寺院。户籍既入乡司，乃属乡司百姓，故称"百姓僧"。晚唐至宋，敦煌多有此种僧人。

③ 孟授阳员渠：阳员渠为敦煌城南孟授渠之子渠，故曰"孟授阳员渠"。

见人　都司判官汜恒安
见人　衙内判官阴再盈
见人　押衙张
都虞侯　索

【例28】《乙亥年（915年）索黑奴、程悦子租地契》①

乙亥年二月十六日敦煌乡百姓黑奴、程悦子二人，伏缘欠阙田地，遂于僧报恩寺保护面上，于城东优渠中界地柒亩，遂租种菜。其地断作价直，每亩壹石二斗，不谏（拣）诸杂色目，并总收（受）纳，共两面□□（平章）。立契已后，更不许休悔。如若先悔者，罚麦两驮，充入不悔人。恐人无信，故立此□（契）。

粗（租）地人　程悦子
粗（租）地人素黑奴
见人海保

十三　雇佣契约

雇佣契约在我国起源较早，从发掘出来的地下文献资料看，汉代的雇佣契约已很发达。居延汉简中有不少关于"庸"的记载，如"张掖居延库卒弘农郡陆浑河阳里大夫武便，年廿四，庸同县阳里大夫赵勤，年廿九，贾二万九千"。汉代出卖劳动力的被雇佣者又可分为三种：佣、偮、保。"佣"就是出卖劳动力的人。"偮"不仅要出卖劳动力还须自带车辆为雇主运输。"保"则指在店铺内出卖劳动力的人。

唐时，雇佣契约有了进一步发展。《唐律疏议·名例律》对"庸"作出的定义是"庸，谓私役使所监临借车马之属：计庸一日为绢三尺"。可

---

① 本件出自敦煌莫高窟藏经洞，编号S.6063。这件由承租人出具的租地契，土地所有者为寺院僧人。佛教戒律规定，寺院可以拥有田产钱谷，放债取利，但不许僧人个人置田产、聚钱谷、放债取利。而8—11世纪的敦煌，不仅寺院可以拥有田产钱谷，放债取利，僧人个人亦可置田产、聚钱谷、放债取利。对此，官府不禁，僧司允许，民众亦认同，与佛教传统大相径庭。

见，唐律是将人力、畜力的租借称之为"庸"。隋唐实行租庸调制，减轻农民为国家服力役的负担。隋文帝开皇三年（583年）规定，男子21岁成丁，"每岁二十日役"。以后在开皇十年（590年）又定"输庸停防"之法，男子年50岁以上可以出绢代役。唐代沿袭"凡丁，岁役二旬，若不役，则收其庸，每日三尺（绢）"。说明隋唐时已普遍以"庸"代役。

敦煌出土的雇佣契约，按涉及劳作领域不同，可分为农业、畜牧业、手工业、建筑业、雇人代役等；按标的不同，可将其分为雇驴契、雇驼契、雇工契、雇牛契。

【例29】《壬辰年雇牛契》

壬辰年十月生六日洪池乡百姓厶乙缺少牛畜，遂雇同乡百姓雷粉□黄白牛一头，年八岁。十月至九月末，断作雇价每月一石，春□被四月叁日。若是自牛并（病）死者，不关雇人之是（事）。若驮□走煞，不关牛主诸事。两共对面平障（章），不许休悔，如先悔者，一驮（后缺）。

这件契约简洁明了，写明了雇牛的原因、双方当事人、雇佣标的物、雇佣期限、雇价，规定了双方的权利、义务。

【例30】《丙午年宋虫雇驼契》

丙午年正月廿二日洪润乡百姓宋虫□□使西州，欠少驼畜。遂与同乡百姓厶专甲面上，故（"雇"字之误）八岁驼一头，断作驼价生绢一匹。正月至七月便须填还。于限不还者，□□□元礼生理所有。路上驼伤走失，驼□□□□在须立本驼之价本在。如若疮出病死者，得同行三人征见。若有身东西不平善者，一□男厶专甲面上折雇价立本驼（后缺）

这则契约不仅规定了雇期、雇价，还规定了雇驼人的义务，即雇驼人应负妥善照管雇佣标的义务。如果在驼被雇期间受伤和走失，由雇驼人按驼原价赔偿。如果驼自己疮出病死,这个责任由骆驼主人承当,但为了确实证明骆驼死于自身的原因,故驼疮出病死要有与雇驼赶脚的雇驼人同行的三人作证,才可免除承租人的责任。

【例31】《戊戌年令狐安定雇工契》

　　戊戌年(878年)正月廿五日立契,洪润乡百姓令狐安定。为缘家内欠缺人力,遂与龙勒乡百姓龙聪儿造作一年,从正月至九(月)末,断作价直,每月五升。现与春肆个月价收勒到秋。春衣壹对,汗衫褐裆并鞋壹双,更无交加。其人立契,便任人作,不得抛工,一日,勒物一斗。忽有死生,宽容三日,然后则须驱驱。所有农具等,并分付与聪儿,不得非理打损牛畜事,打倍在作人身。两共对面擟番平章,更不许休悔,如先(悔)者,罚羊一口,充入不悔人。恐人无信,故勒此契,用为后凭(后缺)

此契雇工期一年,雇价"每月五升",预先给付雇价四个月,并约定在雇工期内给衣服、汗衫、鞋等物。如受雇人在雇工期内偷偷抛工,一日处罚"勒物一斗",如遇生病,则给"宽容三日"。受雇人有责任义务管理好农具,不得发生"非理打损牛畜事"。并在契约明确规定违约责任,如违"罚羊一口"。尤其引人注目的是,这件契约是在双方当事人多次协商取得一致后签订的,"两共对面擟番平章"。

从出土的敦煌、吐鲁番雇佣契约看,唐代民间雇佣契约较为普遍。一般农业雇工期为一年,契约上写作"用岁作"或"造作一年",报酬称"雇价",以月计算,以粮食为支付手段。除收取雇价外,受雇人还要承担诸多义务和违约责任,而无其他权利。但从中古时代雇佣契约发展历程看,雇价不断上升,违约处罚由人身到财产,由擎夺家资到按日抛工处罚。还出现了女性保人。可以看出雇佣契约的不断进步和人性化趋向。如吐鲁番出土的高昌延和十二年(613年)雇工契,规定雇工无故"不作壹日",或"客儿身病"抛工,"到头壹日还上壹日",至年底须补作。"亡失作具"要一赔十倍,犯人田禾、六畜,由雇工"承了"。一般雇工称"作儿"。牧业雇工一般不到一年,雇价总计不分月算。如高昌午岁

(约599年或610年)赵沙弥受雇放羊券,规定"羊朋(奔)大偿大,羊朋(奔)小偿小",羊只跑散要放羊儿全赔。羊只有骨折受伤,"仰放羊儿(了)",但"若羊迳(经)宿完(晚)具(俱)死,放羊儿悉不知",如羊进羊圈后隔夜死亡,牧羊人不负责任。

另外,在敦煌、吐鲁番契约中,短期雇佣契约也很普通,主要是雇人代役上烽契。唐代在边疆地区每隔30里设置烽候(烽火台)一座,以报边警,烽候的守望人征发烽候所在地农民充役。按唐时法律规定,服役人应为中男(18岁以上),上烽候为"烽子"。吐鲁番出土的契约文书中有很多雇人上烽契。上烽服役期为15天,一般雇价为银钱八九文,契约载明如有风险由受雇人承担,"若烽上有捕留,官罪,一仰某某当,某某悉不知",为这类契约的惯语。

【例32】《寅年(822年)氾英振承造佛堂》①

寅年八月七日,僧慈灯于东河庄造佛堂一所,为无博士②,遂共悉东萨部落③百姓氾英振平章,造前〔件〕佛堂,断作麦捌汉石。其佛堂外面壹丈肆尺,一仰氾英振垒,并细泥一遍。其佛堂从八月十五日起首(手)其麦,平章日付布一疋,折麦肆石贰斗。又折先负慈灯麦两石壹斗,余欠氾英振壹石柒斗,毕功日分付。一定已后,不许休悔。如先悔者,罚麦叁驮,入不悔人。恐人无信,故立此契,两共平章,书纸为记。

博士氾英振年卅二(画押)
见人僧海德

---

① 本件出自敦煌莫高窟藏经洞,编号北图碱字59号,为吐蕃统治敦煌后期建筑雇工合约。反映了这一时期建筑匠人的从业活动与生存状况,同时又是一件以工偿债的原始文献。

② 博士:唐宋时期对各种技艺匠人的美称。犹今人所谓"师傅"。敦煌遗书更多见唐五代时称乐师、铁匠、木匠、画匠、泥瓦匠、雕塑匠等为博士。

③ 悉东萨部落:吐占领敦煌后,先是就唐代敦煌县各乡改名"乡部落"(如龙勒乡改为龙勒乡部落),790年,又改换新名,如上部落、中元部落、下部落、丝绵部落、行人部落等,820年又组建了两个汉人军部落,即阿骨萨部落和本件的悉东萨部落,悉东萨部落在敦煌城东,大约为今敦煌市邦家堡乡一带。

十四　遗赠扶养契约

遗赠扶养契约是以一定的人身关系为前提的财产赠予契约。这种契约是有偿行为、双方行为，赠予财产是以扶养人履行抚养义务为前提的。保存下来的敦煌契约中有三件遗赠扶养契约、四件遗赠扶养契约的样文，现录两件如下。

【例33】《壬戌年龙勒乡百姓胡再成养男契》

壬戌年三月三日，龙勒乡百姓胡再成，今则遂养同母弟兄王保住男清朶作为腹子，共养男□□等二人同父儿子，自养已后，使须孝养二亲，尽终之日，不发逆心，所有域内屋舍，城外地水，家资□并共永长会子亭支一般，各取一分。若有蹭蹬往□空身逐出门外，不许横说道理，或有相诤，再出□。山河为誓，日月澄（证）明。故立此契，用为后验。

养男　　　　清朶
报（保）人　　父王保住
知见人　　　　胡万升（押）
知见人　　　　房侄胡再成（押）

这件契约说的是胡再成因无子嗣，收养其同母弟兄王保住儿子清朶为养子，为其养老送终，对收养人与养子双方的权利义务关系作了明确规定。作为收养人要将养子当作亲生儿子看待，对养子来说要尽孝道，如履行了这个义务，养子有权利继承收养人的全部财产；如不尽孝道，不履行义务，则"空身逐出门外"。通过契约，规范了这一收养关系。

【例34】《宋乾德二年史汜三养男契》

乾德二年甲子岁九月廿七日，北史记三前因不备，今无亲生之子，请屈叔侄亲枝姊妹兄弟团座商量，□□欲议养史粉堆亲男原寿，使作汜三覆（腹）生亲子。自今已后，其叔汜三切不得二意三心，好须勾当，收新妇荣聘所有（家）资地水活（业）什物等，使共氾三子息并及阿孞，准亭原寿，各取壹分，不令偏并。若或氾三后有男女，并及阿孞长成人，欺屈原寿，依大猥情作私，别荣小□□故非理打棒，押良为贱者，见在池水活业□□壹分，前件元弟例。原寿所得麦粟债伍拾硕，使任叔氾三自折升合，不得论算。其□□分，原寿自收，任便荣活。其男原寿后收□妇，渐渐长大，或不孝顺父攘，并及姊妹兄弟□，且娶妻亲之言，不肯作于活之计，猥情是他原寿亲生阿耶并及兄弟姊妹招换（唤），不□上下，贪酒看肉，结般盗贼他人更乃作□者，空身趁出，家中针草，一无□数。其□债采伍拾硕升合不得欠少，当便□付。氾三将此文书呈告官中，倍加五逆之□。今对亲枝众座，再三商议，世世代代子孙（男）女，同为一活，押字押证见为凭，天转地日，不（下缺）

敦煌出土遗赠扶养契约基本都是因无子嗣收养同族兄弟之子（女），契约内容涉及赠予财产的数量，收养人与养子女之间的权利义务关系，对养子女的继承权问题规定得也较为详细，构成我国古代继承制度的重要内容。

敦煌、吐鲁番出土的契约可基本分为上述各大类。这些契约文书对于规范当时西北地区人们之间在生产生活日用中产生的人身财产关系和社会经济关系，促进财产流转交易，促进西部边疆地区的经济发展起到了积极作用。

第二节 国家对契约的管理

一 中国法律传统是重公权、轻私权

敦煌契约原则上实行"任依契约，官不为理"的"私法自治"理念，但并不放任对契约的管理。而且，私法的规定少而公法的规定多。因此，对于契约这一表达私权的最佳法律形式，历代封建政府都采取措施加以控制干预，而控制干预主要是通过政府行为来实现的。政府行为主要包括设置管理机构加强对市场的管理和政府立法等手段。试以唐代为例说明。

唐朝政府对商业活动有很多时空限制，动产买卖仍以官方指定的、封闭式的"市"中交易为主，市外不许设立商铺，交易聚散由官府指令；设市必须在县治所以上；由朝廷或地方指派市令、丞等官司吏执行对两京及各州县的管理。《唐会要·市》载景龙元年（707年）十一月敕"诸非州县之所，不得置市。其市当以午时击鼓二百下，而众大会；日入前七刻，击征三百下，散。其州县领务少处，不欲设任鼓，听之。车驾行幸处，即于顿侧立市，官差一人权检校市事，其月、两京市诸行，自有正铺者，不得于铺前更造偏铺，各听用寻常一样偏厢。诸行以滥物交易者，没官。诸在市及人众中，相惊动，令扰乱者，杖八十"。这些规定一方面体现了政府维护市场秩序的良好意图，另一方面同时也限制了商品经济的进一步发展。

为了加强对市场的控制，唐朝政府设置了一套严密的市场管理机制。《唐会要·市》："……州县职员令，大都府市令一人，掌市内交易，禁察非为，通判市事。丞一人，常判市事，佐一人，史一人，师三人……又准户部各式，其市吏壁师之徒，听于当州县供官人市买。"这里很明确地规定市场的管理官吏有市令、市丞、市佐、市史、市壁师等职。市令是市场管理的最高官职，市壁师是市场管理的最低级官吏，其职务是在市场里掌管分行检查。根据"壁"字分析，市壁师对市场贸易的检查管理，不是按经营内容划分，而是几个市壁师划分不同的区域分别检查管理，犹如今日工商管理人员对市场进行"划片包干"的管理方式。如市场管理官吏玩忽职守，要负法律责任。

《唐律疏议·杂律》"器物绢布行滥短狭而卖"条规定，市中出卖的商品必须符合质量标准，"有行滥短狭而卖者，各杖六十，得利赃重者，计利准盗论，贩卖者亦如之"。律疏解释："行滥，谓器用之物不牢，不真；短狭，谓绢匹不充四十尺，布端不满四十尺，幅阔不充一尺八寸之数。"市司、州县官知情而不纠正，"各与同罪"，不知情者减二等处刑。同律"市司评物价不平"条规定，市司评估物价不公平者"坐赃论"，如有意评估错误以谋私利，"准盗论"。市场所用度量衡器具也必须符合标准，按唐《关市令》，每年市司应平校度量衡，私人度量衡具要经市司平校后加盖官印，才可使用。唐《杂律》"私作斛斗秤度不平"条，私制度量衡具在市中使用者"笞五十"，因此造成买卖价格增减的，计所增减价格"准盗论"。

综上所述，我们可知唐朝政府在长期的市场管理活动中形成了一套较为严密完善的市场管理规范体系，内容已涉及现代市场管理法的一些内容，如有产品质量法、价格监督管理法等方面的条文规范。这些法律规范也反映出政府对民间交易行为的控制与干预。

二 政府行为对民间契约行为的规制

中国契约法的主要特征之一是它的独立性。官府不负有协助订立契约的义务，也没有强制执行的权力。执行文契的本身（只要它符合公法的一般规则和按文契的字面意义行事），是严格的私人性事务。唐代法律对此也有规定，如唐《杂令》规定"诸公私以财物出举者，任依私契，官不为理"。另一条唐《杂令》也规定"诸以粟麦出举者，还为粟麦者，任依私契，官不为理"。但同时在唐《杂令》"公私出举财物条"又规定"若违法积利，契外掣夺及非出息之债者，官为理"。从上可看出，官府确实控制着交易。

政府对契约行为的规制主要表现在以下几方面：

第一，从契约的主体看，政府法律对订约人资格设有严格的限制。唐代法律规定，只有家长才可为契约当事人，如家子不通过家长与人私立契约而请他人家子作保证人的，所签契约不产生法律效力，不受国家法律保护。这种局面的出现，是与中国传统法律文化的影响分不开的。在中国传统法律文化中，家族作为法律主体而存在，只要家族利益不危及国家利益，国家便赋予族长、家长自主的治家之权，还允许家族代行基层行政组织的某些职能，如催办钱粮、维持治安、处理户婚田土等民事纠纷和轻微刑事案件。由家族、家长治理中国基层社会，有利于统治阶级的统治，因此，历代封建政府在立法时都通过法律来维护家长的权威，唐律中对订约人资格的限制也体现了统治阶级的这种意图。

第二，从契约的形式要求来看，唐律规定，在从事所有重要的交易之前，官府都要进行调查，然后才发给文牒准许交易。在未经官府允许而订立卖契的情况下，契约不产生法律效力。"凡买卖皆须经所部官司申牒，年终彼此除附，辄卖买财没不追，地还本主。"（《唐律疏议·户婚律·田令》）

前面所说重要交易，主要按买卖、质举等涉及的标的物来判断。从唐代法律来看，这些重要标的物主要包括田地、房宅、奴婢和牲畜。

占有土地是农民家庭生活中必不可缺的，因此，政府对其控制尤为严格，且有明确规定："诸卖口分田者，一亩笞十、二十亩加一等，罪止杖一百。地还本主，财没不追。即应合卖者，不用此律。"

在出卖奴婢时，原则上也要获得政府的一种公券，目的在于阻止以良民做交易。唐末《天复元年改元教文》有："旧格，买卖奴婢，皆须两市署出公券，仍须本县长吏，引检正身，谓之'过贱'及'问父母见在处分，明立文券，并牒太府寺'。"

政府对这些买卖契约的干预，主要是通过将私券变换为"市券"这一形式来实现："诸买奴婢、牛、马、驼、骡、驴，已过价，不立市券，过三日笞三十，卖者减一等。"此条规定表明，凡买卖奴婢、牛、马、驼、骡、驴，必须于买卖行为后三天之内在市司监督下订立"市券"，违者买方"笞三十"，卖方"减一等"。又规定上述买卖中买方有三天悔约期，"立券之后，有旧病者，三日内听悔"。并且规定此类买卖契约必须有保人附署。

第三，从政府行为对民间借贷契约进行干预的类型看，主要针对三类违法行为。政府行为对民间借贷行为的干预和控制主要是通过财政立法对民间借贷的利率作出规定而进行干预，这对民间借贷来说，是不可低估的一种非经济因素的直接影响力。

"若违法积利，契外掣夺，及非出息之债者，官理。"

"违法积利"，即指超过官定最高利率所收取的利息。"非出息之债"，即指无息借贷。"契外掣夺"，还另有"疏议"解释：

"谓公私债负，违契不偿，应牵掣者，皆告官司听断。若不告官司，而强牵掣财物若奴婢、畜产，过本契者，坐赃论。"

就是说，收取欠债要通过告官司处理，强行把欠债人的财物拿来抵债，超过契约规定的，要以赃物论处。

这三类违法行为，官方是要"理"的。至于怎样"理"，未见条文，可能是由受案"官司"自行酌情审断。

第四，从政府对物价宏观调控措施的间接影响看，主要涉及两种契约行为：一是买卖行为；二是借贷行为。

唐朝政府对物价进行宏观调控的手段主要有两种：一是制定"时估"作为官方指导性价格；二是运用"和籴"平抑市场物价。

"时估"虽然是一种行之有效的政策性措施，但无法起到经济杠杆的作用，而适时适度地直接运用经济手段进行干预，对于维持经济秩序是十分必要的。唐朝政府采用的手段就是"和籴"。负责"和籴"、平抑市场价格的专门职能机构就是常平署，它的职责是：

"凡岁丰穰，谷贱，人有余，则余之；岁饥馑，谷贵，人不足，则粜之。"

常平署的作用就是谷贱时加价收进，以免伤农；谷贵时，低价抛出，平抑物价，此即"常平"之意。这个目的在《唐六典》有清晰的表述：

"凡和市籴，皆量其贵贱，均天下之货，以利于人。"

唐朝政府运用"时估"与"和籴"措施，对全国的物价进行调控影响。价格在交易关系中扮演着非常关键的角色，是商品价值的体现，它通过影响经济关系要素的变化，直接影响双方当事人的交易行为。

唐代的律法在西部边疆地区包括敦煌得到了较好的贯彻实施。

第三节　敦煌契约的特点与价值

一　敦煌、吐鲁番出土的契约文书数量多，涉及内容广泛，时间跨度大，从中我们可探寻出中国中世纪契约制度的历史发展轨迹

第一，敦煌、吐鲁番契约文书的立契人和知见人、保人等民事主体，都是普通的各族民众，契约这种来自本乡本土的民商交换形式，已深入到敦煌、吐鲁番的民间日用之中，而且被视为"圣物"，约定"以山河为誓，以契约为定，永不反悔"，表现出契约这种法律形式与中国古代民众的巨大亲和力。因此，那种认为中国古代不可能有民法或低估中国民法传统的看法，同样是缺乏根据的。

第二，敦煌契约作为意思自治调整方式的典型法律形式，在古代敦煌社会的民事法律生活中占有重要地位。

(1) 与意思自治调整方式相对应的是法定主义调整方式。这种划分的直接根源是由于在现实社会生活中确实存在着两种不同性质的关系。一部分民事法律关系可直接借助法定主义调整方式确定其权利义务内容，并得以实现；另一部分民事法律关系则必须通过意思自治原则和法律行为制度才能完成其内容的确定和实现过程。由于我国历代封建统治者将一般民众的民事活动和经济往来视为"民间细故",采取了"任依私契,官不为理"的态度,加之我国古代调整民事经济关系的制定法不足,也就是说,调整民事关系的法定主义调整方式不够完善,因此就为意思自治调整方式的存在与发展提供了广阔的空间。

(2)大量敦煌和吐鲁番契约文书的存在,说明当时的民间社会已广泛地运用契约这一意思自治调整方式来规范普通民众的民事与经济交易关系,契约已成为规范普通民事法律生活诸方面的主要形式。契约的作用已从单纯作为交易关系发生纠纷时的凭证,发展到双方当事人设定各自权利义务关系的手段和商品交易的基本形式。

(3)敦煌契约具有很强的实践应用性。签约履约当事人是当时当地的百姓;订立契约的目的是满足双方生产生活所需;契约类型主要是买卖、借贷、租赁、雇工,密切反映社会实际和生产力发展水平;同时政府重视对契约的管理与规束,通过执法与司法程序解决契约纠纷,保障契约的正确履行。

(4)敦煌地处西北边陲,由于其特有的地域环境和历史人文条件,其保存的契约文献更表现出这样一些特点:

一是宗教性。尤其敦煌系佛教圣地,寺院、道观、僧、尼也分有永业田和口分田,承担政府税、役,从事农作、商贸等事业,也成为重要的契约主体。而且佛、道学说融于民间日用之中,形成了立契和履约中的行善观、互惠观、诚信观,这在不少敦煌契约文书中都有表现。

二是民族性。敦煌、吐鲁番均系民族聚居区,尤其敦煌系丝绸之路的必由通道和中外各民族交流的枢纽,又长期处于吐蕃等少数民族统治下,民族贸易和交往交换,成为契约的重要内容,契约立契人和担保人中,粟特人等胡人占相当比重。

三是地域性。敦煌、吐鲁番契约形式较为自由,内容比较广泛,由于地处偏远,王朝统治力较弱,其契约表现出鲜明的民间私法、习惯法、社会法、自治法的特点。

四是中央法制的统一性。敦煌、吐鲁番虽然远离唐王朝,但唐朝律、令、格、式等制定法在敦煌藏经洞保存十几部,王朝契约制度和司法活动仍处于统治地位,表现出国家法制的统一性。

二 敦煌契约彰显中华法系契约理论比较成熟

儒家文化是中国传统文化的核心，《唐律》是我国古代法律"一准乎礼""儒法合流"的典范，在世界法律文化体系中是比较先进的法律文化体系。儒家文化天人合一、民本民生、中庸和谐、导人向善、为人以诚的思想在敦煌和吐鲁番契约中得到了较好体现。儒家文化发展至唐代，在敦煌和吐鲁番出土的契约文书的字里行间处处渗透着其精神，尤其在买卖契约、抚养遗赠契约中更是如此。如买卖契约中，契约当事人须信守契约，把双方签订的契约视为"日月之盟"，不得反悔，并保证契约标的物无"寒盗"，无瑕疵，可视作儒家文化提倡的诚信为本精神的体现，扶养遗赠契约中规定养子对养父必须以"孝养为先"，等等。这种契约精神与中国传统文化的融合，彰显出我国古代契约精神的可贵之处。

现代合同法以私法自治、契约自由、诚实信用、鼓励交易为基本原则，敦煌和吐鲁番契约内容表明我国中世纪契约也显现出这种原则精神。由于官府对民间契约的立法原则是"任依私契，官不为理"，因此，民间立契的自由度是比较大的，诚实信用是儒家文化的精神内核，这一文化精神在敦煌和吐鲁番契约中展示得比较充分。鼓励交易原则是现代合同法为适应现代社会迅速发展的需要而产生的，但从敦煌和吐鲁番契约内容中，我们也可看出这种原则精神的表现。如《寅年令狐宠宠卖牛契》中约定，即使出卖的牛以后被人认为是偷盗的，买卖契约仍然有效，也就是说，交易行为有效，只是保人要承担由此引发的责任。这种约定确实隐含着鼓励交易的原则。

人类文化在其发展过程中表现出趋同现象，法律作为人类文化的重要组成部分也表现出人类文化发展过程中的趋同现象。中国古代法律发展至唐代，已渐生类似于西方把法律划分为公法与私法的思想意识。把法律按其价值取向划分为公法与私法，是对法律的基本分类，这种划分源自古罗马。由于这一划分的科学性，被后世各国法律所遵循，这一划分也因此成为法律最基本的分类，构筑了法律体系分类的理论基础。

在敦煌和吐鲁番契约中，如《未年安环清卖地契》《唐建中七年苏门悌举钱契》《丙子年阿吴卖儿契》等，都出现了"官有政法、人从私契""立私契"等惯用语。有的契约上还写明"民有私约，要（约）行二主"

的惯用语，强调契约是私人行为，强调私约、私契与官法的对立。这可能一方面意味着民间契约具有与官府法律相等的效力；另一方面也隐含着双方当事人约定极力排斥政府当局用公权力干预私权力。这些惯用语及私契、私约概念的存在说明，私契已不是一般的、个别的存在，而是已成为一种法律观念的存在，成为一种价值观，支配着人们的行为。

我国古代，早在先秦三代已出现制定法与习惯并行，作为世界轴心时代的我国春秋战国时期，就有郑国子产在韩宣子买环一事中所说"尔无我判，我无强贾"的名言，标明公法不干预私法的观念，发展至唐代，从唐朝中央政府的立法原则来看，对民间契约也采取了"任依私契，官不为理"的态度，确立了政府不主动干预私契的放任原则。法律承认并保护私人之间订立的契约，在私人活动领域，实行私法自治原则，国家原则上不予干预，只有在当事人之间发生纠纷不能通过协商解决时，才由国家出面予以解决，私人之间订立的契约在处理私人事务中起着决定性作用。这一公法、私法与"私法自治""契约自由"的观念，是中国古代民商法文化自身发展的本土产物，而不是外来的、继受的。在敦煌法文化中集中展示的这一中国古人的法律智慧，不逊于世界上任何国家和民族。中国古代法律文化之水，同样是很甜很甜的。[①]

综上所述，我国中世纪的民间社会经济法律生活确实采取了契约化形式，而且比较活跃，也创造出了适应我国古代社会的契约制度。国家对民间社会采取的契约化形式的规制，从原则指导思想到具体操作也是比较科学的。从中我们也可看出我国古代社会形成了自己的民商法和经济法律传统。这些丰富的法律文化传统，为我们推动全面依法治国的进程，提供了极为珍贵的可资借鉴的法律文化资源。

三 敦煌、吐鲁番契约文书是我国古代社会契约关系及民商事法律生活的真实历史写照和原始佐证

敦煌、吐鲁番出土契约文书数量众多、内容涉及民间生产生活的各个方面，时间横跨公元4—11世纪，是出自当时人之手，真实反映我国中

[①] 引自本书主编李功国1995年在《罗马法·中国法与民法法典化》首届国际学术研讨会上的发言稿。

古时代契约制度历史发展轨迹的原始性珍贵资料。这些资料与敦煌石窟艺术及藏经洞其他法律文献资料一起，生动具体地表现了我国古代社会农事耕作、畜牧狩猎、商业贸易、工匠制造、交通建筑、民族交往、宗教仪式、歌舞百戏、体育服饰以及婚姻家庭生活的广阔场景，反映出我国古代丰富多彩的民间社会生活及其风俗、风情，表达着各行各业民众的心态、愿望，也展现着像契约生活、市场交易、纳税逼租、法律诉讼等生动、形象的法律过程。从中我们可以看出：

1. 中国古代存在民间社会生活的广阔空间。虽然封建专制王朝的统治力是强劲的，像敦煌、吐鲁番这样的西部边陲之地，在其出土文献中亦保存着《永徽律》《贞观律》《开元律》等律文断片及其《律疏》断片多部，以及"令""格""式"残卷等，政府对契约等民商事关系的调控与管理，法律的实施与诉讼体制等，均表现出国家法制的统一、完备和有力。但是，中国古代社会是政治上的高度集权统一与社会经济的极度分散相结合，王朝的统治力"鞭长莫及"，始终保留着一个相对自治的民间社会的广阔空间，而且在敦煌和吐鲁番这样的曾长期处于外族统治的边远之地，其契约生活和其他民商事经济生活更加自由、活跃，这是其所处特殊地域环境使然。所以，认为中国古代是典型的封建专制统治，不可能存在活跃的民间社会即缺乏民法赖以生存的社会历史条件的看法，是不符合历史真实的。

2. 有广阔的民商社会生活，必然有民商法的规范与调整。即像恩格斯所说的那样："在社会发展某个很早的阶段，产生了这样一种需要：把每天重复着的生产、分配和交换产品的活动用一个共同规则概括起来，设法使个人服从生产和交换的一般条件。这个规则首先表现为习惯，后来变成了法律。"[①] 敦煌、吐鲁番契约文书恰恰是我国古代在西部民间生产和交换中所产生的一种共同规则，并且具有私法、自治法、习惯法的明显特征，成为我国古代民商法存在的基本表现形式之一。

我国古代契约制度是在商周时代已有一定的基础上发展起来的，《周易·系辞》有言："上古结绳而治，后世圣人易之以书契，百官以治，万民以察。"书契已将债权形式化。当时称"质剂之法"，即契约，从内容

[①]《马克思恩格斯选集》第2卷，人民出版社1972年版，第538页。

上可分为交换契约、买卖契约、借贷契约、雇佣契约等。后经春秋战国至汉唐宋朝，契约已发展为成熟、发达的重要民事法律制度，敦煌契约文书就是其集中展示，很有典型意义和佐证价值。

四　敦煌、吐鲁番的契约文书表明我国古代契约已达到很高的发展水平

我国古代契约制度发展到唐宋，已趋成熟与完备。主要表现在：

1. 契约要素款项齐全，内容广泛。往往一纸短小简明的契文，将立约双方当事人，立约性质、事由、目的，立约标的、标的数量、质量、品种、规格，不动产位置、地产四至等，标的价款、报酬，立约时间、地点，履约期限、方式，所有权及风险责任转移，双方权利义务，违约责任，契约担保（人保、物保、瑕疵担保、恩赦担保），契约原则与救济，立契程序与国家规制等契约款项，全部包容进去，内容详备、周全。有些要素条款至今仍有借鉴价值，如标的物所有权和风险责任转移，并非当今合同的"交付"转移，而是增加了"时效性"规定，"如立契后三日内牛有宿疾，不食水草，一任却还本主，三日以外，以契约定"。

2. 形式灵活多样而又统一、规范。敦煌、吐鲁番契约文书从立契的起始格式，契文的具体、明确，当事人双方合意的强调，惯语的使用，到契约的最后签署生效，均较规范、准确，文意表达精练，结构严谨，形式也较固定，而且出现契约样文，促进了契约的方便、统一；同时契文又适应实际生活的需要，充分尊重当事人的自由约定，语言也富有生活化、口语化特征。说明我国古代契约在形式上既有统一、规范的要求，也具有尊重当事人意志、切合生活实际的自由、灵活性。

3. 形成了一系列契约制度和契约原则，如立约主体制度、担保制度、违约制度、风险责任转移制度、悔约期限制度、市契制度、法定利息制度、公廨、和籴、牵掣、役身折酬等相关制度，这些制度对保障契约交易的安全、有效，维护双方当事人的合法权益，促进契约的正确履行，确保国家对市场和交易的管理等，均具有重要意义。

在契约行为中，形成并贯彻了一些共同遵循的原则，如"官有政法，人从私契""任依私契""两共对面平章""山河为誓、署名为信"等。这些在敦煌、吐鲁番契约文书中不断出现的惯语，体现了立契和履约的重要原则和基本契约精神，反映出当时社会已形成共同的契约理念，这与当代契约以及西方传统民商法贯穿的当事人平等、契约自由、私法自治、合意、诚实信用等基本契约原则是趋同的,表现出我国古代契约思想的高度理性、先进性与可比性。尤其是敦煌、吐鲁番地处我国西部边陲,其契约文书更表现出鲜明的民间性、地域性、宗教性、民族性特征,而且深入民间,朴实简明,是当地民众的亲手创造,是中国古代民法根植于民间深厚土壤的出色例证。

4. 契约种类丰富多样,全面反映出我国中世纪社会法律生活的基本面貌。本书将敦煌、吐鲁番契约文书划分为买卖、互易、借贷、租赁、租佃、雇佣、扶养赠予等合同类型,我国敦煌学者沙知先生在《敦煌契约文书辑校》中则将300余件敦煌契约文书划分为买卖类(卖地契、卖舍灵、换舍吴、便豆契、便物契、贷布契、贷绢契、贷生绢契、贷褐契、贷红缯契等);雇用类(僧人雇人造佛堂契、予取割价契、雇工契、雇牧羊人契、雇驼契、雇驴契、雇牛契等);租佃赁典类(租地贴、出租地契、典地契、借地契、佃种契、种地契、典身契、养男契、养女契等);凭约类(算会凭、领羊凭、欠羊凭、领物凭、具领麦粟凭、把仓凭、出社凭等);分书放书类(兄弟放书、兄弟分立书、亲情放书、放妻书、夫妻相别书、放良书、从良书、家童放书、放奴书、析产遗嘱、遗物分配凭据、遗书、析产遗书等);其他类。这些契约涉及农业、牧业、商业、手工业、军事、佛事、婚姻家庭、民族交往等社会生活的各方面,尽管契约内容反映出当时社会自然经济生产力不高、契约标的数额不大、契约关系尚较简单,甚至仍有买卖奴婢等契约所表现出的社会分层,但也反映出唐代经济社会发展、民间生产生活和西北边陲人情风俗的多样性。如果与当时大规模的丝路贸易以及西部城市的兴起、商业手工业的繁荣、交通的发达等联系起来,更可以通过这些契约,探寻到我国中古时代社会经济发展的基本面貌。

5. 国家对契约的规制和契约纠纷的司法裁处也是完备、有效的。国家对民间契约行为基本上采取了"任依私契、官不为理"的态度,但对"契外擎夺、违法积利"等明显违犯公法规则的行为,则予以干预,涉及重要生产资料和生活资料的买卖等契约行为,国家则通过用私契换市契的形式进行规制,并运用经济政策和经济手段,通过影响经济要素价格变化,来影响民间的契约交易行为。

对于契约纠纷和违规违法行为,则通过司法诉讼程序加以裁处。敦煌、吐鲁番出土文献中保留了相当数量的诉讼判例的残卷，其中不少属于契约纠纷诉讼。如《天宝年代敦煌郡行客王修智卖胡奴市券公验》、《唐大历七年客尼三空请追征负麦牒并判词》（伯3854文书背）、《年代不详王寡妇借麦纠纷案》（伯4706号文书）、《年代不详龙勒乡百姓曹富盈牒》（伯2504号文书）等。在这类契约纠纷诉讼中，地方官员往往采取调解处理的方式，注重运用儒家伦理和情感宣示，使当事人解纷息讼。并注重核实证据，明辨是非，力求正确裁处。如敦煌遗书P.3257号：后晋开运二年（945年）十二月河西归义军左马阿龙及其子义成有口分田贰拾贰亩，交与伯父索怀义佃种。后来此地由其侄索佛奴承受，已有十余年。阿龙因其子身死瓜州，生活无着，诉请官府归还此地。阿龙诉状载明了案情及诉讼理由，司徒受理后交付押衙王文通详查事实证据，王文通经过认真查实，收集到地契、双方当事人口供、证人证言，并将案情上报司徒，最后由司徒作出判决：土地归还原告阿龙。整个诉讼过程井然有序。从司徒受理该案并交付王文通调查之日到作出最后判决，总共只用了12天时间。效率之高，程序之完备，证据调查之细致，判决之得当，均达到了很高水平。我国敦煌学者李正宇先生认为此案距今已一千多年，比过去认为的我国最早案卷山西洪桐苏三案卷要早出几个世纪。再如居延出土汉简中，侯粟诉寇恩违约欠债一案，是一件官告民案，经二次审理，县府两级内部复核，最后判决官败民胜，符合实质正义和程序正义。

五 敦煌、吐鲁番契约文书是中古时代敦煌人民的自身创造，具有鲜明民族独特性，对重新整理、重新发现我国优秀法律文化资源提出了要求

敦煌、吐鲁番契约究竟存留了多少？它的全貌是怎样的？我们在本书中仅仅是非常粗略地对现有部分资料进行了考究阐释。而敦煌、吐鲁番契约文书仅仅是敦煌、吐鲁番出土的民事和其他法律文献的一个组成部分，至于全国类似的民法文献资料更是难以计数。我们并不主张厚古薄今、引导人们沉溺在故纸堆中，而是不搞历史虚无，不割绝历史，试图运用马克思主义批判继承的武器，真实显现我国古代民间生活和民商事法律调整的本来面貌，以便发掘其优秀精神与历史合理成分，为构筑我国社会主义现代民法提供借鉴。

我们并不否认世界文化的趋同性和各民族文化的相互影响与借鉴，人类文化又是多元的，有自性的，表现出差异性、多样性与丰富性。敦煌、吐鲁番契约文书是中国社会和中华民族文化自身的产物，迄今尚未发现移植或借鉴的证据，说明它是真正出自我国古代民间的原创性法律文化成果。

【附】对敦煌借贷契约的一个架构性分析[①]

我们常见的论述方式，是对敦煌借贷契约进行分类分析[②]，这一方式实质上只能实现了三个具体目的：一是让我们对敦煌借贷契约有了直观的认知；二是对不同种类的异同有了一个基本的把握；三是以列举方式进行的阐释，以"特写"的方式实现了零距离的局部观察。但是，真正要对敦煌借贷契约作深度分析，还必须在分类论析之后，进行契约要素的表格化统计，这更加有助于人们对借贷契约作整体鸟瞰，从而克服因论著字数限制只能列举个别契约带来的"略见一斑"之弊。在此基础上，通过对敦煌借贷契约的结构进行分析，抽绎出作为一般形式意义的结构要素（亦即现代合同的主要条款），总结作为结构的固定特质，进而对敦煌借贷契约的复合型进行分析，则是已有成果尚未尝试过的研究方式及其进路，从而为以契约要素对敦煌借贷契约进行精细化研究奠定坚实的基础。

一 敦煌借贷契约诸要素

为了对敦煌借贷契有一个整体鸟瞰，也为了对敦煌借贷契诸要素做对比、深入地研究，下面对唐耕耦、陆宏基先生合编的《敦煌社会经济文献真迹释录》第二辑中"借贷契与请便牒"内收录的73件文书的类别、文书名称、编号、债务人及其身份、债权人及其身份、借贷原因、借贷的标的和数量、偿还期限、利率、有质典、违约责任和风险担保等契约要素，简列成下表。

[①] 本文作者王斐弘，中国计量大学法学院、知识产权学院教授，兰州大学敦煌法学研究中心特聘研究员。

[②] 如法国学者童丕的名著《敦煌的借贷：中国中古时代的物质生活与社会》（余欣、陈建伟译，中华书局2003年版），就对敦煌借贷契约分为粮食借贷与织物借贷两大类，以此研究了借贷契约所展示的敦煌社会，揭示了整个中古时代中国的社会生活和物质文化的某些重要层面。

敦煌借贷契约要素一览表

契约类别	文书名称编号	债务人身份	债权人身份	借贷原因	标的物数量	偿还期限	利率质典	违约责任	风险担保
举钱契4件	建中三年（782年）7月12日马令痣举钱契（S.5867号）	马令痣	虔英护国寺僧	为急要钱用	1000文	虔英自要钱用之时	月息20%	掣夺家资杂物牛畜，有剩不追。	同取人画押
	唐大历某年女妇许十四举钱契（S.5870、5872号拼合）	许十四妇女	契残不详	急要钱用	牙梳典钱500文	契残不详	契残不详	如违限不赎，牙梳并没，一任将卖。质押	同取人男进金
	大历十六年（781年）3月12日杨三娘举钱契（大谷8047号）	杨三娘妇女	药方邑	为要钱用	1000文	六个月	月息20%	壹倍	保人代还
	建中八年（787年）4月20日举钱（契S.5869号）	阿孙妻	契残不详	契残不详	1500文？	契残不详	契残不详	契残不详	同取人指节
粮食借贷契23件	唐天宝十三载？（754年）便粟契（P.4053号）	杨神岳道士	契残不详	契残不详	粟柒斗伍升	契残不详	无息	掣夺家资	保人承担
	唐天宝十三载（754年）6月5日便麦契（P.4053号）	杨某道士	未写	未写	小麦捌硕	八月还	无息	掣夺车牛杂物	保人承担
	子年2月23日孙清便粟契（P.1297号背）	孙清百姓	永寿寺	为无粮	粟汉斗叁硕	秋八月末	无息	壹倍；仍任掣夺家资。	保人代还
	未年（803年）4月5日张国清便麦契（S.4192号）	张国清	未写	未写	麦叁蕃䭾	秋八月末	无息	壹倍；仍掣夺家资。	保人代还
	寅年（810年）4月5日赵明明便豆契（P.3444号背）	赵明明百姓	未写	为无种子	豆两硕八斗	秋八月内	无息	一任掣夺家资杂物	保人代还；抵赦条款

续表

契约类别	文书名称编号	债务人身份	债权人身份	借贷原因	标的物数量	偿还期限	利率质典	违约责任	风险担保
粮食借贷契23件	酉年（817年）3月1日曹茂晟便豆种贴（S.1475号4V）	曹茂晟百姓	海清僧	为无种子	豆壹硕八斗	秋八月三十日前	无息	壹倍；一任掣夺家资杂物。	保人代还；抵赦条款
	寅年六月钘兴逸便豆契（P.2502号背）	钘兴逸百姓	未写	为无粮用	麦两硕伍斗汉斗	秋八月内	无息	一任掣夺家资杂物	保人代还
	酉年（817年）11月张七奴便麦契（S.1475号7V）	张七奴百姓	灵图寺海清僧	为纳突不办	麦陆硕	秋八月内	无息	壹倍	保人代还；掣夺家资杂物牛畜
	某年（817年前后）4月15日沙州寺户严君便麦契（S.1475号8V/9V）	严君户	灵图寺佛账所	为要斛斗驱使	麦叁硕	秋八月末	无息	壹倍；将此契为令六，掣夺家资杂物。	保人代还
	某年（823年？）2月14日僧神宝便麦契（S.1475号9V/10V）	神宝当寺僧	灵图寺佛账所	为负债	麦贰硕捌斗	秋八月三十日前	无息	壹倍；将此契为令六，掣夺家资杂物。	保人代还
	某年（823年）4月12日索满奴便麦契（S.1475号10V/11V）	索满奴寺户	灵图寺佛账所	为无斛斗驱使	麦贰硕汉斗	秋八月末	无息	壹倍；仍任掣夺家资杂物。	保人代还
	某年（823年？）2月1日僧义英便麦契（S.1475号11V/12V）	义英当寺僧	海清	未写	青麦贰硕捌斗汉斗	秋八月内	无息	壹倍；将此契为令六，牵掣房资什物。	保人父等代还

第三章　敦煌、吐鲁番契约与契约管理制度 / 143

续表

契约类别	文书名称编号	债务人身份	债权人身份	借贷原因	标的物数量	偿还期限	利率质典	违约责任	风险担保
粮食借贷契23件	某年（823年）3月27日赵卿卿便麦契（S.1475号12V/13V）	赵卿卿百姓	灵图寺佛账所	为无种子	麦两汉硕	秋八月内	无息	壹倍；将任不著领六，掣夺家资杂物，有剩不在论限。	保人代还
	某年（823年）3月27日使奉仙便麦契（S.1475号12V/13V）	使奉仙当寺人	灵图寺佛账所	未写	麦两硕汉斗	八月内	无息	壹倍待遇不一样，人情社会	保人代还
	某年（823年）3月6日僧神寂便麦契（S.1475号13V/14V）	神寂当寺僧	未写不详	为负债	麦贰硕陆斗汉斗	秋八月内	无息	壹倍；将契为令六，牵掣房资什物。	保人代还
	卯年（823年）2月11日马其邻便麦契（S.1475号14V/15V）	马其邻百姓	灵图寺佛账所	乏粮用种子	麦捌硕汉斗	秋八月内	无息	壹倍；将此契为令六，牵掣家资杂物牛畜，有剩不论	保人代还
	卯年（823年）4月18日翟米老便麦契（S.1475号15V/16V）	翟米老百姓	灵图寺佛账所	为无斛斗驱使	麦陆硕	秋八月内	无息	壹倍；仍任掣夺家资牛畜。	书契人僧志贞代纳
	丑年12月28日曹先玉便小麦契稿	曹先玉百姓	未写不详	为少粮	麦贰硕	秋八月内	无息	任掣夺家资牛畜	保人代还
	未年（839年）4月3日吴琼岳便粟契（P.3730号背）	吴琼岳百姓	永寿寺僧	为无粮用	粟汉斗捌硕	秋八月末	无息	壹倍；一任掣夺家资杂物。	保人代还
	吐蕃时期某年月14日阴海清便麦粟契［P.3491号（2）］	阴海清百姓	契残不详	缺乏粮用	麦肆硕粟陆硕	秋八月末	无息	任掣夺家资杂物	保人妻弟代还
	便麦粟契（P.3666号）	王弁子僧石悉刘常清等7人	未写不详	为少粮	麦粟两硕到壹拾贰硕等	秋八月内	无息	或无；或没收典物；或壹倍；或掣夺家资什物。	无

续表

契约类别	文书名称编号	债务人身份	债权人身份	借贷原因	标的物数量	偿还期限	利率质典	违约责任	风险担保
粮食借贷契 23件	大历十七年（782年）闰月某日霍昕悦便粟契（S.5871号）	霍昕悦行官	虔英护国寺僧	为无粮用	粟壹拾柒斛	九月内	无息	一任掣夺家资牛畜，有剩不追。	同便人妻同取人女画押作保
	吐蕃占领时期游意奴便麦契（ДX1374号）	游意奴	契残不详	契残不详	麦壹拾贰硕	秋八月三十日	不详	掣夺家资六畜	保人代还
织物借贷契 21件	甲午年（874年）8月18日邓善子贷生绢契（P.3124号）	邓善子	邓上座	阙少正物	生绢贰疋	十一月	无息	违限不还，于乡元生利。	无
	乙未年（875年）3月7日就弘子贷生绢契（抄）（S.4504号）	就弘子押衙	阎全子押衙	于西州充使，欠少绢帛	生绢壹疋	至西州回来之日	立机细缣壹疋官布壹疋	逐月于乡原生利	口承男某甲祇当，但别取本绢，无利头。
	辛巳年（921年）2月13日康不子贷生绢契（草）（P.2633号）	康不子百姓	索骨子百姓	欠少正帛	黄丝生绢壹疋	契残不详	契残不详	契残不详	契残不详
	辛巳年（921年）4月20日郝猎丹贷生绢契（习字）（P.2817号背）	郝猎丹百姓	张丑奴	欠少正帛	大生绢壹疋	一年	麦粟肆硕	于限不还，看乡原生利	无
	癸未年（923年）3月28日王勺敦贷生绢契（北图殷字41号）	王勺敦	沈弘礼押衙	未写	生绢壹疋	伊州到来之日15日内	白毡一领	无	口承人还本绢

第三章 敦煌、吐鲁番契约与契约管理制度 / 145

续表

契约类别	文书名称编号	债务人身份	债权人身份	借贷原因	标的物数量	偿还期限	利率质典	违约责任	风险担保
织物借贷契21件	癸未年（923年?）4月15日沈延庆贷布契（北图殷字41号）	沈延庆百姓	张修造	欠阙综布	贷综布一疋	八月末	羊皮壹张	每月于乡原生利	先悔者，罚麦伍斗，充入不悔人
	甲申年（924年）5月22日曹延延贷绢契（S.766号背）	曹延延百姓	张万万百姓	欠少疋帛	白丝生绢一疋	一年	现还麦粟肆硕	看乡原生利	口承人男吉成，还本绢
	己丑年（929年）12月12日陈佛德贷褐契（抄）（S.4445号）	陈佛德	长千僧	未写	红褐两段白褐壹段	第二年三月十五日	褐叁段白褐壹段50%	看乡原生利	口承男丑挞（契残）
	己丑年（929年）12月23日何愿德贷褐契（抄）（S.4445号）	何愿德	长千永安寺僧	于南山买卖，欠少褐	褐叁段白褐壹段	南山到来之日	褐陆段50%	无	口承弟定德、丑子取本褐
	辛丑年（941年）4月3日罗贤信贷生绢契（P.3458号）	罗贤信押衙	范庆住押衙	入奏充使，欠缺疋帛	生绢壹疋	充使回来之日	本利两疋100%	无	口承男兵马使罗恒恒祇当
	辛丑年（941年）10月25日贾彦昌贷生绢契（P.3453号）	贾彦昌	心善龙兴寺上座	往西州充使	生绢壹疋帛拖绵绫壹疋	西州回日	好立机两疋100%	利头回来当日还纳，本物一月后还纳	口承人弟彦祐还本绫

续表

契约类别	文书名称编号	债务人身份	债权人身份	借贷原因	标的物数量	偿还期限	利率质典	违约责任	风险担保
织物借贷契 21件	壬寅年（942年）2月15日龙钵略贷生绢契（抄）（P.3672号背）	龙钵略	王万端押衙	欠缺正帛	生绢壹疋	不详	立机壹疋	掣夺家资	口承人定奴还本绢
	辛亥年（951年）4月18日康幸全贷生绢契（稿）（P.2504号背）	康幸全押衙	郭顺子	往伊州充使	白丝生绢壹疋	到城日九月	镯鉴一个	又须利；掣夺家资	口承人幸连还本契及利息
	丙辰年（956年）3月23日僧法宝贷生绢契（抄）（P.3051号）	法宝僧	戒德三界寺法律	往西州充使，欠缺正帛	黄丝生绢壹疋	到日填还	立机壹疋	看乡原生利	口承人弟还本及利
	戊午年（958年）6月16日康员进贷生绢契（抄）（P.3501号背）	康员进兵马使	索儿儿兵马使	往西州	生绢壹疋	西州到来限一月填还	现还麦肆硕	看乡原生利	口承人还本绢
	辛酉年（961年）9月1日陈银山贷绢契（S.5632号）	陈银山	银坚师僧	契残不详	绢壹疋	一年	现还麦肆硕	无	口承人还本绢；掣夺家资
	甲子年（964年？）3月1日氾怀通兄弟贷生绢契（P.3565号）	氾怀通兄弟	李法律	家内欠少正帛	白生绢壹疋	来年二月末	秋还利麦粟肆石	看乡原逐月生利	无
	辛未年（971年？）4月2日梁保德取斜褐契（S.4884号）	梁保德押衙	穆盈通	往甘州	斜褐拾肆段断生绢壹疋	甘州回来	现还麦肆硕	绢利著梁都头还	无

第三章　敦煌、吐鲁番契约与契约管理制度　/　147

续表

契约类别	文书名称编号	债务人身份	债权人身份	借贷原因	标的物数量	偿还期限	利率质典	违约责任	风险担保
织物借贷契21件	壬午年（982年）7月20日某甲贷生绢契（抄）（S.766号背）	某甲百姓	宋清灰百姓	家中欠少疋帛	白系生绢壹疋	来年十月填还	现还麦粟肆硕	看乡原生利	口承人还绢
	庚寅年（990年？）4月6日郑继温贷绢契（抄）（P.4093号）	郑继温百姓	樊钵略百姓	家中欠少疋帛	帛练壹疋	一年	现还麦粟肆硕	看乡原生利	契残不详
	乙酉年（925年）5月12日张保全贷生绢契（ДХ1377号）	张保全百姓	李阿察百姓	家中欠少疋帛	黄丝生绢壹疋	一年	现还麦粟肆硕	准乡原生利	口承男长千还本绢
粮食质抵借贷契5件	卯年（823年）正月19日武光儿便麦契P.3423号背	武光儿百姓	灵图寺佛账所	为少年粮种子	麦壹拾伍硕	八月十五日前	无息质押车壹乘	其车请不著领六，任寺收将；麦壹倍。	保人男五娘等代还
	某年3月1日曹清奴便豆麦契（S.1291号）	曹清奴百姓	契残寺僧	为无种子	麦肆硕豆壹硕	秋七月	无息质典铛壹口	其铛没；麦豆壹倍；仍任掣夺家资杂物。	保人段兴子知当代还
	巳年2月6日李和和便麦契（P.2686号）	李和和普光寺人户	灵图寺常住处	为少种子及粮用	麦肆汉硕粟捌汉硕	秋八月内	无息质典贰斗铛壹口	麦粟壹倍；仍任掣夺家资杂物；无典物处理约定。	保人代还
	唐大中十二年（858年）4月1日孟憨奴便麦契稿（P.3192号背）	孟憨奴百姓	朝国	为无粮用	麦陆硕粟叁硕	秋八月三十日	质典大铧一孔众金一副	掣夺家资杂物填充；无典物处理约定。	保人代还

148 / 敦煌古代法律制度略论

续表

契约类别	文书名称编号	债务人身份	债权人身份	借贷原因	标的物数量	偿还期限	利率质典	违约责任	风险担保
粮食质抵借贷契5件	癸未年（923年）5月16日彭顺子便麦粟契（北图殷字41号）	彭顺子百姓	高通子	乏少粮用	麦两硕粟两硕	至秋	100%质典紫罗裙一腰	没有约定违约责任；无典物处理约定。	取典物还是麦粟？版本存疑
以劳力还贷契2件	卯年（811年）4月1日张和子预取造梜篱价贴（S.6829号4V）	张和子百姓	永康寺常住处	为无种子	麦壹番驮	四月二十五日前造好梜篱	以劳力还贷	造梜篱加倍；麦壹倍。	保人代还
	巳年2月10日令狐善奴便苅麦价契稿（P.2964号）	令狐善奴百姓	龙兴寺	为粮用	麦壹硕陆斗	秋七月内苅麦壹拾亩	以劳力还贷	麦壹倍；掣夺家资杂物牛畜；麦一任别雇人收苅。	保人代还
请贷牒8件	辛丑年（821年）2月龙兴寺李庭秀等牒及处分北碱字59号	李庭秀等4人团头	都司仓	为无种子	麦每团头伍拾驮	至秋输纳	无息	无	无
	丑年（821年）2月开元寺张僧奴等牒及处分（北碱字59号背）	张僧奴等8户	都司仓	为无种子年粮	麦5户伍驮；3户壹驮半	至秋输纳	无息	壹倍	无
	丑年（821年）2月安国寺汜奉世等牒及处分（北碱字59号背）	汜奉世等7人	都司仓	缺乏种子年粮	麦4户伍驮；3户壹驮半	至秋输纳	无息	壹倍	无

续表

契约类别	文书名称编号	债务人身份	债权人身份	借贷原因	标的物数量	偿还期限	利率质典	违约责任	风险担保
请贷牒8件	丑年（821）2月灵修寺刘进国等牒及处分（北碱字59号背）	刘进国团头等	都司仓	请便种子	麦拾伍驮	至秋输纳	无息	壹倍	无
	丑年（821年）2月金光明史太平等牒及处分（北碱字59号背）	史太平团头等	都司仓	为无种子年粮	麦贰拾驮	至秋输纳	无息	无	无
	丑年（821年）2月报恩寺刘沙沙等牒及处分（北碱字59号背）	刘沙沙团头	都司仓	缺乏种子年粮	麦贰拾伍驮	至秋八月末	无息	无	无
	丑年（821年）5月金光明寺明哲请便麦粟牒（沙州文录补）	金光明寺	都司仓	维修寺舍	麦拾伍驮粟伍驮	至秋八月	无息	无	无
	年代不明某寺请便佛麦牒稿（S.5832号）	龙兴寺	未写不详	维修寺舍	麦拾伍驮	至秋填纳	无息	无	无
分期偿还契4件	丙午年（886年）翟信子欠麦粟契（P.3860号）	翟信子男定君	氾法律	未写	麦肆硕粟陆硕	午年秋月	还本拾硕	壹倍；一任掣夺家资杂物。	无
	乙丑年（905年）3月5日索猪苟贷麦契（S.5811号）	索猪苟	张法律	未写	麦叁硕	至秋	陆硕100%	大头钏质欠麦两硕	无
	乙巳年（945年）6月5日徐富通欠绢契（P.3004号）	徐富通兵马使	深善龙兴寺上座	招将觅职	绢柒疋	五年	壹疋断价贰拾贰硕	无	已还帛三疋半，麦粟拾硕

续表

契约类别	文书名称编号	债务人身份	债权人身份	借贷原因	标的物数量	偿还期限	利率质典	违约责任	风险担保
分期偿还契4件	戊申年（948年）4月16日徐富通欠绢契（P.3472号）	徐富通兵马使	邓上座	西州充使	绢叁疋半	未定	无	无	兄富庆、弟盈达填还
高残契6件	残契（P.2842号）	前缺	前缺	前缺	不详	迁延不还，再次立限	不详	麦粟壹倍；仍任掣夺家杂物。	无
	便麦契断片（S.3437号）	契残	契残	契残	契残	契残	契残	契残	保人赵佛
	贷绢契残片（P.2119号背）	契残	契残	契残	契残	契残	契残	契残	口承人妻愿泰还本绢
	请贷牒：某某等牒及处分残片（北碱字59号背）	前缺	前缺	前缺	前缺	前缺	前缺	前缺	仅有处分便与五驮
	残契二行（S.1475号8V）	前缺	前缺	前缺	前缺	前缺	前缺	前缺	仅有见人李骚骚
	残契（P.4777号）	前缺	前缺	前缺	前缺	前缺	前缺	前缺	仅有契尾套语

二　敦煌借贷契约的结构及"四个固定"

在我国，从刻木为契到有文字契约的西周，契约形式一路演化而来，经春秋、战国、秦、汉、两晋、南北朝，至隋唐，其形式与结构已趋于成熟。就敦煌借贷契约的要素，可抽绎出结构如下：

从下图可见，敦煌借贷契约从结构上可分为三部分，即首部、正文和尾部，不仅这一大的结构是固定的，已与现代合同的总体结构相近，而且契约要素齐全，已经高度程式化，具体表现为"四个固定"：结构固

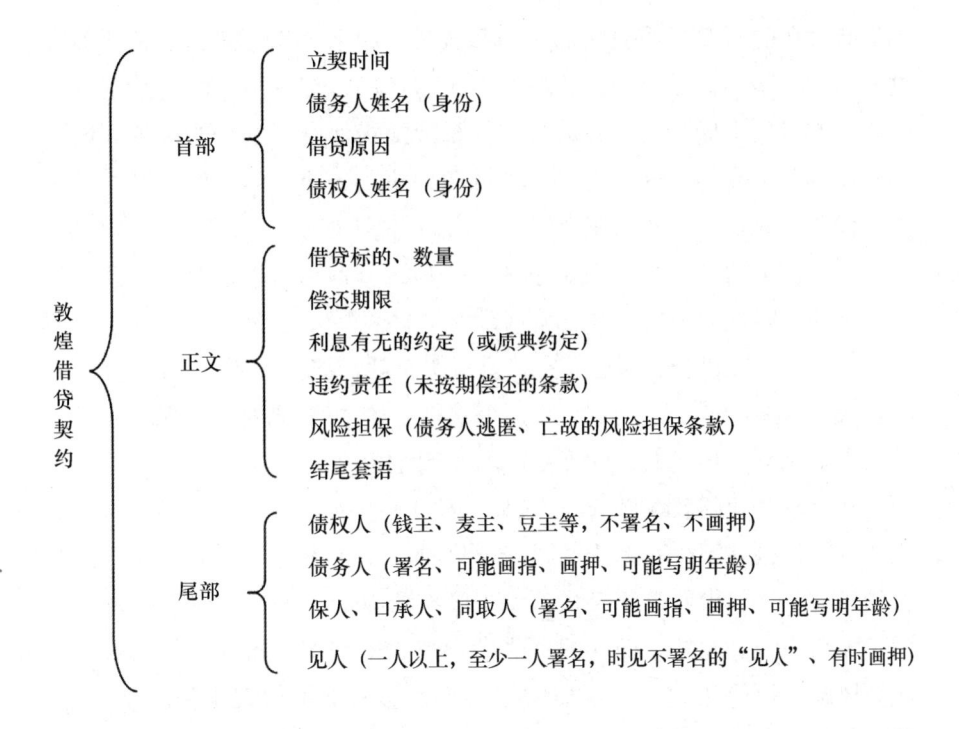

```
                    ┌─ 立契时间
              ┌ 首部 ┤  债务人姓名（身份）
              │     │  借贷原因
              │     └─ 债权人姓名（身份）
              │
              │     ┌─ 借贷标的、数量
              │     │  偿还期限
敦            │     │  利息有无的约定（或质典约定）
煌            │ 正文 ┤  违约责任（未按期偿还的条款）
借            │     │  风险担保（债务人逃匿、亡故的风险担保条款）
贷  ┤         │     └─ 结尾套语
契            │
约            │     ┌─ 债权人（钱主、麦主、豆主等，不署名、不画押）
              │     │  债务人（署名、可能画指、画押、可能写明年龄）
              └ 尾部 ┤  保人、口承人、同取人（署名、可能画指、画押、可能写明年龄）
                    └─ 见人（一人以上，至少一人署名，时见不署名的"见人"、有时画押）
```

定、事项固定、称谓固定和用语固定。[①] 从长时段看，中古时代的这些形式和特点，"是汉代至 6 世纪的传统形式和宋代至今的现代形式之间的短暂过渡"[②]。当然，在敦煌特别借贷契中，比如请贷牒，其结构变化就比较大，而在具有借贷性质的敦煌便物历中，结构变化更大。下面对一般借贷契约的"四个固定"作一简要说明。

1. 结构固定通常和事项固定融合在一起

从上图可见，在敦煌借贷契约的首部，必列事项包括四项，分别是：①立契的时间；②便贷人（即债务人）姓名，有时会标明身份，如某某寺人户，或者百姓、押衙等，也可以不写身份；③借贷原因，也有不写明借贷原因的；④最后是债权人的姓名，或者某机构，如龙兴寺。

在契约正文部分，固定事项一般包括五至六项，分别是：①借贷的标的和数量；②偿还的期限；③如果属于有息借贷，则要写明利息率；

[①] 这"四个固定"，会因契约种类的不同而有不同的变化。

[②] ［法］童丕：《敦煌的借贷：中国中古时代的物质生活与社会》，余欣、陈建伟译，中华书局 2003 年版，第 8 页。

如果有质典的则要写明典物的标的和数量，如果属于无息借贷，就不写这一项；④违约责任，一般是违限不还的责任，有一项、两项甚至三项之多；⑤风险担保，实质上是对借贷风险的担保，可细分为两项。风险通常以"如身东西不在"等相类似的契约短语表明，而担保则以"一仰保人代还"来保证；⑥结尾套语。

在借贷契约的尾部，固定事项有三项，分别是：①债权人，大部分不写，即使写这一项的，也只写"钱主""麦主""豆主""粟主"等字样，不署名；②借贷者署名，有些要写明年龄，部分还要画指或者画押；③保人（包括口承人、同取人）署名，也有些要画押，写明年龄等；④见人，至少一名以上，也要署名，乃至画押。

在比较齐全的敦煌借贷契约中，不外以上14项。但是，在敦煌借贷契约首部，也有不少契约未写借贷原因的，更有不写债权人的契约；在契约正文中，如果属于无息借贷，也没有质典的，这一项以不写来表明属于无息借贷。此外，极少的一些借贷契约也有不写违约责任的，还有不写风险与担保条款的。在契约尾部，大部分不写债权人。由此可见，借贷契约在条款约定上虽有删减，但绝大部分固定事项与固定结构是相辅相成的，也是不可或缺的。

需要指出的是，一份足备12—14项契约要素的借贷契约，文字却只有150—200字左右，这种言简意赅，堪称一绝。

2. 称谓固定与用语固定也是借贷契约的一大特征

敦煌借贷契约中的称谓固定，主要表现在对债务人一般称为便麦人、便粟人、便豆人，或贷绢人、取褐人、举钱人等，而对债权人，则称为"钱主""麦主""豆主""粟主"等。尤其构成敦煌借贷契约一大特质的是用语固定，这不仅表现在叙写借贷物标的的固定用语上，如"便麦（粟、豆）××硕（石）"，或"便麦（粟、豆）××硕（石）×斗"；或者是"贷生绢×疋，长×丈×尺，幅阔×尺×寸"等。用语固定也表现在违约责任的约定上，如"违限不还，于乡原生利"，或者"一任掣夺家资财物"等；还表现在风险与担保的用语上，如"若身东西不在，一仰保人代还"；更表现在结尾套语的固定上，如"恐人无信，故立此契，用为后验，画指为记"，或者是"官有政法，人从私契。两共平章，书指为验"，等等。这些套语随不同的契约而有增减，固定而不僵化，灵活而庄重，渐成独具中华书契的一大特色。

3. 特别借贷契的"四个固定"

在四类特别借贷契中，以劳力还贷契（两件）和分期偿还契（四件）基本与上述普通借贷契在结构、事项、称谓与用语方面没有太大的差别。以劳力还贷契中，在正文中增加了劳务事项和期限，比如，在令狐善奴便苅麦价契稿中，增加了"限至秋七月内苅麦壹拾亩"的核心内容；在张和子预取造柶篱价贴中增加了"造柶篱贰拾扇，长玖尺、阔六尺，其其柶篱限四月二十五日已前造了"的核心内容，其他基本相同。需要分析的是请贷牒和便物历。

为了直观观察请贷牒的结构和"四个固定"，实录一件请贷牒写本如下：

丑年（821年）金光明寺寺户团头史太平等请便麦牒及处分
北碱字59号背

1　　金光明寺　状上
2　　团头史太平，户安胡胡、安进汉、安进子、僧奴。
3　　右件人户，粮食罄尽，种子俱无，阙乏难为，
4　　交不存济，请便麦贰拾驮，至秋依数填纳。伏望
5　　教授和尚矜量，乞垂处分。
6　　牒件状如前，谨牒。
7　　丑年二月　日寺户史太平等谨牒。
8　　依计料支给，至限收征。十四
9　　日。　正勤①

以这份请贷牒为例，就结构固定而言，第1—8行是主体部分，称为"状"，第9—10行是添附部分，称为"处分"。也就是说，普通借贷契没有、也无须后面的"处分"，这是二者最大的不同。就主体部分而言，请贷牒比普通借贷契在首部多了"××寺　状上"的字样，用以表明"状"

---

① 唐耕耦、陆宏基编：《敦煌社会经济文献真迹释录》第二辑，全国图书馆文献微缩复制中心，1990年，第101页。

的制作与请求主体，实含以此机构提供无形的信用担保之意。再就是将普通借贷契的立契时间由契首放到了契尾，如这件在契尾署名时写明"丑年二月×日"字样。其他契约要素，如借贷人、借贷原因、借贷标的与数量、偿还期限等都与普通借贷契无异。如同其他四件一样，这件请贷牒没有违限不还的违约责任，也就是说，五件没有违约责任的请贷牒，在总数八件请贷牒中占62.5%，基本属于请贷牒的"通例"。另有三件有"违限，请倍"的违约责任。还有，这件请贷牒在契尾，仅写了"寺户史太平等谨牒"，而在李庭秀、张僧奴、汜奉世、刘进国及明哲等请贷牒中，均有每位请贷人的署名。

请贷牒中的事项固定，表现在两方面，一是"状"与"处分"是必备的事项；二是主要的契约要素也是固定的，不可或缺的。而用语固定，比较显著，如"伏望 商量，请乞处分"，以及"牒件状如前，谨牒"的程式用语，还有"如违限，请倍"等，皆是。唯一不太明显的是称谓固定，但也不是无迹可寻，比如，对请贷对象称"都司仓"，而借贷者则是团头或者寺户等。

再说便物历的结构。唐耕耦分析道："便物历并无固定格式，比较正规的写法是：第一行先写某年某月某日，某某出便某物与人，以下具体写某月某日某人便物若干，何时还本利若干，便物人画押，口承人或保人、见人某某画押。至期已归还者，打上勾销号，表示所借物本利已还。"[①] 此论甚好，当从。由此也可以看出，属于非典型的借贷契的便物历，因借贷必备的契约要素，决定了便物历的结构、事项、用语乃至称谓也是相对固定的。

三 敦煌借贷契约的复合性

从敦煌借贷契约的形式与内容看，它是单本契约、要式契约、典型契约、涉他契约、要因契约、继续性契约和实定契约的复合，具有借贷契约类型的复合性。

[①] 唐耕耦：《敦煌写本便物历初探》，载《敦煌吐鲁番文献研究论集》第5集，北京大学出版社1990年版，第167页。

1. 敦煌借贷契约是单本契约

这是因为，无论粮食借贷还是织物借贷，在契约的形式上，只有债务人一方及其保证人、见人的签字或者画押（或画指），债权人则连署名这一环节都省去了。由此可以推断，这份只有债务人一方签字、画押（或画指）的契约只有单本，且应交债权人收执，作为行使权利的凭证。关于单本还是复本，从契约史看，在我国大抵经历一个"复本—单本—复本"的循环过程。也就是说，早期由于强调"契约的信证作用，形成了中国传统契约中的'对契'的形式，两份内容完全一样的契约，最初你拿一半我拿一半，通过勘合来表达一个合意"[1]。到我们看到的敦煌契约，则发展成为单本契约，而现代意义上的合同，则又回归到复本（与早期的复本名同实异），也就是"合同一式两份，双份各执一份"。

2. 要式契约

要式契约，是指法律或当事人要求必须具备一定形式的契约；反之，则为不要式契约。"在古代，合同法注重交换的表征和安全，重视合同订立的手续和仪式甚至超过合意的内容，采取方式强制，即认为方式为合同内容的表现，乃合同具有法律效力的依据，换句话说，方式创造合同的效力。"[2] 很显然，敦煌借贷契约的每一具体类型，都有自己的"四个固定"，已高度程式化，而且在签约手续方面要求甚严，不仅举钱人、便麦人、便粟人等要签署，钱主、麦主、粟主、豆主等形式要素一样都不能少，而且见人、保人、口承人、同取人等契约参与人，在各式契约中该有则有。因此，敦煌借贷契约当属要式契约无疑。

3. 典型契约

一个不争的事实是，敦煌借贷契约在敦煌契约中量大面广，是契约的主要类型，属于典型契约。所谓典型契约，即"对若干日常生活上常见的契约类型，设有规定，并赋予一定名称，学说上称为典型契约或有名契约"[3]。毫无疑义，借贷契约属于典型契约。

---

[1] 田涛：《千年契约》，法律出版社 2012 年版，第 6 页。
[2] 崔建远：《合同法》上卷，中国人民大学出版社 2011 年版，第 67 页。
[3] 王泽鉴：《债法原理》，北京大学出版社 2013 年版，第 137 页。

4. 涉他契约

这是与束己契约对称，是指契约当事人在契约中为第三人设定了权利或义务的契约。以此看，每一份借贷契约都有作为第三人的保证人承担保证义务，当属涉他契约。

5. 要因契约与继续性契约

在敦煌绝大部分的借贷法律行为中，均与借贷原因不相分离，因之属于要因行为，而其借贷契约应属于要因契约。还由于敦煌借贷契约均定有期限，时间因素极其重要，因此，这些契约非一次性的给付即可完结，而是继续的实现，所以部分契约不是一时的契约，属于继续性契约。

6. 实定契约

敦煌借贷契约同时属于实定契约，它与射幸契约对称，是指契约的法律效果在缔约时已经确定的契约。毫无疑问，大多数敦煌借贷契约的约定在法律上的效果是确定的，即使部分要素超出法律规定的边界，也不影响依据法律对其效果进行判断。

7. 其他类型的契约

至于属于单务契约还是双务契约、有偿契约还是无偿契约、诺成契约还是要物契约，则要具体分析。比如举钱契，钱主负有交付钱币的契约义务，举钱人则负有还本付息的契约义务，此为双务契约。但是，在古代借贷的书契惯例中，钱主向举钱人交付钱币是契约成立的要件，因此，该借贷契约只有举钱人还本付息的义务，钱主无契约义务，这就成了单务契约。这一范式在实物借贷契中表现更明显：出借人向借贷者交付实物（麦、粟、豆、绢、褐、布等）是契约成立的要件，契约成立后，只有借贷者还本或者还本付息的义务，出借人无义务，因此也是单务合同。事实上，在无息借贷中，出借人交付实物与借贷者返还实物之间不构成对价关系，所以更是单务契约。

从敦煌借贷契约看，举钱契、织物借贷契、以劳力还贷契、大部分便物历均属有偿借贷；而绝大部分粮食借贷契、请贷牒和一小部分便物历，其本质是消费借贷，因无对价而属于无偿借贷。

同样，敦煌借贷契约由于它的本质属于消费借贷，契约的成立不仅需要当事人一致的意思表示，而且需要交付标的物才能成立，从此意义上讲，属于要物契约。但是，一如双务合同还是单务合同的界定，如果把交付标的物视为契约成立的要件,那么,该契约就成了诺成契约。王泽鉴也认为:"财产性的契约均应予以'诺成化',保留要物契约此种法制史上的残留物,实无必要。"① 但是,他在另一著述中,将消费借贷划归为要物契约,理由是消费借贷契约,非将金钱或其他代替物交付,不生效力,故为要物契约。②

四 简短的结语

如果说,以契约要素分解而成的敦煌借贷契约一览表具有整体把握敦煌借贷契约的通览意义,从而为精细化研究奠定了基础的话,那么,从敦煌借贷契约抽绎出来的契约结构,则具有了纯形式的价值,为不同地域、不同时代的中外借贷契约的异同比较提供了结构分析与文化比较的可能。更进一步,从法理性质上对敦煌借贷契约进行复合性分析,则打通了作为乡土社会一般借贷规则与现代意义上借贷合约所具有的共性进行阐释的通道,一改史学笺释的方式,代之以法学与文化的双重视角,从而进行富有专业深度与文化根基的分析,其多重价值是显而易见的。

事实上,敦煌借贷契约的神圣,不仅在于它是我国中古时代的先民生生不息的历史见证,尤在于梅因所讲的"一个社会在允约和合意上如果没有给予一种神圣性,而这种神圣性与一个成熟文明所给予的尊敬相类似,这个社会就不可能结合在一起,则它所含有的错误将是非常严重的,它将使我们对于法律史不能做出正确的理解"③。

---

① 王泽鉴:《债法原理》,北京大学出版社2013年版,第151页。
② 王泽鉴:《民法概要》,北京大学出版社2011年版,第296页。
③ [英]梅因:《古代法》,沈景一译,商务印书馆1959年版,第200页。

第四章

敦煌文献中的婚姻家庭与继承制度

中国是一个重视婚姻家庭的社会。家庭是国家政治、社会、经济、文化的基础和细胞，也是法律生活和法律文化的具体体现者。敦煌遗书、壁画和其他资料中保存着丰富的婚姻家庭方面的史料，对了解我国婚姻制度的演变，婚姻类型、结婚年龄、夫妻关系、父母子女关系，婚姻离异、收养、析产、遗嘱、继承等，都有着不可替代的历史佐证和认识价值。尤其是对于研究我国古代西北地区的婚姻家庭和继承制度，对于以史为鉴，丰富和发展我国当代社会主义婚姻家庭制度建设，具有十分重要的意义。

第一节 婚姻关系的建立

一 "报婚书"与"答婚书"

婚姻关系的建立，遵循"父母之命，媒妁之言"，主要通过结婚程序，即"六礼"来实现的。在法律上则以是否有"报婚书"、"答婚书"、有私约以及受聘财，作为衡量婚姻是否成立的要件。这三项都是"一诺无悔"的表示，被称为"许婚制度"。

报婚书，是指书面婚嫁协议，实质上是双方家长对各自子女情况的介绍，并在协议中表明求婚、许婚的愿望，由媒妁奔走其间来往沟通。《唐律疏议·户婚律》曰："谓男方以书礼请女氏答书许讫。"这里的书即指报婚书。遗憾的是，正史典籍对于报婚书的样式、内容等均无记载，敦煌遗书的发现弥补了这方面的缺憾。现录一件唐代婚书样文：

某顿首顿首。触叙既久，倾瞩良深（如未相识即云：久籍微猷，未由展觐，倾慕之至，难以名言。）时候伏惟某位动止万福，原馆舍清休（如前人无妻即不用此语），即此某蒙稚免，展拜未由，但翘重（原文如此，恐有误）。谨奉状。不宣。某郡姓名，顿首顿首。（纸别）某自第几男（或弟、或侄某某），年已成立，未有婚媾。承贤第几某女（或妹、侄女），令淑有闻，四德兼备，愿法高援。谨同媒人某氏，敢以礼请月正。若不遗，伫听嘉命。某自

此"报婚书"是男方通过媒人向女方求婚，表达倾慕之情，并介绍自身未婚等情况，好蒙不弃，听候佳音。

　　答婚书
　　某顿首顿首，久仰德风，意阙披展（如未相识即云：求展已久，倾慕良深），忽辱荣问，慰沃逾增。时候伏惟某动止万福。原馆舍清休（前人无妻不要此语）即此某蒙稚免，言叙未由，但增企除，谨奉状不宣。某郡姓名，顿首顿首。（别纸）某自第几女（或妹、侄、孙）未有伉俪，顾存姻好，愿抚高援。请回媒人某氏，不敬，从某自。

此"答婚书"则是女方通过媒人答复报婚人，表达"久仰德风"、"顾存姻好"的答复，并介绍自身"未有伉俪"等情况。

所谓"有私约"，即口头的婚嫁附带协议，是双方私下对男方的身体、年龄、身份等情况经过交底，使女方知情，并予默许。《唐律疏议·户婚律》疏议，将私约解释为"约，谓先知夫身老、幼、疾、残、养、庶之类"。这些情况《疏议》有详细解释：老幼，指男女年龄相差成倍；废残，指肢体不全；养，指不是亲生的；庶，指不是嫡子的庶出、孽出（指妾子、婢子、奸生子）之类。

所谓"受聘财"，即用财礼表示的婚嫁协议。

一桩婚姻要想结成，其前提首先是"父母之命"。结婚自古以来都不是男女二人的私事，而是代表着两个家庭的结合，关系着两个家族的命运。因此，要想缔结婚姻"合二姓之好"，必须首先得到双方家长的同

意。如果未经双方父母同意而私自结合，在古代是严重违反礼教的行为，甚至会被认为是一种犯罪。

其次，婚姻必须经过"媒妁之言"，也就是媒人的说合。媒人在历史上有媒、媒妁、月老、红娘、媒婆等不同称谓。西周时，统治者为了加强对婚姻的管理，设立了专门负责执掌婚姻事务的官员——媒氏。《周礼》称其"掌万民之判"，就是专门负责男女婚配的管理机关，如同现在的民政局，由此产生了中国最早的婚姻中介——"媒妁"，也就是媒人。而结婚这样的大事，程序复杂，内容繁多，想要结成亲家的两个家族，如果直接谈判都有些无法应付，而媒人这样的专职人员则可以做到游刃有余。

从前文所引"报婚书""答婚书"中，可以看到敦煌文献中婚姻的结成，也是要遵从"父母之命、媒妁之言"的。

但是，我国古诗词名句"月上柳梢头，人约黄昏后"，应如何理解？对待历史，要两面看、多面看。我国古代封建社会在婚姻关系的建立上，的确比较普遍地存在"父母之命、媒妁之言"的定规；但是中华文明也有着尊重个人自由和注重人性、人情、人权、人道主义的优良传统。我国作为"群经之首"的《易经》中讲："刚柔交错，天文也。文明以止，人文也。"意思是说，亦刚亦柔，刚柔相济，是天的运作之道。了解天之道，去约束人的行与止，就是人类社会的运作之道了。儒家也把"仁者爱人"和同情之心看作根本。这都体现了中华文明的真精神！

我国丰富的历史文献资料和文学作品中，反映出在古代婚姻、恋爱中，除了"父母之命、媒妁之言"之外，同样存在着大量男女相约、自由恋爱的动人场景和故事。欧阳修词名句"月上柳梢头、人约黄昏后"，就是男女在月下相约谈情说爱的真实场景的描写，意境非常美好感人！还有像《西厢记》《拾玉镯》《柜中缘》《墙头马上》等戏剧中所表现出的自由婚恋故事，像《红楼梦》中宝玉与黛玉和《梁山伯与祝英台》对自由婚恋和真挚爱情的强烈追求，还有像敦煌莫高窟第257窟《沙弥守戒自杀图》壁画所描绘的一位痴情少女向沙弥求婚，沙弥因严守戒律而刎颈自杀的故事，都彰显出中华民族在男女爱情上所具有的真挚、圣洁、深厚、含蓄、忠贞不渝的特色和精神品质。不可因"父母之命、媒妁之言"的定规，就轻易地否定了历史的另一面。

第四章 敦煌文献中的婚姻家庭与继承制度 / 161

婚礼图

　　同时，即使在当今社会，我国《婚姻法》规定婚姻自由原则，不允许父母包办、买卖和干涉。但是儿女婚事多听听父母的意见还是必要的，他们生活阅历丰富，也为儿女幸福着想，其合理意见，值得尊重。

二 "六礼"

婚姻"六礼"指婚姻进程中六个阶段的不同仪式:"纳采"、"问名"、"纳吉"、"纳征"、"请期"和"亲迎"。这六个阶段的不同仪式,在敦煌文献和敦煌莫高窟壁画中都有所反映。

已经订立婚约的男女,只有在举行盛大而隆重的成婚仪式之后,才能算正式结成"百年之好",成为夫妻。早在周代,人们对婚礼的仪式就非常重视,已经形成了一套被称为"六礼"的程序。凡是履行这一套程序,其婚姻就获得人们的认可,具有了社会性的合法地位。

婚宴图

第一步,"纳采",是男方家长派媒人携礼向女方求婚,又称为"提亲"。如果女方家不拒绝,男方就准备正式求婚。

第二步,"问名",就是询问女方本人的姓名和出生的年、月、日、时,以便男方到宗庙占卜凶吉。

第三步,"纳吉",就是说,当男方占卜得到吉兆时,双方才可能正式举行婚礼,于是男方备礼向女方报喜,双方开始准备婚礼。如果双方八字不合,这件婚事就算告吹。

第四步,"纳征",又叫"纳币""大聘",是男方向女方正式赠送礼物,女方接收后,这件婚事便正式成立。最初的礼物以实物为主,后世发展成为钱币,叫作"彩礼"。

第五步,"请期",是双方磋商迎娶新娘的日期,由男方初步确定迎娶新娘的日期,并告知女方,最终由女方确定。

第六步,"亲迎",指新郎在迎娶之日亲自到女方家中迎接新娘,大多用花轿迎接,后来"亲迎"逐渐演变为热闹非凡的正婚大典。

六礼之制,历代数有变迁,一般说来,王公、贵族、达官等多行古礼,庶民百姓之礼则较为简略,主要是履行"纳采"和"亲迎"这两项仪式,历代封建法律均以成立婚书和收受聘财为定婚之要件,大致与六礼的要求相符合。

三 《下女夫词》与《新集吉凶书仪》

敦煌文献中的《下女夫词》是归义军时期某一位沙州刺史子女迎亲时,礼宾人员编辑的亲迎礼拜手册,供给伴郎、伴娘及傧相人员熟读背诵,以便他们临场时应酬得体、对答如流,是为使迎亲仪式按部就班、有条不紊,从而保证迎亲仪式的质量和水平而制作的。

另外,尚有一种古代所谓的书仪,即写信的范本。张议潮执政时期(848—867年),河西节度使掌书记儒林郎试太常寺协律郎张敖整理改编的《新集吉凶书仪》(以下简称《书仪》),分为上下两卷,其中有一段记录晚唐敦煌迎亲礼颇为详细的仪注。兹引原文如下:

> 成礼夜,儿家祭先灵文(原注:女家祭文云:"第某女,年已成长,未有匹配,今因媒人某乙用今日吉辰,适某氏男。"其余头尾同

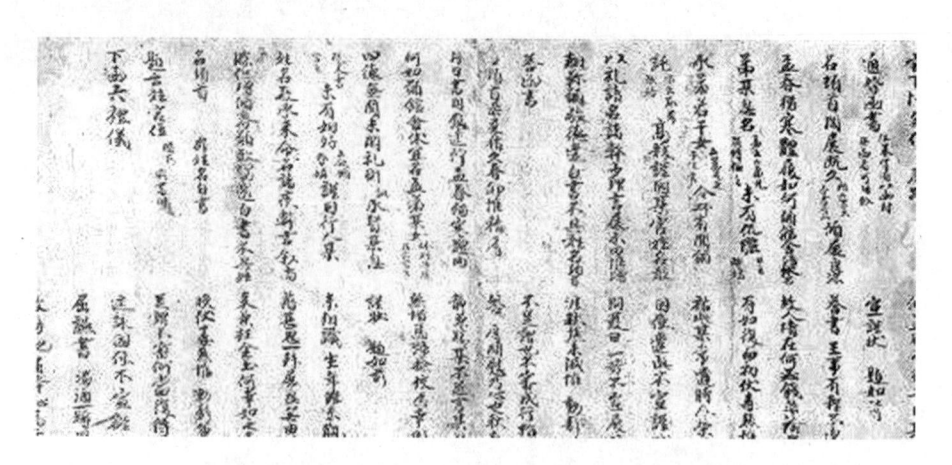

敦煌文书的唐代婚书《新集吉凶书仪》抄本（局部）

此）："维某年，岁次，某月、某朔、某日辰、某乙谨上请酌之奠，告于考妣之灵（原注：父母在，云'先灵'）：某男年已成立，未有婚媾，今因媒人某乙，娶纳某氏第某女，以今日吉辰就礼。谨以清酌之奠，伏维听许，尚飨。"三献讫，再拜，辞先灵了，即侍从傧相引出，向女家戏（娱）；如夜深，即作《催妆诗》；女家铺设帐仪：凡成礼，须在宅上西南角吉地安帐。铺设了，儿郎索果子，金钱撒帐，祝愿云："今夜吉辰，某氏女与某氏儿结亲。伏愿成纳之后，千秋万岁，保守吉昌；五男一女，奴婢成行；男愿总为卿相，女即尽聘公王。从兹祝愿以后，夫妻寿命延长。"（原注：此略言其意，但临时雕饰，裁而行之）

撒帐了，即以扇及行障遮女于堂中，令女婿取雁，隔障掷于堂中；女家人承，将其雁以红罗裸五色锦缚口，勿令作声。奠雁已后，儿家将物赎取放生。如无雁，结彩代之，亦得；

奠雁讫，遮女出堂。父母戒之曰："勉之敬之，夙夜无违"。同牢盘合卺杯帐中。夫妻左右坐，主馔设同牢盘，夫妻各饭三口，傧相挟持者伺之，则酌合□□杯。杯以小瓢作两片，安置拓子里，如无，即小金银东西盏子充。以五色锦系足，连之，令童子对坐云："一盏奉上女婿，一盏奉上新妇。"如女婿饮酒，女家制之三酌，三

晚唐 9 窟婚礼　奠燕图

制讫，则女婿起，侧近脱礼衣、冠帽、剑、履等，具笏入；男东坐，女西坐。女以花扇遮面，傧相帐前咏《除花》、《去扇》诗三五首。去扇讫，女婿即以笏约女花钗，于时傧相挟持具出，去烛、成礼（以下尚载有事后双方家长互致贺慰字函样文，略）。

从前述引文可知，敦煌亲迎之礼的一切行动必须在黄昏进行。具体分为以下几个阶段：

(1) 告庙（男女双方分别祭祀先灵）。
(2) 亲迎（即新娘向父母告辞，微哭数声示意）。
(3) 下女夫，即：是女夫下，设法让女夫从马上下来。
(4) 戏舞、催妆（男方在女家等待举行婚礼之时表示欢乐，喜庆气氛，打发时光，等待新娘盛妆的办法）。
(5) 铺设帐、撒帐，突出祝福的成分。
(6) 奠雁行礼。
(7) 男籍首女肃拜。
(8) 女坐马鞍。

（9）同牢合卺（"同牢"即"共牢而食"，共盘子而食；"合卺"俗称交杯酒）。

（10）青庐内的婚俗，又分为五个步骤：第一步，去肩（饮完合卺酒，新郎起来走到一边轻装，脱去礼服冠履等，然后拿笏板与新娘对坐）；第二步，去幞头（指新娘的盖头）；第三步，去帽感（去掉装饰用的假发）；第四步，除花（掠开新娘的花钗）；第五步，脱去新娘外面的礼服；第六步，梳头合卺。

（11）去烛，成礼。

（12）家长互贺。

《下女夫词》和《书仪》都对婚仪"六礼"中的"亲迎"之礼如此关注，关键在于"六礼"中的前五道程序基本上都是通过媒妁办理的，关节不多，不需大肆张罗；唯有亲迎之礼，男女两家都要全体动员，而且亲朋邻里也要前来帮忙和祝贺，甚至不相干的人碰上这样的喜庆日子也会来凑热闹。这就要求双方都必须高度重视，小心操办。所以，《书仪》和《下女夫词》对亲迎之礼规定得特别仔细。在亲迎礼过程中，《书仪》的条目是贯穿亲迎之礼全过程的"经"，《下女夫词》则是若干分解场面的"纬"，二者结合起来有纲有维，组成完整的亲迎礼仪。[①]

李正宇先生经过细致的考究分析，认为《下女夫词》不仅仅是一篇文学样式的"敦煌变文"，也不仅是一般的敦煌"讲唱文学""喜歌"或一般通用的"亲迎礼辞"，而是"为某一人物结婚而特制的篇章"（可能是沙州刺史张淮深的某个儿子）。

从法律、法文化的角度看，《下女夫词》则是一篇具体、生动、喜庆，反映古代婚仪"六礼"中"迎亲"之礼的戏谑、吉赞之词文和礼仪样式。场面热闹，程序依规，贯穿《书仪》条目，有纲有维，具有规束性、实用性。虽然特指某人某事，但也表现出婚礼的一般内容、形式与特征。它已经超出了一般的风俗习惯，而上升为礼仪规程。敦煌礼仪出现了"礼典"化趋势，而"礼法共治"被学界认为是中国传统法制、法

[①] 参见李正宇《下女夫词》，载谢生保主编《敦煌民俗研究》，甘肃人民出版社1995年版。

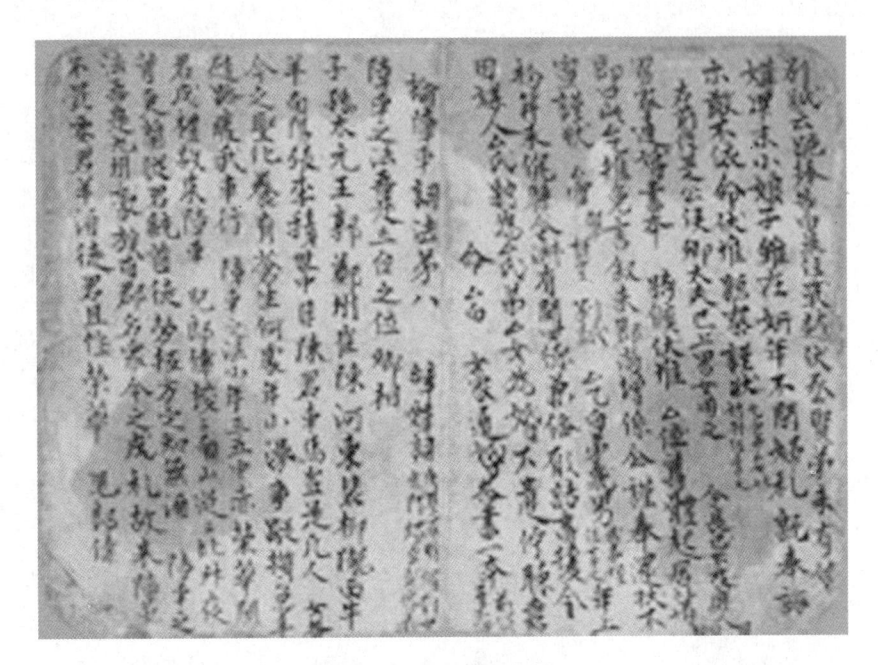

敦煌文书《下女夫词》

文化的精髓。尤其在民法领域，蔡元培讲，中国古代民法"颇具于礼"，在婚姻家庭生活中，礼的作用尤其重要，"婚礼者，礼之本也"（《礼记·昏义》）。《下女夫词》恰恰是在婚姻迎娶中展示礼的教化与规束作用的历史见证。《下女夫词》不仅仅是一种实用性亲迎礼辞手册，而且真切展示了礼制、礼仪在婚礼中的运作机制，生动反映了当时敦煌社会民间爱情、亲情和"夫妻以义合"、"男女平等友爱"，白头偕老、忠贞不渝的爱情观、婚姻观，以及"琴瑟友之"、"钟鼓乐之"的喜庆场面。说明古代中国婚姻和夫妻关系并非都是男尊女卑、三从四德的严酷样态。

四　敦煌壁画中的《婚嫁图》所反映的婚嫁礼仪

敦煌莫高窟现存婚嫁图40多幅，如盛唐45窟"女子五百岁出嫁图"，148窟盛唐壁画"婚嫁图"：正中帐房内设筵席，左右各坐三人，男左女右，均着宽袍大袖，后立一侍者。房前地面铺锦，新郎新娘相向行礼，旁立傧相陪伴。中间地上一对大雁（或鹜），彼此相视，反映了古代婚礼中的"奠雁"之仪。左侧为迎亲的马匹及侍从，右侧的圆形苍穹即举行婚礼的"青庐"，其内壁呈菱形交错状者，是支撑的枝干，显示了青庐的制作特征："卷柳为圈，以相连锁，可张可阖"。故青庐亦名"百子（枝）帐"。白居易《青庐毡帐》诗咏道："合聚千羊毳，施张百子□。骨盘边柳健，色染塞蓝鲜。"即青庐是用柳枝盘亘交错而成。画面上的青庐正虚席以待，恭候新婚夫妇的驾临。壁画生动形象地再现了古代敦煌民间婚仪场面，并为敦煌遗书中关于青庐和奠雁的礼俗作了形象的说明，永留了我国古代民间婚仪所表现的婚姻文化（也是法律文化）的真实生活场景与浓郁的生活情趣。

关于奠雁之礼俗，敦煌遗文相应作了详细记载。虽然奠雁之礼是春秋以来的传统礼仪。以雁为贽，意在大雁随时南北却不失其节；飞行行列长幼有序，以其象征爱情的忠贞不贰，但从敦煌遗书可以看出，它改变了古六礼中五礼均用雁的做法，简化为只在成礼时一次用雁即可，而且是在女家举行婚礼后再奠雁，其具体方法是：令女坐马鞍上，以坐障隔之，女婿取雁，隔帐掷入堂中，女家人承，将其雁以红罗裹、五色锦缚口，勿令作声。

奠雁后对雁作何处理，以往缺乏具体记载，而敦煌卷文则明确规定："儿家将物赎取放生"，即由男方家以物将雁换回，予以放生，明显受佛教思想影响。由此可以看出，敦煌不仅是艺术的明珠和画廊，也是中古时期中国法律的一个馆藏丰富的资料库、档案室，是中国古代法律思想、法律传统和法律生活的真实见证。

婚丧嫁娶是男女一生中的大事，婚姻为万世之始，"上事宗庙，下继后世"，不得苟且；而婚礼为"礼之本"，其要旨在于"成男女之别，而立夫妇之义也"《礼记·昏义》。《下女夫词》和《婚嫁图》反映了敦煌地区婚姻关系缔结的全过程，表现出中华民族对婚姻家庭的高度重视和对忠贞爱情、繁衍后代的祈福，以及婚嫁礼俗之吉祥、喜庆、隆重、热烈、活跃。特别是男方主动向女方提亲求婚迎娶的事实，反映出女方的地位并不低于男方的历史事实。

第二节　夫妻关系

一　婚姻形式

从敦煌文书反映的情况来看，敦煌地区从唐至北宋的婚姻形式有两种，一是一夫一妻多妾制，二是一夫多妻制。

1. 一夫一妻多妾制

一夫一妻多妾制是我国婚姻制度史上的正统婚姻制度，规定从天子到诸侯、百姓，一个男子只能有一个"妻子"，即正妻，也称嫡亲。正妻必须经过聘娶大礼迎娶。"多妾"则是指允许天子、贵族、官员和豪强以种种名义合法拥有数量不等的妾媵。按照古代律法，天子除了王后外，还有世妇、御女、正妃、嫔等几百个妻妾，诸侯一妻八妾，卿大夫一妻二妾，士一妻一妾等。可见，即使皇帝也只能有一个妻子，但是可以娶很多妾。妾下面还有通房丫头，只有办了手续的通房丫头才能称为妾。如《唐律·户婚律》记载，有妻再娶的，要劳役一年。

自西周确立这种婚姻家庭制度以来，历代政府都以立法保证妻的地位，以巩固妻自西周以来确立的唯一、正统地位，以利家庭、家族和国家的有序、稳固，这与我国古代的宗法制度紧密相关。因为我国古代在爵位等身份的继承上一直采取嫡长子继承制。确定嫡长子的身份准则是：一母生多子，以长为嫡；多母生子，以贵母所生长子为嫡。以生母的贵贱来确定长子的身份。因此，确定一夫一妻制对于历代统治阶级来说就显得非常重要。唐律《户婚律》载："诸有妻更娶妻者，徒一年半，女家不坐，各离之。"疏议曰："依礼，日见于申，月见于庚，象夫妇之义。一与之齐，中馈斯重。""一夫妇不利之制。有妻更娶，本不成妻。"从阴阳之道，从礼法的角度进一步肯定了一夫一妻制的存在，在法律上设重婚罪以治之。

从敦煌发现的资料记载来看：敦煌地区大部分家庭实行一夫一妻制。归义军时期的节度使，如张淮深夫人陈氏、曹元忠夫人翟氏等也是一夫一妻制的明证。又如 S.0113 号文书载，建初十二年（416 年），西宕乡高昌里 10 户家庭中，10 户全为一夫一妻制；S.613 号文书载，大统十三年（547 年），效谷郡 7 户人家，7 户全为一夫一妻制；P.3877 号文书载，开元四年（716年），慈惠乡 8 户家庭，8 户全部实行一夫一妻制；P. 3898 号文书载，开元十年（722年），悬泉乡 8 户家庭，8 户全为一夫一妻制。上述资料都充分证明了一夫一妻制这种婚姻形式在敦煌地区家庭中占主导地位。

同时，敦煌同样实行多妾制。

2. 一夫多妻制

这是敦煌地区的特殊婚姻形式，也是中国婚姻制度史上的特殊现象。在以往的中国法制史研究中也未曾提及，下录敦煌遗书部分资料以证明之。

【例1】《天宝六载（747年）敦煌郡敦煌县龙勒乡都乡里籍》

  户主程思楚 47 岁卫士武骑尉

  妻马 36 岁职资妻

  妻常 32 岁职资妻

  妻郑 41 岁职资妻

  弟思忠 39 岁卫士

  忠妻郑 27 岁卫士妻

  忠妻郑 22 岁卫士妻

  弟思太 35 岁白丁

  太妻李 19 岁丁妻

  太妻白 28 岁丁妻

  ……

  户主程仁贞 77 岁老男翊卫

  妻宋 69 岁职资妻

  妻安 61 岁职资妻

  ……

  户主程大忠 51 岁上柱国

  妻张 53 岁职资妻

  妻宋 22 岁职资妻

  ……

户主程大庆 47 岁武骑尉

妻画 45 岁职资妻

妻卑 36 岁职资妻

……

户主程智意 49 岁卫士飞骑尉

妻郑 45 岁职资妻

妻薛 36 岁职资妻

上述官府登记的 5 户家庭，皆为多妻。既然是经过官府户籍登记的，说明这种婚姻形式在敦煌地区得到了官方的认可。

另据统计，P. 2592 号等文书载：天宝六载（747 年）龙勒乡都乡里的 19 户家庭中，7 户实行一夫多妻制。S. 514 号文书载：大历四年（769 年）悬泉乡宜禾里 20 户家庭中，也有 1 户为一夫多妻制。这种婚姻形式的产生可能与敦煌当时的社会现实有紧密的联系：一是敦煌地区男女比例失调的严重社会现实，据统计，公元 7 世纪后期至 8 世纪后期敦煌县的性别比例失调为成丁妇女比丁男多 94.7%，中女比中男多 336.7%。[1] 二是敦煌地区妇女社会地位较高，以地位卑微的"妾"称之，可能多数妇女不愿接受。

敦煌一夫多妻制现象的存在在中国婚姻制度史上留下了深深的印记，为我国婚姻发展史增添了丰富的内容。

二 夫妻关系的突出特点

随着中国封建社会的发展，儒家法律思想逐渐成为占统治地位的正统法律思想。自汉武帝"罢黜百家、独尊儒术"始，经过三国、两晋、南北朝时期的发展，儒家"孝为天下先"和"修身、齐家、治国、平天下"等核心思想逐渐渗透进国家制定的法典当中，礼所规定的"亲亲""尊尊"成为当时家庭关系的准则，在家庭中注重子孙孝敬祖父母、父母，夫妻和睦、兄友弟恭。这些思想对敦煌地区的家庭关系产生了极大的影响。

---

[1] 郑学檬：《七世纪后期至八世纪后期敦煌县人口结构试析——读敦煌户籍资料札记》，《敦煌学辑刊》1984 年第 5 期。

《唐律》是"一准乎礼"的典范。唐代律法在敦煌地区的全面推行，使敦煌地区在家庭制度上更接近于中原其他地区，但由于其独特的地域环境、社会生活、少数民族杂居等多方面的影响，也使敦煌地区的家庭制度凸显出其自身特色。

《唐律》极力维护父权家长制的统治，规定子孙在家庭中要尽孝，凡祖父母、父母在，不得分立户籍和分异财产，否则均构成"别籍异财"罪，处以徒刑三年。敦煌遗书中发现的以名字序排辈分是宗法制度下宗族家长制的一个反映。敦煌作为云集许多有名的世族大姓的河西大都会，在六朝以后崇尚门阀的时代背景下，很讲究这一套。如，在P.3354号《天宝六载（747年）敦煌郡敦煌县龙勒乡都乡里户籍残卷》中就记载有兄弟几人的名字中有一个共同字的现象，如程思楚、思忠、思太，程大忠的儿子思谦、思谏、思让。在P.3559号《唐毕令爱等名籍残卷》中也有，如阎知新、阎知古、阎知全、李光庭、李光仙、曹希光、希盛、希志等，反映出敦煌家庭制度中严格的遵从序辈制度。

但是，在大量史料古籍和文学艺术中，包括敦煌文献和石窟艺术中，也反映出中国民间恩爱的夫妻情义、厚重的家庭亲情以及平等、和谐、相互尊重的家庭关系，表现出中华民族重家庭、崇尚夫妻恩爱、尊老爱幼、勤劳朴实、重学言志的优良传统。

在夫妻关系上，敦煌文书反映较多的是夫妻要互相尊重、相敬如宾，以感情为基础，如感情破裂，夫妻婚姻关系即可解除。如，P.3212号《夫妻相别书文样》强调"夫取妻意，妻取夫言"。协议离婚这一现象的普遍存在，说明夫妻双方地位的平等。这一社会现象的存在与敦煌地区妇女社会地位的提高是分不开的。早期敦煌由于兵役和差役负担过重，导致男女比例失调，女性户主增多。女性成为社会的主要劳动力。据郑学檬先生统计，在敦煌42户家庭中，女性户主有19家。说明敦煌女性在社会经济生活中占有重要地位。

另外，我们尚可从敦煌妇女积极参与结社这一史实中看出敦煌民间妇女社会地位的提高。

【例2】《显德六年（959年）女人社再立条件》

显德六年己未岁正月三日，女人社，因滋（兹）新岁初来，各发好意，再立条件。

　　盖闻至城（诚）立社，有条有格。夫邑仪（义）者，父母生其身，朋友长其值；遇危则相扶，难则相救。与朋友交，言如（而）信。世语相续。大者若姐，小者若妹。让语先登，立条件于后。山河为誓，中（终）不相违。
　　一、社内荣（营）凶逐吉，亲痛之名，便于（依）社格：人各油一合，白面一斤，粟壹斗，便（并）须驱驱济造食饭及酒者。若本身死亡者，仰众社盖白□（缺字）拽，便（并）送赠例，同前一般。其主人看侍（待），不谏（检）厚薄轻重，亦无罪责。
　　二、社内正月建福一日，人各税粟壹斗、灯油壹盏，脱塔印砂（沙）。一则报君王恩泰，二乃以（与）父母作福。或有社内不谏（捡）大小无格，在席上喧（喧）拳，（缺字）不听上人言教者，使仰众社北门罚醴一筵，众社破用。若要出社之者，各人抶（决）杖叁棒，后罚醴局一筵，的无免者。社人名目，诣实如后：
　　社官尼功德进（押）
　　社长侯富子（押）
　　录事印定磨柴家娘（押）
　　社老女子（押）
　　社人张家富子（押）
　　社人涡子（押）
　　社人李延德（押）
　　社人吴富子（押）
　　社人段子（押）
　　社人留胜（押）
　　社人意定（押）
　　社人善留（押）
　　社人烧阿朵（押）
　　社人富连（押）
　　社人住连（押）
　　右通前件条流，一一丁宁，如水如鱼，不得道说事（是）非，更不相愿（怨）者。山河为誓，日月证知。恐人无信，故勒此条，用后记耳。

此件文书是五代末敦煌妇女结社之社约，内容包含有：结社宗旨，如遇危则相扶，难则相救；活动内容，如为亡者送葬抬棺等；违约处罚及社人署名花押等。反映了敦煌地区妇女的社会活动情况。

三 "三从四德"与"夫妻以义合"

"三从四德"是为适应父权制的需要，由儒家礼教对妇女的一生在道德、行为、修养上的规范要求。所谓的"三从"，是指"未嫁从父，既嫁从夫，夫死从子"，意思是说女孩子在未出嫁之前要听从家长的教诲；出嫁之后要服从夫君，与丈夫一同持家执业、孝敬长辈、教育幼小；如果夫君不幸先己而去，就要坚持自己的本分，扶养小孩长大成人。所谓的"四德"是指"德、容、言、工"，就是说女子的第一要求是品德，要正身立本；然后是相貌，端庄稳重持礼，不要轻浮随便；接着就是言语，要善解人意；最后是善于治家，包括相夫教子、尊老爱幼、勤俭节约等。

微妙和第一任丈夫回娘家　　微妙被第二任丈夫虐待　北周296窟

"三从"要求女性服从男性,"四德"是女性实现"三从"目标必须具备的礼仪、风度修养和操作技术,也就是要妇女既顺从又能干。"三从四德"是对妇女道德、行为、能力和修养的标准和要求,在家庭生活中对妇女更强调服从、缄默和牺牲,妇女为之付出的代价也更多。

微妙的第四任丈夫匪首被处决

但是,中国古代在夫妻关系上也讲究"夫妻义合""相濡以沫""相敬如宾""合尔妻子,为鼓瑟琴,宜尔家室,乐尔妻孥"的夫妻情义。甚至把夫妻关系看作是人伦之始,"夫妻有义,而后父子有亲,而后君臣有正","天地合,乃敢与君绝",这真是把夫妻情义看得比天还大!我国世代流传的爱情故事令人动容,彰显出中华民族是一个重感情、重情义的民族,这是我国人民共建精神家园的重要源泉。

第三节 父母子女关系

敦煌法律文献包括国家制定法、民间习俗、民间文学以及各种形式的"家训""家戒""女训""家规"中大量记载的父母子女关系和亲情的内容。既有家长专制、封建宗法制度的负面记载，也有反映父母子女亲情、子孝父慈、兄尊弟友、四邻和睦相处的正面内容。应当看到，在中国乡土社会结构和人民群众生产生活中，家庭是最基本的单位和细胞，担负着组织生活、生产、经营与延续教育后代、培育善良风俗，爱家爱国的重要责任。中国的自然经济、乡土文化，长期形成了"穷家难离、故土难移"和敬宗守族的重乡守土情结。而家长更是长期背负着养家糊口、和协全家、教育子女的承重责任，常常要任劳任怨、多思己过，备感艰辛。除少数专制霸道、不近人情的家长外，多数家长通达宽容，尊老爱幼。"归于反思""教子当于幼""女子可怜宜加爱""父母常念子贫""子弟须偿有业""父爱子贵均""处家贵宽容"等记载，都表现出父母子女关系的正面内容。

【例3】《十恩德》

敦煌民间小调《十恩德》，是颂扬母亲十重恩德的民间歌谣，对后世影响深远。原文如下：

一重恩，亏我娘，怀胎我，在腹中，茶不思，饭不想，面黄肌瘦，吃一样，怕一样，腹中饥，饿断肠，只恩情，想当初，苦了亲娘。

二重恩，亏我娘，要分娩，将身侧，一阵痛，一阵疼，疼痛难当，疼一阵，紧一阵，痛昏去，疼煞了，只恩情，想当初，苦了亲娘。

三重恩，亏我娘，儿在腹中，要奔走，爪指轻痛，蹬衣胞，儿落地，母昏沉，喉中气断，死过去，又还魂，险些儿，见阎君，想当初，苦了亲娘。

四重恩，亏我娘，生下我，才放心，代儿子，取乳名，谨记八字，未满月，出香房，秽污臭，最难当，只恩情，想当初，苦了亲娘。

五重恩，亏我娘，洗尿屎，和衲子，水成冰，透心凉，十指冻破，热好挨，冷难当，不顾臭，不顾脏，只恩情，想当初，苦了亲娘。

六重恩，亏我娘，每日间，喂乳养，儿啼哭，娘心慌，连忙抱起，哄孩儿，上街坊，拿铜钱，去买糖，想当初，苦了亲娘。

七重恩，亏我娘，到晚来，抱在怀，同儿睡，卧尿塘，席子湿，只边湿，睡只边，那边湿，睡那边，两边湿，睡身上，想当初，苦了亲娘。

八重恩，亏我娘，出天花，儿生上，见标儿，不来浆，爷娘怕，敬痘神，许烧香，请先生，求药方，怎敢忘，苦了亲娘。

九重恩，亏我娘，儿顽耍，放荡行，前门望，口中喊，身上冷，穿衣裳，肚中饥，吃茶汤，这恩情，苦了亲娘。

十重恩，亏我娘，请先生，上学堂，哄孩儿，上书房，休要顽耍，写好字，娘有赏，还要做，新衣裳，只恩情，想当初，苦了亲娘。

以上第一段唱怀胎受苦，第二段唱临产疼，第三段唱生子后的感受，第四段至第七段，唱怎么含辛茹苦地喂养孩子，第八段唱孩子生天花，烧香请医的看护之恩，第九段唱小儿玩耍调皮，母亲焦急照看之恩，第十段唱孩儿上学后的教育之恩。

十重恩情，苦了亲娘，表现出母爱深厚；而每一唱段都以"亏我娘"开头，以"想当初，苦了亲娘"或者"怎敢忘，苦了亲娘"结尾，表现出儿女永记母恩的孝奉心肠。

【例4】歌谣《十月怀胎》

民俗小调《十月怀胎》的内容与前文《十恩德》内容吻合，是《十恩德》影响下派生的，现引一段如下：

正月里怀胎正月正，新插杨柳眉毛青，
好比塘上浮萍草，飘飘荡荡还没有根基。
二月里怀胎在娘身，为娘害子假还真，
顿顿吃饭吃不饱，想吃仙桃口中吞。
三月怀胎三月三，三顿茶饭吃几天。

浴儿图

一心想把事来做,做起事来腿发酸。
四月里怀胎四月八,家中堂屋烂塌塌,
一心想把地来扫,一倾头来眼发花。
五月里怀胎五端午,是男是女站两旁,
要是男子左边站,要是女子站右边。
六月里怀胎三伏天,烧茶烧水多累赘,
待到夜晚上了床,左右翻身不入睡。
七月里怀胎吃秋粮,五谷丰登收稻场,
又烧饭来又担水,走起路来怕爬高山。
八月怀胎八中秋,十字街头卖石榴,
为娘想吃这石榴,又怕梗坏娇儿嫩骨头。
九月里怀胎菊花黄,菊花做酒满缸香,
为娘想吃这杯酒,又怕醉坏小儿郎。
十月里怀胎小阳春,为娘本月要见生,
肚子头阵痛个死,二阵痛来痛个昏,
肚子连痛四五阵,连人带血一脚盆,

> 肚脐带子长长剪，大红袄子穿在身。
> 人家都说养儿好，我说养儿不容易。
> 不当家不知柴米贵，不养儿不知报娘恩，
> 打开冰冻洗屎布，十指冰得血淋淋。
> 把儿摆在床里边睡，床里面睡得湿淋淋，
> 把儿摆在娘身边睡，为娘带儿要当心。

此小调同样是表现母亲十月怀胎的辛劳和怜爱娇儿的心肠，反映出母子深情和父母子女关系的人性化基础。

【例5】《辞娘赞》（又称《好住娘赞》）

《辞娘赞》也是民间流行曲调，写一位小和尚进山修道，辞别家中父母兄弟时的不舍感情与场景。当时的和尚多来自当地农家，文化不高，全靠借这种人人能唱的曲调，来引动一般听众。下面是敦煌本《好住娘赞》原文：

> 好住娘。娘娘努力守空房，好住娘。
> 儿欲入山修道去，好住娘。兄弟努力好看娘，好住娘。
> 儿欲入山坐禅去，好住娘。回头顶礼五台山，好住娘。
> 五台山上松柏树，好住娘。正见松柏共无连，好住娘。
> 上到高山望四海，好住娘。眼中泪落数千行，好住娘。
> 上到高山青草里，好住娘。豺狼野兽竞来亲，好住娘。
> 乳哺之恩未曾报，好住娘。誓愿成佛报娘恩，好住娘。
> 阿娘忆儿肠欲断，好住娘。儿忆阿娘泪千行，好住娘。
> 舍却阿娘恩爱断，好住娘。且须袈裟相对坐，好住娘。
> 舍却亲兄与热弟，好住娘。且须师僧同戒伴，好住娘。
> 舍却金瓶银叶盏，好住娘。且须钵盂青锡杖，好住娘。
> 舍却槽头龙马群，好住娘。且须虎狼狮子声，好住娘。
> 舍却待毡锦褥面，好住娘。且须乱草以一束，好住娘。
> 佛道不远回心至，好住娘。金身努力见因缘，好住娘。

【例6】《崔氏夫人训女文》

我国古代家庭对子女的教育，常采用"家训""女训""家规"等形式，内容多来自儒家倡导的"礼"。如，敦煌文献中七言民间诗歌《崔氏夫人训女文》，就是当地用来对出嫁女儿进行婚前教育的女训。

香车宝马竞争辉，少女堂前哭正悲。
吾今劝汝不须哭，三日拜堂还得归。
教汝前头行妇礼，但依吾语莫相违。
好事恶事如不见，莫作本意在家时。
在家作女惯娇怜，今作他妇信前缘。
欲语三思然后出，第一少语莫多言。
路上逢人须敛手，尊卑回避莫汤前。
外言莫向家中说，家语莫向外人传。
姑嫜共语低声应，小郎共语亦如然。
早朝堂上起居了，诸房叔伯口道传。
妯娌相看若鱼水，男女彼此共恩怜。
上和下睦同钦敬，莫作二意有庸偏。
夫婿醉来含笑问，迎愿扶侍若安眠。
莫问人前相骂辱，醒后定是不和颜。
若能一一依吾语，何得翁婿不爱怜。
故留此法相教尔，千古万秋共流传。
白侍郎赞：
崔氏善女，万古传名。
细而察之，实亦周备。
养育之法，方拟事人。
若乏种仪，过在父母。

若乏种仪，过在父母。

这篇短短的训女文记述了唐代敦煌及长安地区的婚俗，包括用香车宝马迎亲、哭嫁、拜堂、回门、拜别高堂等礼俗。更在教育新娘如何做人上，以长辈的关爱，谆谆教导出嫁女儿要适应新环境，不要像在家时

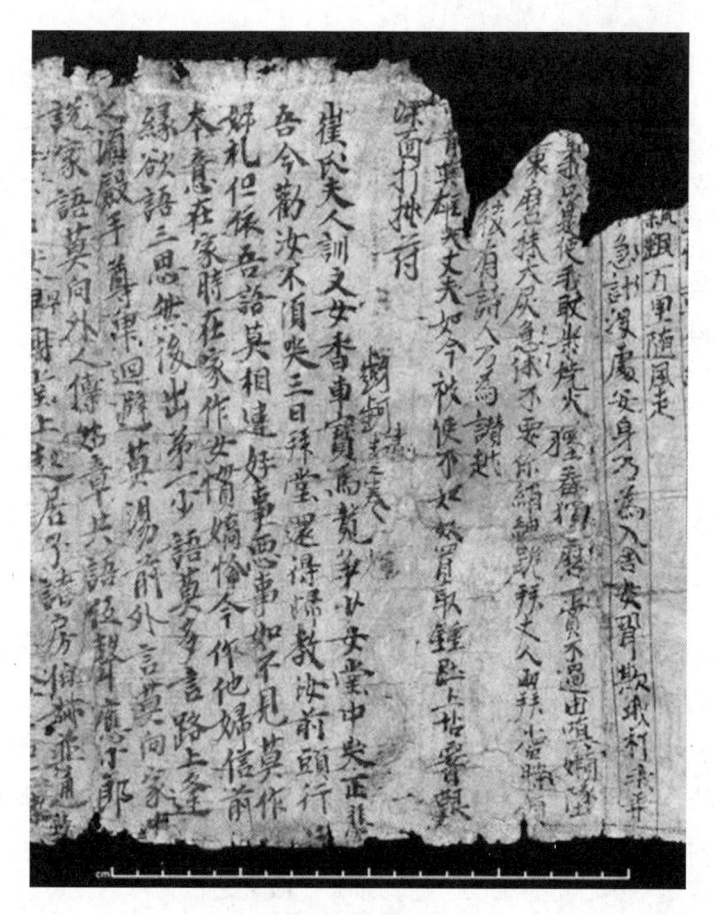

崔氏夫人训女文

的娇怜,要尊敬长者,夫妻恩爱,上下和睦,慎言少语,力戒谗言。反映儒家礼教的思想内容,也有着父母长辈对出嫁女儿的一片爱怜深情。

【例7】《辩才家教》

《辩才家教》文书中反映出了敦煌百姓重兄弟情谊的习俗。下面选录的《辩才家教》中的这段名言,集中反映了敦煌民间重手足之情的传统风俗。

居家何以义?兄弟妯娌相委托。
居家何以恶?兄弟妯娌不相托。

居家何以贫？兄弟妯娌不殷勤。
居家何以富？兄弟妯娌相依附。

上述四句强调了家庭中兄弟团结、妯娌和睦的重要性。只有"兄弟妯娌相依附"，才能够致富过好日子，如果"兄弟妯娌不相托"，便要交厄运。

家庭是社会的细胞，敦煌遗书中反映出的家庭制度对于规范家庭关系、稳定家庭关系起到了积极的作用。

第四节　婚姻关系的解除

唐代法律关于婚姻关系的解除有两种规定，即强制离婚和协议离婚。

一　关于强制离婚

唐代法律也分为两种情况，即由官府通过判决离婚和丈夫强制离婚两种。

第一种情况：由官府通过判决解除婚姻关系。凡违反法律规定的婚姻，如违反同姓不婚、良贱之间不得为婚等规定，官府皆依法强制其解除婚姻关系，判决离婚而不离的重者以奸论。此外，还有"义绝"，所谓义绝，就是夫妻之间的恩义已绝。如夫"殴妻之祖父母、父母及杀妻外祖父母、伯叔父母、兄弟、姑、姊妹"，或"妻殴詈夫之祖父母、父母及杀伤外祖父母、伯叔父母、兄弟、姑、姊妹以及夫之缌麻以上亲，若妻母奸及欲害夫者，虽会赦，皆为义绝"。此外，夫妻双方的"祖父母、父母、外祖父母、伯叔父母、兄弟、姑、姊妹自相杀"亦属义绝。犯义绝者，要强制离异，否则处徒刑一年。通过上述立法，维护家庭关系的稳定。

第二种情况：就是遵循自古以来的"七出""三不去"规定，由丈夫单方提出强制离异。所谓"七出"，又叫"七去"，是指不孝顺父母、不能生育出男孩、乱搞男女关系、嫉妒、身染重病、多嘴多舌、盗窃七种行为，只要有其中之一的，男方就可以解除婚姻。"七出"的第一条就是不孝顺父母，实际上往往是婆媳不和，《孔雀东南飞》中的焦中卿和刘兰芝的悲剧就是这个原因。

由于"七出"的解释权在男方，随意性很大，于是又规定了"三不去"作为例外，凡是有这三种情况之一的，男方不能解除婚姻，包括：有所取无所归，指妻子的家族散亡，假如妻子被休则无家可归；与更三年之丧，指妻子曾替丈夫的父母服丧三年；前贫贱后富贵，指丈夫娶妻的时候贫贱，但后来发达富贵了，即"糟糠之妻不下堂"。唐律则有明确的规定，对于擅自休妻的还要处以徒刑或杖刑。

"七出""三不去"一直延续到明清时期，直到国民政府时期才被完全废除。

从目前发现的敦煌文书中有关夫妻婚姻关系的资料来看，强制离异情况较少。相反，反映夫妻协议离婚的文书比较多。

二 协议离婚

协议离婚也叫"和离"，即双方自愿离婚，不需要通过诉讼。婚姻关系以夫妻感情为基础，具有契约性，可以建立，也可以取消。孔子、孟子都曾离过婚，表明儒家早期对此持有人性化宽松态度。《户婚律》规定"若夫妇不相安，谐而和离者，不坐"，正是这一思想在立法中的反映。同时在形式上唐律十分重视婚书，结婚需要报婚书、答婚书，离婚则需放妻书。敦煌出土的8世纪初期至10世纪末期的离婚文书多称为"放妻书"，唐耕耦、陆宏基主编《敦煌社会经济文献真迹释录》第2辑录有7件放妻书。杨际平先生《敦煌出土放妻书琐议》一文说："放妻书之'放'，乃放归本宗之义，其中也无贬义。"现将4件放妻书整理如下。

【例8】《夫妻相别书样文》（敦煌遗书 P. 3212 背）

夫妻相别书一道，盖闻人生壹世，夫妻语让位先。三代修因，见存眷属，夫取妻意，妻取夫言。孝敬二亲，事奉郎姑叔伯，新妇便得孝名，日日即见快乐。今则夫妇无良，便作五逆之意。不敬翁家，不敬夫主，不事六亲眷属，污辱臬门，连累兄弟父母。前世修因不全。弟互各不相目（睦），今议相便分离，不别日日渐见贫穷，便见卖男牵女。今对两家六亲眷属，团坐亭腾商量，当便相别分离。自别已后，愿妻再嫁，富贵得高。夫主再侵凌论理，一似如鱼德（得）水，壬（任）自波游。马如抨纲，（岗）（壬）山丘。愿君不信前言者，山河为誓，日月证明，愿君先者，男莫逢好妇，女莫逢好夫。

此件样文不称"放妻书"，而称"相别书"，多了一层夫妻平等、相互尊重的意味。记述了一对夫妻不和睦，闹得全家不安宁，如不分离，家境也会日益贫穷。今日面对两家亲属，协商离婚，离婚后愿男女双方另有好的婚配。山河为誓、日月证明，以此为据。是专为夫妇双方婚后不睦，离异时订立协议供参考之用的范文样本，反映了敦煌地区协议离婚制度的盛行。

【例9】《女人及丈夫手书样文》

女人及丈夫手书一道，押。

窃闻夫妻前缘，不同树者，易结婚亲。数年不累，如猫鼠相争。家中不肯贞顺，（夷）相各各别意。思量六亲情欢，要二夫妻，立此之前对问，相看如禽兽之累，更相逐不得。今见父娘诸眷等，以各自当投取散意，逐欢便得开之门，今日（缺）欢，及便得离别如云，遂合散诸，再与清明晓眼，后更不得侵扰逐情。今对六情放者，皆生欢喜，立此文书者。押指节为凭押。

此文书亦是夫妻双方感情不和而订立的协议离婚样文，反映了协议离婚这一社会现象。

【例10】某专甲谨立放妻手书（S.0343号9V–10V）

盖说夫妇之缘，恩深义重，论谈共背之因，结誓幽远。凡为夫妇之因，前世三年结缘，始配今生夫妇。若结缘不合，比是冤家，故来相对。妻则一言十口，夫则反目生嫌。似猫鼠相憎，如豺狼一处。既以二心不同，难归一意，快会及诸亲，各迁本道。愿妻娘子相离之后，重梳蝉鬓，美扫娥眉，巧逞窈窕之姿，选娉高官之主，解怨释结，更莫相憎。一别两宽，各生欢喜。于时年月日谨立手书。

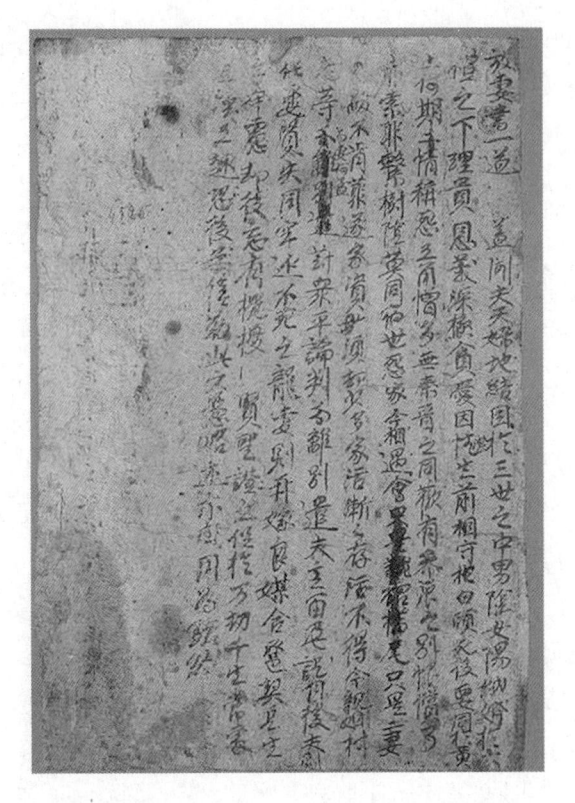

第四章 敦煌文献中的婚姻家庭与继承制度 / 185

敦煌藏经洞文书《放妻书》一道　（P. 4525）

从此件放妻书的题名中"某专甲"可以看出，放妻书面向的对象不是特定的个体，而是一个抽象的群体（专指意图解除婚姻关系的人），即高度程式化，起到了格式和示范的作用。

【例11】放妻书一道（稿）（P. 4525号）

盖闻夫天妇地，结因于三世之中。男阳女阴，纳婚于六礼之下。理贵恩义深极，贪爱因浓。生前相守抱白头，死后便同于黄土。何期二情称怨，互角争多，无秦晋之同欢，有参辰之别恨，偿了赤索非去，树阴莫同。宿世怨家，今相遇会，只是妻囗敲不肯聚遂，家资须却少多，家活渐渐存活不得。今亲姻村巷等与妻阿孟对众平论，判分离别。遣夫主富盈讫，自后夫则任委贤央，同牢延不死之龙，妻则再嫁良媒合卺契长生□□虑却后忘有搅扰，圣贤证之，但于万劫千生常处□□之趣，恐后无信，勒此文凭。昭迹示□，用为验约。

此件为纪年文书，出自宋太平兴国二年（975年）。记述夫妻之间的感情由极好（"生前相守抱白头，死后便同于黄土"）变得极坏（"无秦晋之同欢，有参辰之别恨，偿了赤索非去，树阴莫同"），从而导致家庭财产减少并且生活水平到了"存活不得"的地步。这正是离婚缘由。这篇"放妻书"中出现"遣夫"一词，有"放逐"之意，意思是：放逐丈夫，让其可以另择佳偶过日子。显然，在此文放书中，不仅是女方要求离婚，而且女方在离婚过程中占有相对强势的地位。而且是由女方表达对离婚之后丈夫的祝福（"遣夫主富盈讫，自后夫则任委贤央，同牢延不死之龙"），可见，此件文书的立场是站在女方的角度。

放妻书的"放"，乃是放归本宗之义，之所以言"放妻"，是因为在夫系家庭制度下，妻子一般是从夫居。因此，在离婚场合，通常也就是妻离夫家，夫放妻归。但是，也有少数夫妻是夫从妻居的，他们离婚虽然是丈夫离家，但离婚书也称为放妻书，这是以放妻之名，行放夫之实。伯4525号（7）号文书应属此类。

上述史料充分说明了协议离婚这种解除婚姻关系的形式在敦煌地区家庭中占据主要地位，表明敦煌地区妇女家庭地位的提高。

放妻书的格式、结构、程序大体一致。首先，论述婚姻存续期间夫妻感情深厚、美满，接着阐述婚姻现状、离婚原因，主要是感情不和，"不相安谐"，"缘分已尽"；家庭贫穷，"存活不得"；家庭家族不睦，"六亲聚而咸怨，邻里见而含恨"；夫妻双方不孝不悌等。为此，"今议相便分离"，表明男女双方家属商议之后一致同意离婚。

接下来，文书明确地表示离异之后听凭男子再娶、女子改嫁，双方均不得干涉，绝不反悔，虽然4件放妻书的祝愿话语表述各不相同，但意思无非是两个方面：一方面是希望消除过去相互怨恨的状态，尽释前嫌，"解怨释结，更莫相憎"；另一方面是对未来表达美好的祝愿和诚挚的祝福，如"愿妻娘子相离之后，重梳蝉鬓，美扫娥眉，巧逞窈窕之姿，选娉高官之主，解怨释结，更莫相憎。一别两宽。各生欢喜"。

关于离异后的财产分割，部分放妻书中有所规定，据几件文书的说

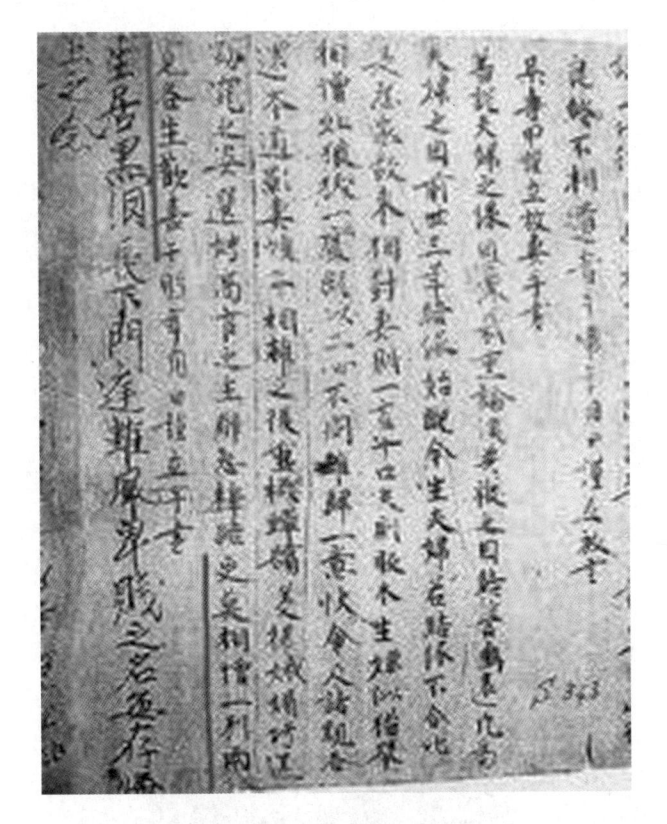

第四章 敦煌文献中的婚姻家庭与继承制度 / 187

唐代敦煌《放妻书》S. 0343

法：一是两件《放妻书》样本（伯3730背，斯46537背），提到"见此分离，聚会二亲，夫与妻物色，具书名之"以及"所要活业，任意分将。奴婢驱驰，几个不勤。两共取稳，各自分离，更无期"之语，应是指离异仪式中离异者双方当着双方家族之面，将财产予以分割清楚，以避免事后的纠纷。二是所谓"三年衣粮，便献柔仪"（《宋开宝十年放妻书》），"三年衣粮，便献柔仪"（《放妻书样文》斯6537背），"妻不论三年柴饭，夫休说六载衣粮"（《放妻书文样》斯6417背），这些说法和口吻虽具有套话性质，但可以推测是针对离婚后的财产纠纷问题的。

关于离婚的程序，案前引《唐令拾遗》所规定，是唐代对于离婚手续已有明确、详细的规定。由敦煌《放妻书》之实例，可见本地对于该法令是遵照执行的。丈夫离异妻子需要出具解除婚姻关系的"手书"，即

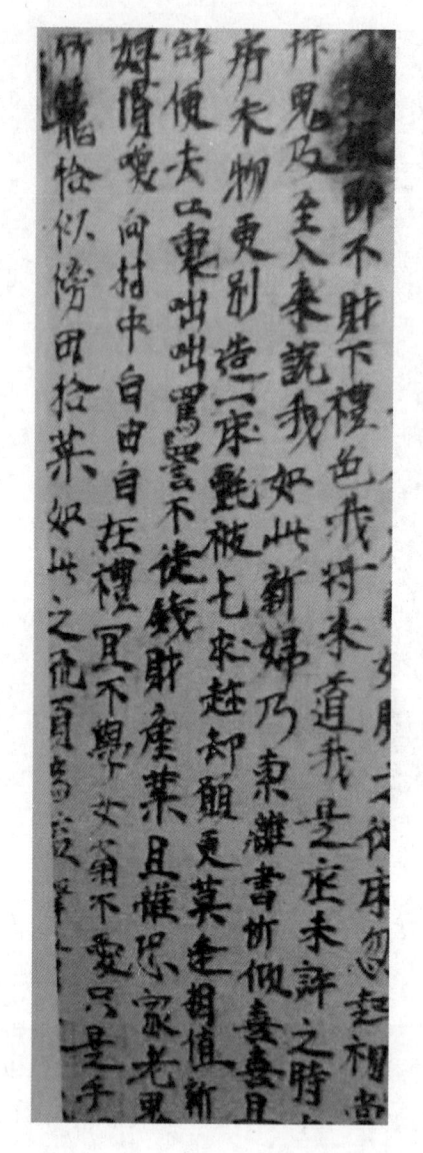

新妇文

以书面契约形式体现的"放妻书",这是离婚程序的具结形式。在这个程序中,可能有一个召集人出面,召集夫妇双方的亲属("两家父母六亲眷属")集会,申明造成离婚之缘由及应当存在的夫妻财产的分割和离异后的约束,以及"放妻书"的效用。这个"召集人"在文书里没有显示,可能是与双方当事人无关的第三者，如本地耆老。这种程序一般是无须官府出面的，但《开宝十年放妻书》的署名"宰报云"，或许说明也存在棘手、难以解决的例子，需要诉诸官府，由其出面，以获得效用。不过，这与强制离异是两码事。

敦煌"放妻书"体现出如下特点：

第一，敦煌的"放妻书"体现出了对于唐宋离婚律令的原则性的遵守。秉承非讼思想，唐律离婚制度中规定了除出妻、义绝之外的一种不需要打官司的新的离婚形式——和离。尽管结果需要上报官府，但是，是否决定解除婚姻关系只要夫妻双方（包括其亲属）同意就能成立。

第二，儒家肯定"和离"思想，婚姻关系本质上是一种社会关系，夫妻关系是契约性的，因而也是可以取消的。儒家虽然承认离婚在某些婚姻关系中是一种不幸的结局，但是，儒家并不反对离婚，并没有一种非世间的反对离婚的制裁。西汉刘向著《列女传》卷1《母仪传》记载了一则孟子与其妻子和离的经过：

> 孟子既娶，将入私室，其妇袒而在内，孟子不悦，遂去不入。妇辞孟母而求去，曰："妾闻夫妇之道，私室不与焉。今者妾窃堕在室，而夫子见妾，勃然不悦，是客妾也。妇人之义，盖不客宿，请归父母。"

材料中"请归"一词说明是女子主动请求离婚，"请归父母"即请求允许丈夫放她回娘家。

除了孟子离婚以外，孔子"三世出妻"的事例都显示出早期儒家对于男女婚姻持有较为宽容的态度。谭嗣同曾说："夫妇者，嗣为兄弟，可合可离，故孔氏不讳出妻，夫妇，朋友也。"这就说明早期儒家对人性持有一种较为宽松、人性化的态度。《白虎通·三纲六纪》曰："夫妇者，何谓也？夫者，扶也，以道扶接也；妇者，服也，以礼屈服（也）。《昏礼》曰：'夫亲脱妇之缨。'《传》曰：'夫妇判合也。'朋友者，何谓也？朋者，党也；友者，有也。"可见，夫妻之间以礼服人，夫妻一体，荣辱共之。《白虎通·嫁娶》说："妻者，何谓？妻者，齐也，与夫齐体，自天子下至庶人其义一也。妾者，接也，以时接见也。"说明儒家有自己的夫妻平等观念。

　　同时，儒家推崇中庸之道："不偏之谓中，不易之谓庸。中者，天下之正道；庸者，天下之定理。"笔者认为儒家正是基于夫妻平等观念，恪守中庸之道，探索出了类似"和离"的离婚方式，为儒家早期男女离婚指出了一条新的明路，夫妻间既能够和平地解除婚姻关系，又能讲究礼节地使双方家族之间保持良好关系。

　　第三，体现古人"天命观"。"放妻书"明显地体现着古人"敬神配天，敬畏神明"的思想，不仅将结婚的缘由归结为天命、鬼神，而且离婚的原因也大多如此（如"今已不和，想是前世冤家"，"宿世怨家，今相遇会"）。阴阳五行是中国古代传统哲学思想，对于古人的婚姻观念也有重要影响。东汉班昭作《女诫》时说："阴阳不同性，阳以刚为德，而阴以柔为用。男女品行相异。""放妻书"样文第三件所说"夫天妇地"、"男阳女阴"，说明阴阳五行思想渗透进了唐代离婚制度中。夫妇之道，有阴阳参配的道理，通达于天地万物神明之间，包含了天地间的大义，人伦的大节。敦煌"放妻书"本身具有格式合同的特征，反映出当时的离婚方式，以"和离"为主，皆需以要式契约的形式定立"手书"。而且主要是夫妻感情问题，家庭贫困也是造成离婚之重要原因。

　　第四，女方或妻方（及其家族）的权利很显著，这应与敦煌当地乃至河西地区的家族势力以及地方文化基础等有关，我们可以推测，虽然说中国古代社会婚姻是以男方权利为主，而相应地在婚姻法中也如是规定，但如果女方是出于一个较有影响力的家族，那么婚姻的主动权自然是向女方倾斜了，在婚姻的书面契约上也婉转地得到了反映。另外，唐代统治者不仅深受"胡风"影响，而且对其他民族的思想和文化采取兼收并蓄的态度，同时，各少数民族也以其固有文化特质对汉族文化加以丰富和充实。唐代"和离"制度正式被列入律文也是深受民族融合的影响，以致有些夫妻和离离婚之后还会有比较友好的关系。

　　第五，敦煌离婚书样文的存在，也可以说明当时当地离婚之普遍情况。这种情况反映出了直至宋代西陲的婚俗和社会观念，即"视再嫁为甚寻常也"。

第五节 继承制度

敦煌法律文书中部分卷子涉及遗产继承、家庭纠纷内容。这些法律文书为我们研究唐宋时期家庭发展状况，儒家文化对西部地区家庭的影响，当时家庭遗产分配的法规，以及民间不成文的习俗等，都具有非常重要的意义。

敦煌法律文献中的继承制度主要有嫡长子继承、兄弟均分和遗嘱继承等制度。

第一，嫡长子继承制。嫡长子继承制规定，王位、爵位等政治身份和对家族成员的领导权、对家族财产的支配权，都只能由嫡妻所生的长子来继承。如嫡长子早逝，则由嫡次子继承；如嫡妻无子，才能在庶子中选择最贵者继承。这种制度就是嫡长子继承制。嫡长子继承制度从长远的角度解决了王权、族权的交接过渡和财产继承问题，保证了王族世代有序地延续，有利于减少政治继承中的冲突、维护君主专制制度的稳定，同时也符合儒家思想的要求，因而被视为封建专制时代皇位继承制度最基本和最理想的形式。然而，这种选择方式不仅造就了很多政治低能的昏庸皇帝，也是导致宫廷政变的重要原因。更为讽刺的是，虽然嫡长子继承制被历代帝王所认可，但是中国历史上由嫡长子继承王位的例子非常少，秦汉两朝28个皇帝中，嫡出者仅3人，东汉的皇帝没有一个是嫡长子；宋代18个皇帝中只有3人嫡出；明代16个皇帝中也仅5人嫡出。

第二，遗嘱继承制度。遗嘱继承是自古以来的传统社会习惯。我国古代的"礼治"，就是为了要肯定封建的等级制度，并使宗法制度与政治制度结合起来；树立起尊长在家族中的权威，按遗嘱处理财产，可以说是"父在观其志、父殁观其行，三年无改于父之道"的主张的具体实践。两汉以后，随着儒家思想作为封建正统法律思想地位的逐渐确立。家长遗嘱作为家庭财产继承、分配的原则就是在儒家正统法律思想的影响下形成的。

第三，均分制度。兄弟均分家庭遗产，自汉以后成为社会公认的家庭遗产分配准则。最早见于史籍的兄弟均分事例，当数《史记·陆贾传》

中兄弟均分的记载:"孝惠帝时,吕太后用事,欲王诸吕,畏大臣有□者,陆生自度不能争之,乃病免家居。以好畴田地善,可以家焉。有五男,乃出所使越得囊中装卖千金,分其子,子二百金,令为生产。"

南朝梁吴均所写的《续齐谐记》中记载"京兆田真,兄弟三人,共议分财,生赀皆平均",就是堂前的一株紫荆树,也准备劈成三片平均分配。到了唐朝,均分原则为国家法律所确认。《唐律疏议·户婚》载:"同居应分不均平者,计所侵,坐赃论减三等","准户令,应分田宅及财物者,兄弟均分。妻家所得之财,不在分限,兄弟亡者,子承父份,违此令文者,是为不均平"。所谓不均平,律疏以案例的形式作了具体解释:兄弟二人分一百匹绢,一为60匹,一为40匹,所侵10匹,合杖八十。

【例12】《僧崇恩析产遗嘱》(P. 3410)

(前缺)田庄

铧各壹孔,镰各壹张……车壹乘,搂(楼)壹具,(缺字)供使(缺字)人王禄殷施入三世净土寺充(缺字)授无穷地两突,延康底两突。车乘牛(缺字)农具,依当寺文籍,随事支给。

(略)

三世净土寺所有家具什物乘供养具佛衣,并别有文籍。岁草马壹疋,充卖(买)寺南宅壹躯(区),余肆口并院落,崇恩前后两政为由于常住三宝或货价忘取,不招业累,将八窠上锦壹张,施入都司。报恩寺常住大床壹张,踏床壹张,施入佛殿(缺字)口用。

与侄惠朗(缺字)壹张,白练裹草绿交缘,拾伍两银碗壹,表弟大将阔英达红锦子壹,(缺字)绢裹。外甥邓(缺字)信(缺字)尼严定,已上五人壹(缺字)

(略)

优婆姨清净意比至无常已来,支瓜渠上地贰拾亩,先清净意师兄法住在日,与(缺字)牛壹,母子翻折为五头,一任受用。与白绫壹疋,方耳铛壹口,柒两银盏,小牙盘子(缺字)面。沙弥宜娘比清净无常已来,承事清净意,不许东西,无常已后,一任随情取意，放汝宽闲。肆岁牸牛壹头，布放修功德，清净意无常已后，资生活具少小之间，亦与宜娘。

僧文信经数年间与崇恩内外知家事，劬劳至甚，与耕牛壹头，冬粮麦叁硕。

娲柴小女，在乳哺来作女养育，不曾违逆远心，今出嫡事人，已经数载。老僧买得小女子一口，待老师终毕，一任娲柴驱使，莫令为贱。崇

（略）

僧惠朗惠

侄表弟大将阎英达

侄都督索琪

侄虞候索

侄兵马索荣撤

侄女夫张忠心

侄女夫张忠均

这是一份比较典型的遗嘱继承遗书。遗嘱中的立遗嘱人僧崇恩，据考证曾为吐蕃统治瓜沙末期和归义军初期敦煌僧界的领袖之一，不仅负责管理敦煌寺院财产，对寺院财产有支配权，而且本人也拥有可观的土地、农具、牲畜以及其他财物。从上引文书中我们可知，崇恩以遗书形式将其财产一一作了分配，对重要财产土地处理如下：不详亩数的田庄、无穷地两突和延康地两突施入三世净土寺，支瓜渠上地贰拾亩给优婆姨清净意。对于作为重要的生产资料的牲畜具体分配办法为："车乘牛驴农具依当寺文籍，随事支给。还有'别有文籍'的（缺字）岁草马壹匹"；施给合成大众的有"五岁草驴壹头"，"四岁父驴"。给清净意的有牛五头。给其管家僧文信耕牛一头。还有其他财物如大床、铧、镰等也以遗嘱形式进行了处分。

值得注意的是僧崇恩在其遗嘱中对养女继承权的确认，"娲柴小女，在乳哺来作女养育，不曾违逆远心，今出嫡事人，已经数载。老僧买得小女子一口，待老师终毕，一任与娲柴驱使，莫令为贱。崇"。

这份遗书不仅对立遗嘱人的遗产范围、种类、数量作了界定，对遗

嘱继承人包括寺院作了确认,对土地、田庄、农具、牲畜及其他财物作了具体、明确、细致的分配,而且讲了优婆姨和养女继承权的原因,遗嘱形式也较完备,是一份很有意义的遗书。

【例13】《尼灵惠唯书》

咸通六年十月廿三日,尼灵惠忽染疾病,日日渐加,恐身无常,遂告诸亲,一一分析。不是昏沉之语,并是醒苏之言。灵惠只有家生婢子一,名威娘,留与侄女潘娘,更无房资,灵惠迁变之日,一仰潘娘葬送营办。已后更不许诸亲(缺字),恐后无凭,并对诸亲,遂作唯书,押署为验。

弟金刚

索家小娘子

外甥尼灵皈

外甥十二娘(十二娘指节)

外甥索计计

侄男康毛

侄男福晟杜

索郎水官

左都督成真

这件遗书的大意为,灵惠因突患疾病并日渐加重,为保证身后事宜顺利进行,遂立遗嘱,为了强调其遗嘱的有效性,特意在遗书中注明:"不是昏沉之语,并是醒苏之言。"

灵惠与崇恩一样,也是个出家的僧尼。从其遗书中可知,尼灵惠只是个寻常的尼姑,并没有很多财产,"只有一个家生婢子威娘,留与侄女潘娘,更无房资"。潘娘得到灵惠赠婢子的条件则是:"灵惠迁变之日,一仰潘娘葬送营办。"也就是侄女潘娘要代为营办丧葬事宜。上引两件遗书表明了一种特殊的历史现象,即出家僧尼因没有子嗣采取遗嘱分配方式。

第四章　敦煌文献中的婚姻家庭与继承制度

【例14】《癸酉年（853年）杨将头遗物分配凭据》

癸酉年十月五日申时，杨将头遗留。

与小妻富子伯师一口，又镜架、柜子。又舍一院。妻仙子大锅壹口，定于与驴一头，白叠袄子一，玉腰带两条。定女一斗锅子一口。定胜鏊子一，又柜壹口。

这份遗嘱开始前直接写明了立遗嘱的时间及立遗嘱人，从中可看出这是杨将头在死亡前的遗嘱。他将自己的所有财产分配给小妻富子、妻子仙子及定子、定女、定胜等人。杨将头的家庭结构为一夫多妻。在这里，杨将头通过遗嘱形式对其财产一一作了分配。

【例15】《戊申年（828年）善护遂恩兄弟分书》
这是一件兄弟均分家庭财产的文书，体现了遗产继承中的均分制度。

戊申年四月六日，兄善护弟遂恩（缺字）诸亲（缺字）别，城外庄田及舍园林城内舍宅家资什物乘鞍马等，两家停分，（缺字）无偏取。其壹领，壹拾叁增，兄弟义让，（缺字），上大郎，不入分数。其西家和同，对诸（缺字）亲立此文书。从今已后，不许诤论。如有先是非者，决杖五拾（缺字）。如有故违，山河为誓。

城外舍，兄西分叁口，弟东分叁口。院落西头小牛庑舍合舍外空地，各取壹分。南园，于李子树已西大郎，已东弟。北园，渠子以西大郎，已东弟。树各取半。地水，渠北地叁畦共壹拾壹亩半，大郎分。舍东叁畦，舍西壹畦，渠北壹畦，共拾壹亩，弟分。向西地肆畦共拾肆亩，大郎分。渠子西共叁畦拾陆亩，弟分。多农地向南仰大地壹畦五亩，大郎，又地两畦共五亩，弟。又向南地壹畦六亩，大郎。又向北仰地六亩，弟。寻渠玖亩地，弟。西边捌亩地，舍坑子壹，大郎。长地五亩，弟。舍边地两畦共壹亩，渠北南头寻渠地壹畦肆亩，计五亩，大郎。北仰大地并畔地壹畦贰亩，寻渠南头长地子壹亩，弟。北头长地子两畦各壹亩，西边地子弟，东边兄。大郎分，釜壹口受玖斗，壹斗五锅壹，半笼头铛子壹，铧壹孔，镰两具，镫壹具，被头壹，剪刀壹，灯壹，锹壹张，马钩壹，碧绢壹丈柒尺，黑自牛壹半，对草马与大郎，镬壹具。

遂恩铛壹口，并主鏊子壹面，铜钵壹，龙头铛子壹，錾金壹付，镰壹张，鞍壹具，大□壹，铜灌子壹，镬壹具，绢壹丈柒尺，黑自牛壹头。

城内舍。大郎分，堂壹口，内有库舍壹口，东边房壹口。遂恩分，西房壹口，并小房子厨舍壹口，院落并舍子合大门外庑舍地大小不等。后移墙停分。庑西分大郎，东分遂恩。大郎分故车，新车遂恩。贾数壹仰取新者出。车脚二，各取壹。大郎全毂，遂恩破毂。

兄善护

弟遂恩

诸亲兄（见）程进进

兄（见）张贤贤

兄（见）索神神（藏文署名）

从此文书可知，善护、遂恩兄弟分家是按平均分配的原则进行的，关于房舍的分配，房舍、牛舍、果园等兄弟各分一半；关于土地的分配，兄弟二人分得的土地亩数基本相等，两人分得的土地仅差半亩。其他重要的生产生活资料，兄弟两人也基本上贯彻了均分精神，按照均分原则分配家庭财产。而且是本着兄弟礼让精神进行的，"从今已后，不许诤论"，"如有故违，山河为誓言"。

第五章

敦煌法律文献中的民族宗教法律制度

　　敦煌法律文献的一大特征是其民族性、宗教性。多族一国，华戎都会，四大文明、三大宗教汇流，为世界唯一。为此形成敦煌独特的民族宗教法律制度，其形式渊源主要表现为：国家制定法与政策、方略；地方政府制定法；各民族政权在敦煌实施的固有法与举措；民族习惯法；宗教自治法，如佛教教义、寺规、戒律等。由此形成的民族宗教制度，在古代敦煌社会法律生活中起着十分重要的作用，成为敦煌法制和法文化的一道亮丽风景线。

各族王子图

第一节 民族法律制度

一 综述

敦煌地处我国古丝绸之路的必由通道，是中外和各民族交流的枢纽，民族杂居，又曾长期处于吐蕃、回鹘、西夏等少数民族的统治下，因而敦煌遗书中包含着许多民族法律制度和法律生活资料。

敦煌遗书中，关于拜占庭、波斯、穆斯林波斯、吐蕃、东西突厥、铁勒人、天竺、粟特人等的风土人情、物产、贸易、税收、货币等制度都有记载。比如敦煌文书《砂州都督府图经》《从化乡天宝十载（751年）前后的差科簿》《丙午年九月一日纳磨草人名目》《唐咸通十四年（873年）正月四日沙州某寺徒众常物交割历》等写本中关于罗布泊地区粟特人的记载，对了解中世纪粟特人这一著名商业民族的聚居、组织、管理体制等有关法律生活，提供了重要资料。再如伯 2162 号背《吐蕃寅年沙州左三将纳丑年突田历》所记载的吐蕃统治时期实行的"纳突"赋税制度及"突田制"，反映出民族法对敦煌法制的重大影响。敦煌遗书中关于民族贸易、唐王朝与各民族的通使关系、宗教传播、胡商往来、民族聚居及习俗的相互交流与"从化内附"，对吐蕃统治敦煌时期的民族压迫与反抗等重要资料的保存，对整理与认识古代各民族的法律制度，都具有重要价值。

近来，在"丝绸之路经济带"的布局影响下，出现了学界对区域研究的新思考。黄达远在《陕西师范大学学报》发表《以丝绸之路研究的区域转向为中心》一文，认为丝绸之路的历史理解和阐释模式依然是单一民族主义知识体系，而新的研究则要释放出农耕、游牧与绿洲的区域关联性，转向多元社会形态的整合、异质性文明的共生，将绿洲作为丝绸之路区域研究的重要历史空间单位，通过重新思考和研究中国及周边、域外的空间关系来共建具有主体性的社会科学知识体系。这一观点对于重新认识敦煌绿洲的地缘关系、民族关系很有参考价值。

第五章 敦煌法律文献中的民族宗教法律制度 / 199

西夏文石碑

干旱的楼兰废墟

二 民族关系

1.《为肃州刺史刘臣璧答南蕃书》(窦昊)

　　和使论悉蔺琮至，远垂翰墨，兼惠银盘，睹物思贤，愧佩非分。迩来首春尚寒，惟上赞摩射娑萼动纳清胜。臣璧尽忠之外，余何足言？

　　昔我开元圣文神武太上皇帝登极之际，与先赞普神运契和，豁辟天关，开荡宇宙，福四海寰廓，并两国一心。公主下降于紫霄之中，远适于黄河之外；镌铭列土，普不相侵。尽日照为天疆，穷沧溟为地界。是知舅生［甥］义国，大然有之；乾坤道外（"外"字衍）合，星象所感。缅览明信，碑契犹存。五十年间，其则何远！去开元十有五载。悉诺逻不恭王［命］，违天背盟，暴振干戈，横行大漠。陷瓜州黎庶，聚土积薪；灌玉门军城，决山喷浪。自以为军戎大壮，扰攘边陲，为害滋深。已六七年矣。及哥舒翰出将，天寄权旄；拥关西之师，稜（凌）威奋伐，夺龙驹岛，入菀［宛］秀川，开地数千，筑城五所。谋力云合，指麾从风。使蕃不聊生，亦八九年矣。向若无论悉诺逻先侵，岂见哥舒翰后患？有同螳螂捕蝉，不知黄雀在其后矣。盖知祸福相掩，盛衰更朦［蒙］；废兴有时也，得失常道也。且天者，父也；地者，母也；父母之开，而生万类。若损一物，天地为之伤和。好同［用］干戈，爱其煞戮，违天之慈，得无祸乎？违地之义、得无害乎？使两国反复，兵戈相诛，莫不由此。良可悲也！臣璧不手（才），城［诚］无还［远］识，愿奉安两疆之长计，论不侵之远谋，希少（稍）览也。且吐蕃东有青海之隅，西据黄河之险，南有铁领（岭）之固，北有重山之罕（牢）；逻娑之外、极平昆仑；昆仑之傍，通乎百越。水运海物，舟帆蔽空；平陆牛马，万川［畜］群；国富兵众，土广而境远；自然方圆，数万里之国，足可以养育，何冀攻城而求小利？贪地而损人，此天道之所不容，神明之所必罚。

　　今上赞摩为蕃王重臣，秉东道数节，何不谏王以治国之道、安社稷之计？罢甲兵于两疆，种黍［稷］于原野，止汉家之怨愤，通舅生[甥]之义国，此万世之计也，不独一时而用之。若顺君以安私，谄媚而求位，此殊[诛]国之臣也，志良之所不为。倾[顷]安禄山背恩，史思明构乱，结党辽水，扇[煽]动幽燕，敢以狂兵。拒扞河洛。外生（甥）未能助兵静乱，反更侵鱼[渔]。袭人之危，深不义也。我乾坤大圣光[天]文武孝感皇帝麟跃凤翔，龙飞河朔，被日月而升九天，挂星辰而朝万国。帝于是控扶桑弓，仗倚天剑，龙腾于九五，师出以六军。权扶风锐兵，驱大宛骁众园，雷鼓一震，逆党殄除。乾坤雾收，河洛云卷。百蛮稽颡而来贡，九夷匍匐而称臣。休士马于函关，列干戈于太府。率土歌尧舜之年，海内乐成康之代。既为舅生[甥]，计闻忻欢，限以两疆，难由而叹。

且肃州小郡，山险路狭，境少泉泽，周圆碛卤，地方不过二百里，素非士马偃憩之所。三年已前七月十五日，劳赞摩大军，远辱弊邑。泻金河单[觯]酌，论两国甲兵；倾东门淡杯，叙舅生[甥]义好。一言道感，便沐回军，期不再来，果副明信。则知赞摩，量广而器深，节高而志大，怀其愧[馈]也，何尝忘之？今我河西节度使吕公，天假奇材，神资武略，包惟海量，舍藏是非；好勇而至仁，上智而宏达，拥旌旄四载，一变五凉。愍战仕[士]之劳，不忍征伐；护明主之国，谨守封疆。其爱人也如是，其不贪也如此。须缘大定，恩布遐荒。今所和来，正合其日。愿为铁石，永罢相侵。必也二三，其如天遣[谴]。

限以封守，言会无由。但增瞻云山，仰德难极。珍重珍重！谨勒将军潘盱白。还答，不具。

肃州刺史刘臣壁顿首

本件出自敦煌莫高窟藏经洞，编号 P.2555，系唐代宗宝应元年（762年）正月窦昊为肃州刺史，刘臣壁代作的答吐蕃大将尚赞摩的书函。文中回顾双方和战历史，指出曾订立盟誓，"两国一心""誓不相侵"。但是蕃方却"违天背盟，暴振干戈，横行大漠，陷瓜州黎庶"，为害滋深。这都是天道所不容、神明所必罚的。为此，书函强调指出彼此关系应循亲戚友善之道，勿兴干戈。"愿奉安两疆之长计，论不侵之远谋"。全文义正词严，语气不亢不卑，表现出中国传统文化中和平共存，文明互通的总基调。所涉史事，多有史所未载或未详者，为甘肃境内民族关系之重要文献。《全唐文》缺载。此文，法国戴密微及我国邓小楠皆有论述并加注释，分见戴《吐蕃僧诤记》第二章、邓著《为肃州刺史刘臣璧答南蕃书校释》（北京大学中国中古史研究中心编《敦煌吐鲁番文献研究论集》）。此注参见李正宇《敦煌学导论》。

窦昊，本文撰者。研究者以为即《新唐书·宰相世系表》所载宰相窦怀贞之族孙。窦昊又曾任沙州司户参军。

2.《权知归义军节度兵马留后守沙州长史曹仁贵状》（P.4638）

（1）仲秋渐凉，伏惟
（2）令公尊体起居万福。即日，仁贵（以小字书）
（3）蒙恩，未由拜伏，下情倍增
（4）瞻恋，伏惟
（5）鉴察，谨因
（6）朝贡使往，奉状不宣，谨状
（7）八月十五日权知归义军节度兵马留后守沙州长史银青光禄大夫检校吏部尚书兼御史大夫上柱国曹仁贵状上。

（文书后钤有"沙州朝贡使印"。）

本件选自唐耕耦、陆宏基《敦煌社会经济文献释录》（全国图书馆文献缩微复制中心1990年，第4辑387页），为归义军沙州长使曹仁贵向中原王朝进贡状。文书列出了进贡的物品"玉一团，羚羊角五对，硇砂五斤"，反映地方割据政权与中央王朝的关系。

3.《思结首领请粮判》

思结首领远来请粮事

思结首领，久沐薰风。比在河西，屡申忠赤；顷驰漠北，频被破伤，妻孥悉无，羊马俱尽。尚能慕义，不远归投。既乏粮储，略宜支给。

本件选自敦煌遗书《唐永泰年间（765—766年）河西观察处置使判

集》，出自敦煌莫高窟藏经洞，编号 P.2942。此文反映永泰年代河西观察、处置使对危难中的少数民族思结部落予以容纳、给以粮食济助的事实。

4.《辛未年（911年）七月沙州耆寿百姓等一万人状上回鹘可汗》P.3633

原文较长，兹录如下：

1. □□□□□□等一万人献状上
2. 回鹘大圣天可汗金帐。
3. □□沙州本是大唐州郡。去天宝年中，安禄
4. 山做乱，河西一道，因兹陷没。一百余年，名管
5. 蕃中。至大中三年，本使太保起敦煌甲
6. 兵，趁却吐蕃，再有收复。迩来七十余年，
7. 朝贡不断。太保功成事遂，仗节归
8. 唐，累拜高官，出入殿庭，承恩至重。后
9. 遭深疾，帝里身薨。子孙便镇西门，已至今
10. 日。
11. 中间遇
12. 天可汗居住张掖，事同一家，更无二心，东路
13. 开通，天使不绝。此则可汗威力所置，百姓
14. □甚感荷，不是不知。近三五年来，两地被人
15. 斗合，彼此各起仇心。遂令百姓不安，多□
16. 煞伤，沿路州镇，通逸破散。死者，骨埋□
17. □，生者，分离异土。号哭之声不绝，怨恨
18. 之气冲天。耆寿百姓等，披诉无地。伏惟
19. 大圣回鹘天可汗，为北方之人主，是苍生之
20. □□□□察知百姓何辜，遭此残害。今
21. 月□□□□□□□和，两件使回，未蒙决
22. □□二十六日，狄银领兵又到管内。两刃交锋，
23. 各自伤损，口云索和，此亦切要。遂令宰相
24. 大德僧人兼将顿递迎接跪拜，言语却□

25. □□狄银令天子出拜，即与言约。城隍者
26. 寿百姓再三商量，
27. 可汗是父，天子是子。和断若定，此即差大宰
28. 相、僧中大德、敦煌贵族耆寿，责持
29. 国信，设盟文状，便到甘州。函书发日，天子面
30. 东拜跪。固是本事，不敢虚逛。岂有未拜
31. □耶，先拜其子，恰似不顺公格。罗通达所入
32. 南番。只为方便打叠吐蕃。甘州今已和了，请不
33. □来，各守疆界，亦是百姓实情。

（中省）

40. 天子所勾南番，只为
41. 被人欺屈。大丈夫之心，宁为怨恨。天子一时间
42. 燥燥发心，百姓都来未肯。
43. 况食是人天，沙州□□，亦是天生人民。不省曾与
44. 天可汗有煞父害母之仇卜，何故频行劫煞。百姓告
45. 天，两眼滴血。况沙州本是善国神乡福德
46. 之地，天宝之年，河西五州尽陷，唯有敦煌一
47. 郡，不曾破散。直为本朝多事，相救不得，
48. □没吐蕃。四时八节，些些供进，亦不曾辄有
49. 移动，经今一百五十年，沙州社稷，宛然如
50. 旧，东有三危大圣，西有金鞍毒龙，当时
51. 维护一方处所。伏望
52. 天可汗信敬神佛，更得延年，具足百
53. 岁，莫煞无辜百姓。上天见知，耆寿百
54. 姓等誓愿依凭。
55. 大圣可汗，不看吐蕃为定，两地既为子父，
56. 更莫信谗。今且先将百姓情实，更无虚
57. 议。乞。
58. 天可汗速与回报，便遣大臣僧俗一时齐
59. 到，已后使次，伏乞遣好人。若似前回长
60. 使，乞不发遣。百姓东望指挥，如渴思浆，

61. 如子忆一母。伏乞
62. 天可汗，速赐详断，谨录状上。
63. 辛未年七月 日 沙州百姓一万人状上

本件选自唐耕耦、陆宏基《敦煌社会经济文献释录》，全国图书馆文献缩微复制中心1990年，第4辑377页。

高自厚先生认为这件万人状为一件投降文书。其实这是敦煌百姓在"本朝多事，相救不得"的危难情况下，祈求生存安全的不得已之举。书中痛述百姓身陷百年苦难，"伏维大圣回鹘天可汗，为北方之人主"。"可汗是父，天子是子"，揭示了归义军张氏统治晚期，回鹘攻陷敦煌，饱受战争之苦无力抵抗的敦煌百姓上书回鹘可汗陈述承认现状之意，请求可汗结束征战，与敦煌统治者结为父子之盟，还百姓以安乐生活的愿望。

三 民族法律制度

1. 民族法制是多民族国家关于民族事务管理、规定和调整国内民族关系、化解民族矛盾、保证少数民族合法权益的法律制度的总称。它涵盖了立法、执法、监督以及社会制度的配合与保障，体现出静态的立法体系和动态的法律运行机制的统一。

敦煌是多民族交集地区，其民族法律制度包含唐王朝民族政策与立法、地方政权民族政策与法制、外族固有法、民族习惯法等，具有多元性、复杂性、独特性。但总体上是多元一体，维护着国家统一。民族关系有战有和，有争夺有共处，总基调是相互融合，多族一国。

2. 敦煌自汉至唐宋，周边民族主要有匈奴、羌、乌桓、月氏、鲜卑、突厥、回鹘、吐蕃、西夏、蒙古及西域诸国，各民族间的固有法和吐蕃、回鹘、西夏占领敦煌期间实行的政策、法制，都对敦煌民族法制产生了重要影响。如吐蕃占领敦煌时期的节儿、告身制度、基层兵制、驿传制度、赋税制度、劳役制度、仓廪制度、市券制度、杰琛、政治制度、会盟制度、职官制度、赞普位继承制度、相制、僧相制度等。

吐蕃刑事法律制度与诉讼制度是古代藏族法律文化的重要组成部分。敦煌文献中关于吐蕃的犯罪、刑罚、罪名、司法等方面的内容占有相当的比重。

3. "吐蕃三律"

"吐蕃三律"是指《敦煌古藏文写卷》P. T. 1071 号、P. T. 1073 号和 P. T. 1075 号三份重要的吐蕃时期的律例文献，其名称分别是《狩猎伤人赔偿律》、《盗窃追赔律》和《纵犬伤人赔偿律》。由于历史的原因，许多资料佚失，吐蕃三律的发现，为我们提供了一份非常有价值的历史资料。

在松赞干布及赞普芒松芒赞执政初期，吐蕃进入了成文立法的高潮期。据《敦煌吐蕃历史文书》记载："及至兔年（高宗永徽六年，乙卯，公元 655 年）赞普（指芒松芒赞，650—676 年在位）居于美尔盖，大论东赞于高尔地"写定法律条文，但从内容上看是吐蕃王朝制定，并在藏区实施的基本法律。

(1)《狩猎伤人赔偿律》

《三律》中《狩猎伤人赔偿律》是关于狩猎致人死亡、伤残的处罚规定。行为人在狩猎中因过失致人死亡，不必以命相抵，可以赔偿一定数额的金钱，这种金钱名曰"命价"。行为人如赔偿了足够数额的金钱，可以免除追究刑事责任。命价的高低，通常依被害人的身份、地位而确定。分为九等 22 级。命价最高的为 10000 两银，最低的为 50 两银。

1）大论、大囊论、赞普舅氏任平章政事之职者和大论助理四种大尚论（包括他们的父、祖）命价相同，为最高等级。

①若互相之间因狩猎被射中，或被瑜石告身以下、颇罗弥告身（包括相同命价者）以上之人射中致死，不必以命相抵，由肇事者偿（银）10000 两；致伤，则偿银 5000 两。

②若被银告身以下铜告身（包括命价相同者）以上之人射中致死，将伤人者杀死，绝嗣，并没收全部奴户、库物、牲畜归被害人所有。

③若被大藏以下、平民百姓以上之人射中，无论伤亡与否，将肇事者及其子孙一并杀死，并没收其全部奴户、库物和牲畜。

2）瑜石告身尚论本人及祖、父，大尚论之子侄、叔伯、兄弟、继母、儿媳、妾媵、未婚之妹等命价相同，为第二等。

①若彼此之间因狩猎被射，或被颇罗弥告身（包括相同命价者）以上之人射中致死，不必以命相抵，由肇事者赔偿命价 6000 两；伤而未死，则赔偿 3000 两。

②若被银告身以下，红铜告身以上之人射中致死，将肇事者处死，并没收其奴户、库物、牲畜的一半；受伤，则赔偿3000两。

③若被大藏以下、平民百姓以上之人射死，将肇事者及其子孙处死，并没收其所有奴户、库物、牲畜、妻室；未死，则将肇事者射死。

3）金告身尚论及祖、父，瑜石告身尚论之子侄、叔伯兄弟、继母、儿媳、妾媵、未婚之妹命价相同，为第三等。

①彼此因狩猎射中，或者被铜告身（包括命价相同者）以上之人因狩猎射中致死，由肇事者赔偿命价5000两银；受伤则赔偿2500两银。

②若被大藏以下，平民百姓以上之人因狩猎而射死，将肇事人处死。

4）颇罗弥告身尚论本人及祖、父，金字告身之子侄、叔伯兄弟、继母、儿媳、妾媵、未婚之妹等命价相同，为第四等。

①彼此因狩猎中箭，或被大尚论（包括相同命价者）以下铜告身以上之人射中致死，由肇事者赔偿4000两；射伤则赔偿1000两。

②若被大藏以下平民以上之人射中致死，将肇事者处死，赶走其子女、妻室，没收其奴户、库物和牲畜。

5）银告身尚论本人及祖、父，颇罗弥告身尚论之子侄、叔伯兄弟、继母、儿媳、妾媵、未婚之妹等命价相同，为第五等。

①彼此因狩猎射中，或被大尚论及命价相同者以下红铜告身（包括命价相同者）以上之人狩猎射中死亡，由肇事者赔命价3000两；受伤则赔1500两。

②若被大藏以下、平民百姓以上之人射死，将肇事者处死，并没收其全部库物以及二分之一的奴户和牲畜；如受伤，免死，则没收其二分之一的奴户和牲畜。

6）黄铜告身尚论及其祖、父，银告身之子侄、叔伯兄弟、继母，儿媳、妾陵、未婚之妹等命价相同，为第六等。

①彼此因狩猎射死，或大尚论（包括命价相同者）以下红铜告身（包括命价相同者）以上之人射死，由肇事者赔2000两；伤则偿1000两。

②若被大藏以下、平民百姓以上之人射死，将肇事者处死，并没收其全部库物以及二分之一的奴户和牲畜；如受伤，免死，则没收其二分之一的奴户和牲畜。

7）红铜告身尚论本人及祖、父，黄铜告身尚论之子侄、叔伯兄弟、继母、儿媳、妾媵，未婚之妹等命价相同，为第七等。

①若彼此射死，或被大尚论以下黄铜黄告（包括命价相同者）以上之人射死，由肇事者赔偿命价1000两；受伤则偿500两。

②若被大藏以下、平民百姓以上之人射死，将肇事者处死，并没收其二分之一的奴户、库物和牲畜；如被害人未死，则没收肇事者二分之一的奴户、库物和牲畜。

8）大藏本人和红铜告身者之子侄、叔伯兄弟、继母、儿媳、妾媵、未婚之妹及王室民户之一切武士、尚论和百姓的耕奴，岸本之助手等命价相同，为第八等。

①被大尚论（包括命价相同者）以下，红铜告身（包括命价相同者）以上之人射死，由肇事者赔命价300两；伤则赔150两。

②若彼此射死，由肇事者赔偿命价150两；伤则赔偿医药，食品银30两。

③若被一切庸、蛮貊之人或因徒等射死，由肇事者赔偿命价150两；伤则赔偿医药、食品银30两。

9）王室民户一切庸、尚论和百姓之耕奴、蛮貊、囚徒诸人命价相同，为最低等。

①被尚论黄铜告身（包括命价相同者）以下之人射死，由肇事者赔偿命价200两银；伤则赔100两。

②被大藏以下一切武上（包括命价相同之人）射死，由肇事者赔偿命价100两银；伤则赔偿20两。

③彼此因狩猎而中箭着身亡，由肇事者赔偿命价银50两；伤则赔偿10两。

（2）关于遭牦牛侵害救援与否的奖惩规定

当时吐蕃社会的经济虽然已由狩猎和畜牧进入农牧业并举时期，但是，传统的畜牧和狩猎的生产方式仍然占相当重要的地位。牦牛在吐蕃社会既是重要的生活资料，更是重要的生产工具。在当时，由驯化不久、野性很大的牦牛引发的伤人事件时有发生。为了维护社会秩序，保障人们的生命财产安全，律令要求人们互相救援，否则，就要承担法律上的一定义务。

1）大论等四种尚论之祖父、父、祖母、母、子侄、叔伯兄弟、继母、儿媳、妾媵、未婚之妹，遭牦牛侵害（指陷于牦牛身下，以下均同），赔偿相同。

①以上命价相同者中一人遭牦牛侵害，若近旁有人视而不见听而不救，以致受害人死亡，对见死不救者罚银 500 两。

②若因未救而致伤，对未救者罚银 250 两。

③若极力相救，被救者应以女儿赏给救人者，无女则给妹，无妹则给银 200 两以示酬谢。

2）大尚论四种人（包括命价相同者）以下，有颇罗弥告身者（包括命价相同者）以上之人，遭牦牛侵害，银告身者以下，铜告身者以上诸人见死不救以致受害人死亡，对不救者罚银 500 两，并罚挂狐皮（羞辱刑的初始形态）。若因未救而受伤，则对不救者罚挂狐皮。若从牦牛身下救人，被救者当以女儿或妹妹许嫁为酬谢，也可赠银 150 两。

3）银告身者以下、红铜告身者以上之尚论本人与其祖父、父、祖母、母、子侄、叔伯兄弟、继母、媳、妾媵、未婚之妹诸人命价相同。

①若其中某人被牦牛侵害，另一人在旁见而不救，以致被侵害人死亡，对见死不救者罚银 300 两。

②若见死不救，受害人伤而未死，罚不救者银 150 两。

③若见义勇为、奋勇救人，被救者要将自己的女儿以礼相酬。无女以妹酬之。无女无妹或酬而不受，则须赠银 100 两。

4）红铜告身（包括相同命价者）以上之人遭牦牛侵害，大藏以下、平民百姓以上之人不予援救，以致被侵害人死亡，对见死不救者的惩罚是先挂狐皮，后处死刑。

5）大藏以下、平民以上之人遭牦牛侵害，而红铜告身者以下之人在近旁见而不救，以致受害人死亡，对见死不救者罚银 100 两，伤则罚银 50 两。若从牦牛之下将人救出，被救者得以其女或妹酬之，无妹或酬而不受者赠银 20 两。

6）大藏以下，平民以上之人遭牦牛侵害，歹徒见而不救，则处以下列惩罚：挂狐皮并给死者以库物、牲畜；将见死不救之人同其未成年之子一起赶出家门。受侵害人未死，则对不救者罚挂狐皮，并给幸免者马一匹。如从牦牛下救人，被救者当以女或妹酬之，或给银 15 两。

7）遭牦牛侵害，良民不救而致死，对不救者的惩罚是：挂狐皮，给死者马一匹，若伤而未死，则由不救者赠一匹马给幸免者。若奋勇救人，被救者应以其女或妹赏给救人者，或者赠银10两。

(3)《纵犬伤人赔偿律》

《纵犬伤人赔偿律》中规定了如下内容：

1）男子纵犬咬人致伤，罚骏马两匹并赔偿相应医药费；女子纵犬咬人致伤，罚母马一匹，并赔偿医药费。

2）尚论颇罗弥告身（包括相同命价者）以上之人，被银告身以下、铜告身（包括相同命价者）以上之人纵犬咬死，或因纵犬惊骇，从所骑牦牛身上坠地身亡，除将纵犬者处死外，还分别情况给予相应的处罚：

①如果纵犬者系男子，则赶走其妻女，没收全部财物、牲畜。

②如系未另立门户之男子，则将其父子共有之财产、牲畜中分家后属于该人之部分，判给被侵害人一方，归其所有。

③如系已婚妇女，则将其娘家带来的陪嫁物赔与死者一方。

④如系未婚女子，则将其全部佣奴、牲畜赔与死者一方。

3）纵犬咬尚论，受伤未死，或因受惊从牦牛身上坠地，受伤未死，将纵犬者驱逐出境，没收其四分之一的财物、牲畜归受伤者；纵犬者若为妇女，则将其驱出家室，没收其财物、牲畜的一半归受伤人。

4）尚论颇罗弥告身（包括相同命价者）以上之人被大藏以下、平民以上之人纵犬咬死，或因受惊从所骑牦牛身上坠地而死，纵犬者要为尚论处理后事，并将纵犬者全家成年以上男子杀绝，成年以上女子驱逐，没收其全部财产、牲畜归死者一方。

(4)《盗窃追赔律》

1）对合伙盗窃犯的惩罚。

若盗窃价值4两黄金以下3两黄金以上的实物，将为首犯处死，伙者驱之近郊，从犯则分别赔偿。若一人盗窃价值2两7雪（重量单位，相当于"钱"）2南姆（重量单位，相当于"厘"）黄金以下2两以上之实物，要处死。如两人合谋，则分别赔偿。若偷盗价值1两7雪2南姆黄金以下、1南姆以上实物，将赃物全部退还物主。

2）对凿壁、越墙潜入人家盗窃未遂犯罪的处罚。

盗窃王后、王妃、夫人、小姐、女主人以及尚论以下、百姓以上诸人价值2两黄金以上的盗贼，在住房等处行窃未遂被拐，为首者流放远方（流刑），其余人员按偷盗 2 两黄金财物之罪惩治；若潜入价值 2 两黄金以下之地行窃被捉，按偷盗半两黄金之罪惩治。

3) 对盗窃青稞犯的处罚规定。

将盗窃粮食之克数、升数折成黄金之两数、钱（藏语称"雪"——重量单位）数，依盗窃财物之法等同论处。

4) 对在非军事地区行窃犯罪的处罚。

以小两计，折成马匹，按盗窃马匹头数计之。该处死的处死，该驱逐的驱逐，该赔偿的赔偿。

5) 对盗窃佛像犯罪的处罚。

按佛像价值折成黄金两数、钱数计之，与潜入人家行窃惩治之法相同。

6) 对盗窃百姓以上财物犯罪的处罚。

对行窃者戴上颈枷，刑官于其上盖印加封，责以大板，罚劳役修城堡一个月。劳役未满死去，由其长兄（或长子）戴上颈枷代服劳役一个月。

4. 敦煌地方政权和主政人物的民族政策与举措，也是敦煌民族法制的重要组成部分

【人物 1】敦煌太守仓慈

仓慈字孝仁，是三国时淮南（今安徽寿县）人。起初只是淮南郡中的一个小吏，曹丕建立魏朝（220 年）仓慈调任长安令，因为治理有方，严于吏治，十分清约，受到了官吏和百姓的敬爱。

魏明帝太和年间（227—233 年）仓慈升迁为敦煌太守。敦煌是曹魏最西部的一个郡，也是通往西域的重要门户。由于东汉后期羌族起义频繁，加上地方豪强割据一方，东汉朝廷无力对敦煌进行有效统治，竟 20 多年没任命过一位太守，这里遂成为当地大族豪强的地盘，"大姓雄张，遂以为俗"。这些大姓包括张、曹、索、汜、令狐等。

仓慈到任之后，首先是打击大姓豪强，抚恤贫困百姓，得到了民众的支持和拥护。当时，这些豪强霸占了大量良田，而百姓却无立锥之地。仓慈实行了按地出赋的办法，规定多占田地的人多出赋税，少占田地的则少出。用这样合理的解决办法，使豪强们不敢多占田地，势力有所削减，老百姓的日子就好过多了。

其次是以严刑峻法对不法之徒进行严厉打击。过去，敦煌豪强专横无所不为却无人问罪。仓慈到任后，亲自断案，依法秉公量刑，这样一

来社会秩序得到了稳定，一年之中，犯罪的不满 10 人。

仓慈还鼓励通商，致力发展经济。敦煌地处东西交通的咽喉，往来贸易的行动较多，但过去西域胡商来敦煌或中原贸易，多被本地豪强们巧取豪夺，欺诈侮辱，使胡商产生怨恨。仓慈对西域胡商进行保护，有通过敦煌东去京都洛阳的，就发给他们通行证；想要在本地贸易的，则由官方拿出货物，和他们平等交易；有西归的，则派兵民送他们上路。这些措施深受胡商们的欢迎，使大家互惠互利。而且允许和鼓励"胡女嫁汉，汉女嫁胡，两家为亲"，仓慈因此受到了人们的爱戴。几年之后，仓慈在敦煌任上去世。本地的官吏和百姓十分悲痛，为他绘画遗像，进行纪念。西域各地听到他去世的消息后，好多人聚集于高昌的戊己校尉举行集会，表示深切的哀悼，而且在西城建立了一座祠堂，进行祭祀。[1]

【人物 2】西凉国主李暠

我国历史上的西凉，曾在敦煌地区建国，开国皇帝叫李暠。

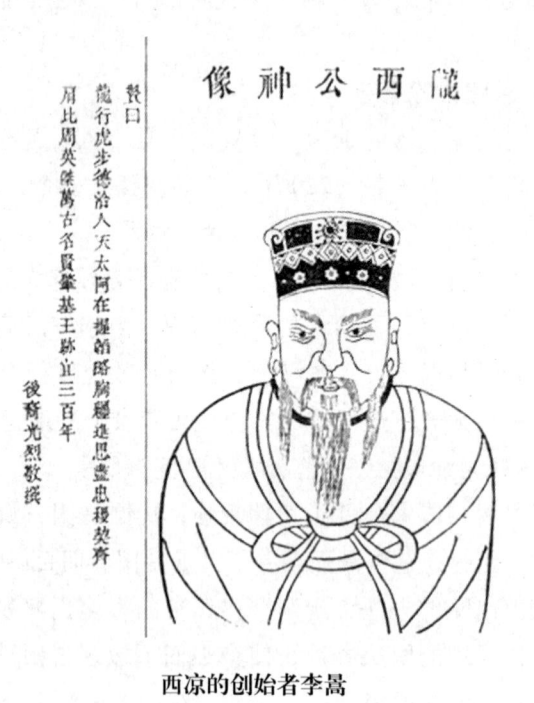

西凉的创始者李暠

---

[1] 参见姜德治《敦煌史话》，甘肃文化出版社 2016 年版。

李暠字玄盛，是陇西狄道（今甘肃临洮）人，是西汉名将李广的后代。他的高祖父、曾祖父在西晋时期都担任过郡守之职。西晋灭亡后，张轨割据河西，建立了前凉政权。李暠的祖父李弇在前凉任武卫将军、安世亭侯。李暠从小好学，"通涉经史"，文学功底很好。长大后又练习武艺，"颂孙吴兵法"，是个文武双全、很有抱负的人。

后凉吕光统治末年，段业自称凉州牧，任命孟敏为沙州刺史，李暠被敦煌军政官吏推荐为宁朔将军、敦煌太守。李暠在敦煌发展势力，得到了敦煌士族的拥护，他们共推李暠为大都督、大将军、凉公，公元400年李暠正式建立了西凉国，定都敦煌。李暠建国后东伐凉州，西拓玉门以西，又亲自率领2万骑兵，"略地至建东，鄯善前部王遣使贡其方物"，并在玉门关、阳关屯田。同时，他还修整汉晋时期的东西旧塞，在南山建立了紫亭，使敦煌的防御设施较为完善。对前秦的移民和后凉的流民采取了置郡县的措施，将南方5000户安置在汉玉门县东，置会稽郡；将中州5000户安置在汉广至县境，置江夏郡。

李暠注重兴建水利，发展生产，使人民殷实。庚子五年（404年）又在敦煌子城东北建造了一座泮宫（学校），招收学生500名。公元405年八月，李暠迁都酒泉。417年，李暠病卒酒泉。

敦煌其他执政人物，如张议潮、曹献金、曹元忠等，都十分重视发展生产，处理民族宗教关系，维护了敦煌社会的总体安定。

第二节　宗教法律制度

一　宗教法

宗教法律制度更是敦煌遗书中的一个很值得整理发掘的重要内容。宗教法在世界各国和各大法系中均占有重要地位，西方法律体系的基本概念、制度和价值观都有11—12世纪的宗教仪式、圣礼以及教义、学说方面的渊源，反映着对于死亡、罪、惩罚、宽恕和拯救的态度，以及关于神与人、信仰与理性之间关系的设想。敦煌是佛教圣地，也融合着道教和其他宗教教义，除敦煌石窟艺术中所表现出的佛教思想和戒律外，敦煌遗书还保存着大量经卷。比如保存有106件道佛精神结合的《本际经》，反映出它在敦煌的大宗流行。此经本为《灵宝经》所出，其思想核

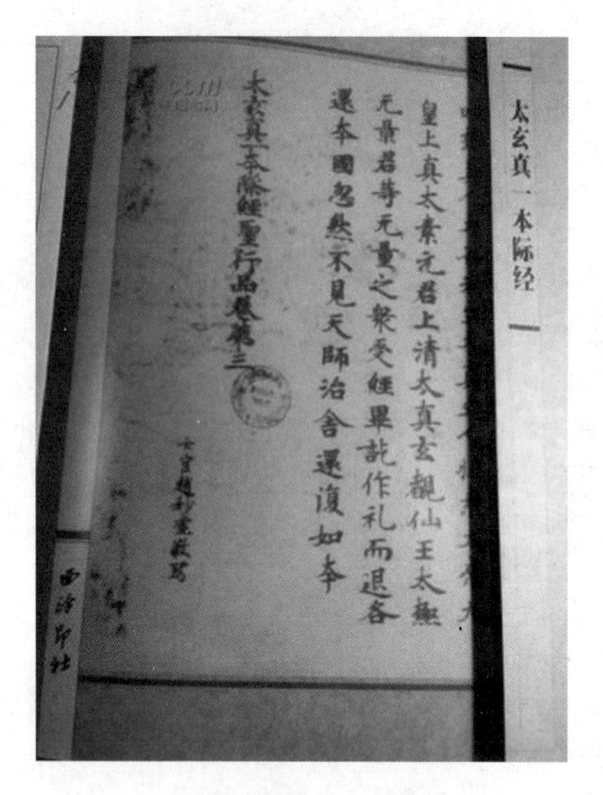

敦煌写经太玄真一《本际经》

心是中道"真空"说,"非有非无"、"不生不灭"的"真实空"是道性的真性。《本际经》论道性是众生性,提倡修心正观的修养,通过初发道义之想—妙心—伏行心—无欲—中道正观的修习次第,求得生死的平等解脱,从而在吸收佛教般若学和魏晋玄学的基础上,大大提高了道教的理论思维水平。P. 2393 号《本际经》卷二《付嘱品》记"十行法",其第五为:"五能出家,常行柔弱,随时告乞,以供身命,永断有为,离诸桎梏。"反映出当时敦煌已有出家道士且是出家弟子与出家女宫道士及在家女宫道士并存。是道教西传对佛教东传的一种回应。《本际经》的"道性众生性,皆与自然同"以及平等解脱、"自本自根"等教义以及修心正观、出家明师、勤行斋戒的修行之道,法位受戒之道规等,均对我国古代法律思想的丰富与现实宗教法律生活产生了影响。到了德宗建中初年,敦煌道教已发展到鼎盛期,并深入民间,家庭、宅第、仙宇、云宫,巷人清信男女之中,都有道教斋会,家中设斋,道教礼仪融入官府礼仪,说明宗教法已经与世俗法合流。

二 宗教在隋唐的发展

佛教在隋唐时完成了中国化并走向鼎盛。南北朝时，佛教已涌现众多不同的师说，但还不具备形成本土宗派的条件，到隋唐时期，开始结成中国佛教宗派，第一个宗派就是隋吉藏所创的三论宗。其后影响较大的有天台宗、法相宗、华严宗、禅宗、律宗、密宗（真言宗）、净土宗。这些宗派继续探讨佛性问题，将人的心、性、情与宇宙观连在一起，提出了一些重要哲学范畴，为宋代理学家所继承。到唐后期，主张不立文字、顿悟成佛的禅宗，成为广为流传的派别。此外，以念佛作为修行方式的净土宗在下层社会有很大影响。随着隋唐文化的高度繁荣，佛教传播中心从印度转到中国；寺院经济、佛教艺术在社会经济文化中也都占有重要地位。唐武宗会昌五年（845年），为打压过分扩张的寺院经济，曾下令拆毁寺院、没收寺产良田、迫令僧尼还俗、释放寺院奴婢，是为唐朝历史上著名的"会昌废佛"运动。

道教发展到唐前期达到极盛。唐朝皇帝宣传道教教主李耳是李唐皇室远祖，因此尊崇道教。唐高祖时确定道先、儒次、佛末的次序；太宗重申道先佛后；高宗追号老子为玄元皇帝；玄宗注释《道德经》，亲受道士符箓，道教发展到最高峰。唐代道教以"上清派"影响最大。该派传授符箓和辟谷等方术，也汲取禅法，主张渐进修仙。此外的丹鼎派讲究以炼丹服药追求长生，唐后期几个皇帝都死于服食丹药。随着唐朝衰亡，失去政权支持的道教也衰落了。

三 敦煌佛教法制

1. 宗教法律制度由国家实施宗教管理的制定法与宗教自治法组成。隋唐是宗教管理法律制度发展的鼎盛时期，宗教立法正式登上历史舞台，因敦煌地区佛教的发达，宗教立法得到充分的重视和发展。隋唐时期出现了宗教立法，我国第一部宗教法是隋《众经法式》，将佛教内部管理制度筛选重组后形成管理佛教的法律规范，完成从内律到国法的重要转变；唐代《僧道格》在此基础上进行修正，不仅内容更加清晰精练，适用范围也扩大到佛教、道教以及其他多种宗教的管理。除专门立法外，一般法律之中也有关于宗教的相关规定，如对宗教信徒的法律地位、权利义务的规定，将其视为特殊的法律主体。敦煌文献中有许多关于佛教寺院组织管理、僧道法律地位和权利义务、寺产和福田管理等宗教法律法规的内容，是研究中古宗教立法及其实效的重要文献来源。

莫高窟第 130 窟　弥勒像

自北魏伊始，宗教管理行政法律制度开始建立并逐渐形成比较完备的体系，主要包括对宗教组织管理、僧道人口管理的度牒制度、对寺观数量和规模的审批管理制度、僧道官制度、寺观田产的取得和使用制度。敦煌文献中的大量内容是宗教行政法律制度。

2. 宗教自治法是宗教组织自身制定或约定俗成的宗教习惯法。敦煌是佛教圣殿，敦煌遗书中的佛教自治法文献更是丰富、系统。大乘菩萨戒和戒场流行于敦煌，可以看到大乘佛教思想的主导地位和国家权力对戒坛和度牒的控制，并从菩萨戒的礼仪化趋向中，看到了对中国士大夫礼仪精神的适应。

汉魏时期，中国流行的佛教以小乘为主，小乘重视渐次修行和善恶因果报应，石窟壁画中多是弘扬佛陀善行苦修的"佛传"，"佛本生"的

佛祖说法。《金刚经》卷首插图，选自在敦煌第 17 窟发现的公元 868 年的木板画

故事。西晋以后，玄学思想帮助般若空宗学说打入中土，大乘学说随之兴旺起来，隋代已出现以《维摩所说经》、《妙法莲花经》、《弥勒成佛经》等为内容的简单经变画，用形象解释艰深的经文。初唐后，各宗盛行，经变画竞相迭起，有了很大发展。佛教注重精勤修养，"持六度而证佛果"，强调现实生活中的宗教实践。佛教把释迦牟尼作为唯一真神并顶礼膜拜，而满足人们脱离苦海、往生西方净土的愿望，并实行一套简便易行的修道方式，即念佛法门，对象是释迦牟尼佛和阿弥陀佛，盼望往生西方净土。佛家讲戒、定、慧，敦煌诸寺很早以来就是戒律与禅定并重，敦煌遗书中所见"禅院""禅窟"多为佛寺中习禅的别院。P.4660号《吴和尚赞》讲："守戒修样""久坐林窟"，即是修道方式的写照。佛教教法表现为"清规戒律"，"清规"原指禅宗寺院的章程与寺规，后来被其他宗派所接收。"戒律"原是释迦牟尼为其弟子制定的道德规范与

行为准则,反映了佛教的基本教义,对教徒具有强大约束力。佛教的清规戒律极多,通常有五戒,即戒杀生、偷盗、邪淫、妄语、饮酒。比丘有二百五十戒,比丘尼有三百四十八戒,表现出禁欲主义的宗教思想。这些佛教戒律也对世俗社会的法律生活产生了重要影响。

3. 同时寺院也有一定的立法权和执法权,可以制定本寺寺规和戒律,可以设置刑堂、监狱,触犯教法的,要受到处罚。如甘南《拉卜楞寺惩罚条例》规定,在拉卜楞寺设立办公堂,审理属民和属部的纠纷案件;凡是俗人与僧人发生争执引发的诉讼,或是诉讼中牵涉僧人,则该案一律按照教法论处,俗人和官府不得过问;凡冒犯僧人、亵渎宗教者要受到严惩,杀害活佛、喇嘛者,等同于犯下十恶重罪,要受到挖目、刖脚、断手、水淹等刑罚;盗窃寺院或喇嘛财产的,处罚也比世俗法律重。寺院财产的来源、使用、管理,各寺院也有详尽的规范,如寺院从事宗教活动的必要费用的来源,拉卜楞寺规定要由所属23个部落和属民轮流资助。寺院每年正月的"毛兰姆法会"、七月大法会以及寺院大小活佛坐床典礼或圆寂超度等各项宗教活动的一切费用都来源于此。

敦煌各寺院也有各寺规和管理制度,与敦煌世俗法并存。

(1) 出家

S.1563 [甲戌年(914年)西汉敦煌神武王准邓传嗣女出家敕]

1) 西汉敦煌国圣文神武王　敕
2) 押衙知随军参谋邓传嗣女自意
3) 敕随军参谋邓传嗣女
4) 自意,姿容顺丽,窈窕柔仪,思慕空
5) 门,如蜂念密。今因
6) 大会斋次,准奏,宜许
7) 出家,可依前件。
8) 甲戌年五月十四日。

此篇敕文,在交代了自意早慕佛门的原因之后,以"今因大会斋次,准奏,宜许出家,可依前件",即通过一次契机来批准自意出家。是一篇允许出家的度牒。

(2) 寺院财政状况

寺院财政管理是寺院管理的重要组成部分，从下列沙州儭司教授福集、法律金光定、法律愿请的状文中，可以看到净土寺应管诸寺僧尼人数，财政收支细目、"官施私施"，财产品种、计量，财务管理机构与人员分工等。而且"一一诣实"，可供监督。

《后唐清泰三年六月沙州儭司教授福集等状》

（西河都他统印） BN. P3859 号

1）儭司教授福集、法律金光定、法律愿请等状。
2）右奉 处分。令执掌大众儭利。从癸巳年六
3）□月一日以后，至丙申年六月一日以前，中间三年，应
4）所有官施私施，疾病死亡，僧尼散施，及车
5）头斋儭，兼前儭回残，所得绫锦，绵绫、绢䌷、褐布、
6）衣物、盘椀、卧具什物等，请诸寺僧首、禅律、老宿
7）等，就净土寺□会。逐年破除兼支给，以应管僧尼
8）一一出唱，具名如左。
9）"巳"年。官赐衣物，唱得布二千三百二十尺阴僧
10）统和尚衣物，唱得布九千三十二尺。贾法律衣物，唱
11）得布三百三十六尺。阴家夫人临圹（圹）衣物，唱得
12）布八百三十尺。"甲午"年。官施衣物，唱得布二千三百二十尺。
13）又一件衣物，唱得布四千八首一十尺。又
14）一件衣物，唱得布五千五百八十尺。龙、张僧正衣物
15）唱得布四千七百七十六尺。普、精进衣物、
16）唱得布二千九百一十八尺。"乙未"年。曹仆射临圹（圹）衣物，
17）唱得布三千五百四十尺。大王临圹衣物，唱得
18）布八千三百二十尺。梁马步临圹衣物，唱得
19）布五百一十尺。国无染衣物，唱得布三千四百十七五尺。
20）普祥能衣物，唱得布二千五百八十尺。
21）天公主花罗裙，唱得布八百尺。王僧统
22）和尚衣物，唱得布六千三百八十二尺。孙法律衣物

23）唱得布二千二百六十六尺。
24）"上件应出唱衣物，计得布五
25）万八千五百二尺。"
26）回残楼机绫三匹。生绢五匹。黄小绫袄子一领。乌玉要（腰）
27）带一。鞓□具玖事。计又得见布八百四尺。"麁㲲"
28）三十匹。细㲲七匹。绢一百二十八尺。绵绫二匹。
29）官施见布四百尺。"麁"㲲一十一匹。大绫二匹。
30）宰相锦袄子价楼机绫二匹。散施绵绫三匹。
31）又绵绫一匹。王僧统袄子价入。细㲲六匹。麁㲲七匹。
32）又麁㲲九匹绢价入。
33）"上件三年共得大小绫七匹。
34）生绢五匹。绵绫五匹。生绢
35）一百二十八尺。麁㲲五十七
36）匹，计一千四百五十二尺。
37）细㲲一十三匹。计三百二十
38）五匹，布一千二百四年
39）尺。已前出唱衣物及见㲲，
40）右都计六万一千四百五十六
41）尺。"
42）"出破数"。楼机绫一匹，计上于阗皇后用。
43）楼机一匹，赎鞍上官家用。大绫一匹，
44）上司空用。又楼机绫一匹，沿大众所用。
45）生绢二匹，大云、永安庆寺事用。又生绢
46）二匹，郎君小娘子会亲人事用。又生绢一
47）匹，贺官鞍价用。生绢一匹，买麁㲲
48）九匹沿大众用。生绢一匹，二月八日尝法师用。
49）生绢一匹，天公主上梁人事用。绢八尺，
50）归文寄信用。绵绫一匹，圣光寺庆钟用。
51）绵绫一匹，开元寺南殿上梁用。绵绫一匹，
52）安国庆寺人事用。绵绫一匹，甘州天公主满月人事用。

53）绵绫一匹，二月八日尝法师用。

54）绵绫一匹，于阗僧鞔衣用。黄绵绫袄子一领，

55）三界净土尝法事用。"麄䌷"一十七匹，天公

56）主满月，及三年中间诸处人事等用。"麄䌷"

57）五十七尺，三年中间诸处人事用。七月十五日

58）尝乐人。二月八日尝法师，禅生衣直，诸寺

59）兰若庆阳等用。"布"二千七百一十尺，三

60）年中间沿僧门，八日法师，七月十五日谈乐。

61）三窟禅僧衣直，布萨庆阳吊孝等用。

62）二百一十尺，申年修开永支布萨法事用。

63）八十尺，尝监榭和尚。一百五十尺，尝支

64）儭大德三人用。九十尺，尝都司三判官等用。

65）二十尺，支大众维那用。四百尺，给□日供主用。

66）二百四十尺，折医路漆椀三枚用。

67）已前件都计破得大小绫四匹。

68）生丝八匹八尺。绵绫六匹，细

69）䌷三百二十五匹。麄䌷一千四

70）二十五尺。布三千九百尺。上

71）件三年间破除外，见存大白绫

72）一匹。楼机绫二匹。布五万五

73）千八百六尺。

74）应管诸寺合儭僧计三百五十六人。

75）沙弥一百六十三人。合全八十一人半。合得

76）儭大戒式叉尼计三百七十九人。尼沙弥计

77）七十一人。合全三十五人半。上件僧尼通

78）计八百五十二人。各个支布六十尺，僧尼沙

79）弥各支布三十尺。

80）准前件见存额，半满二种支

81）付外，余布四千六百八十六尺。

82）右通前件三年中间，沿众诸色出唱，

83）人事、吊孝、尝设、破除及见在，一一诣

84）实。如前谨录状　上。伏请　处分。
85）牒件状　如前谨牒
86）清泰三年六月　日僧司法律愿清牒
87）僧司教授福集
88）僧司法律金光定
（后缺）

（3）寺院经济
《癸酉年（793年）正月三日至二月八日沙州莲台寺诸家散施历》①

莲台寺状上
从癸酉年正月三日起首戒忏，至二月八日已前，中间所有诸家散施斛斗、银器、绢帛、布纸、衣袄、材木等，一一抄数如后：
麦叁拾叁石陆斗
粟贰拾壹石贰斗
面拾硕伍斗五升
米四石壹斗
黄麻叁石柒斗
红蓝柒石叁斗
已前斛斗都计捌拾石肆斗伍升。
油贰斗九升
苏六升半
绢十一疋半
青花罗一疋

---

① 本件出自敦煌莫高窟藏经洞，编号P.2567背。系吐蕃统治敦煌初期，敦煌莲台寺癸酉年正月三日至二月八日共35天内收受众人施舍物的申报单。据S.2729《吐蕃辰年（788年）三月沙州僧尼牌子历》（名籍册）载，该寺常居于寺的僧人仅10名。如此一所小寺，其35天所得散收入已如此丰赡可观，可以看出寺院在当时的社会影响与经济实力。此外，从所载品物花色又可以考见当时敦煌器物名色、衣冠服饰、计量单位等许多问题。实为吐蕃统治初期敦煌社会情状、人民生活、宗教信仰、寺院经济等方面难得的史料。原卷各条未分行列记，今为醒目，特将各条记账分行排列，以便观览。此注引自李正宇《敦煌学导论》。

第五章　敦煌法律文献中的民族宗教法律制度　/　223

绁缬一疋

布五百四十九尺

纸八十二帖半

红花一百二十一斤

银环子四

银一两三钱

十量（两）金花银瓶子一

八量银胡禄带一

银火铁一，又银一钱半

金八薄（箔），又金一钱

银靴带一量

琉璃瓶子一

鍮石瓶子一双

马两疋

三岁黄牛一头

紫袖袄子一领

青绫衫子一

青绢衫子一

紫袖襟裆一

红绢衫子一

绁缬衫子一

朝霞锦缠头一

红绢衫子偏衫一

帛绫半臂一碧绫兰

紫绢伍条袈裟一

禄（绿）绫裆一

绯绫抹肚一

绯绫衫子一

黄绢偏衫一

帛绢衫子一

红绢衫子一

青绫袜（抹）肚
行像紫罗偏衫一
青绢裙一腰
红绫长袖一
麹尘绢兰□罗缚头二顶
绯绢衫子一
青绫袄子一
绣綖衣一
天王半臂一
帛□袄子一
青罗裙一腰
帛绢衫子一
新黄绫襦裆一
黄绢偏衫一
□绫衫子一
新帛绫袄子一
尼绢裙衫一
对紫绢复博（膊）一
红绢衫子一
帛绢衫子二
紫银尼罗被子一
赤黄绫袄子一
紫绫装袄子一
帛绫半臂一　并绫兰
青银泥（尼）罗裙一
帛绫长袜一　并兰□
帛绫袴一
红绢衫子一
赤黄绢衫子一
红罗衫子一
帛绫半臂一兰一

紫绢衫子一

晕绢被子一

青绢襦裆一

古（故）紫绢五条袈裟一

青绫七尺

红罗八尺

皂绫八尺

绁缬五尺

青地缬子八尺

禄（绿）绫六尺

绁缬七尺，又绁缬□尺

红罗六尺

紫绢八尺

紫锦七尺

绁缬二尺，又绁缬八尺，又绁缬八尺

碧绢二丈七尺

细衣衫一领

布偏衫一

红布衫子一

黑布七条袈裟一

麻履一量

十综孝布柒[条]袈裟一

细布衫一领

黑布染条袈裟、复博（膊）、头巾一对

黄布偏衫一

布衫一领

黄布袈装、头巾、复博（膊）、偏衫一对

黄布衫子一

细布衫一领，又细布衫一，又布衫一领

帛（绒）褐衫一领

尼细布裙衫一对

尼黄布偏衫、复博（膊）一对
珍珠廿壹线
玛瑙珠子八十四枚
琥珀二
瑟瑟五
鍮石钗子六十四只
发五百五十二剪，又发一十二两半
大斧子三
弓六张
箭二十一支
器械一副
锵一张
越绿一
帖（贴）银腰带一
鍮石腰带一
铁腰带三
铜腰带二
绣针毡二
铜椀子一
赤铜六斤十两
碁子一副
牙疏（梳）子一
青铜镜二
火□一十五
大瓮两口
黑靴一两
鞍瓦七具
镑一
铁锅子一
胡禄带一
铜匙筋（筯）一副

靴底两量
铜火铁一
铁火铁二
供养铁铃子二
漆婉二
团盘一
花椀五
花叠子一
铜叠子一
木火炉一
三斗油（缸）
白杨木卅条
榆木五根□
椽干一行
石灰两石
炭卅斤
□五十六斤
没苏子三斗

姚秦罗什尊者

四 佛教人物

【人物1】鸠摩罗什

鸠摩罗什（344—413年），后秦僧人，译经家。父鸠摩罗炎出身天竺望族，弃宰相之位周游列国学道，后去龟兹，与龟兹王妹结合生罗什。

罗什7岁随母出家，聪明绝顶，日诵三万六千偈颂，经过不懈的努力，终于在大乘事业上取得非凡的成功。曾有罗汉预言鸠摩罗什在36岁如果没有破戒，他就会成为第二个佛陀。然而鸠摩罗什一生中发生的"破戒"事件有两次，《高僧传》和《出三藏记集》有载。

第一次是在苻坚建元二十年（384年）吕光破龟兹获鸠摩罗什后：

> 光遂破龟兹，杀（白）纯，立纯弟震为主。光既获什，未测其智量，见年齿尚少，乃凡人戏之，强妻以龟兹王女，什拒而不受，辞甚苦到。光曰："道士之操，不逾先父，何可固辞。"乃饮以醇酒，同闭密室。什被逼既至，遂亏其节。

另一次是前秦灭亡后，后秦姚兴迎罗什入长安，拜为国师。罗什主持庞大译场，译出大量佛经，获得极大成就和声望。姚兴视罗什为奇才"圣种"，唯恐断后便强迫罗什接受女人，以"传宗接代"。

> 姚主常谓什曰：大师聪明超悟，天下莫二，若一旦后世，何可使法种无嗣。遂以妓女十人逼令受之。自尔以来，不住僧坊，别立廨舍，供给丰盈。每至讲说，常自先说譬喻：如臭泥中生莲花，但采莲花，勿取臭泥也。

鸠摩罗什对自己的"破戒"非常悔恨，特别是在姚兴"以妓女十人逼令受之"后，负罪之心尤为深重。他在对弟子和信徒讲经说法时，用"臭泥""囊秽"比照自己，而将经义、佛法喻为莲花、真金。这种比照表现了鸠摩罗什的自责、自悔，以此告诫众徒以及将自己的过失与佛教事业严格分开的坦诚襟怀。

终其一生鸠摩罗什十分强调和呼吁僧众持戒，其所译的经典中，《十诵律》《十诵比丘戒本》《坐禅三昧经》《禅法要解》《梵网经》等重要经典成为中原佛教长期遵守的戒律经典，《十分律》是中国佛教流传年代最长、范围最广的律典。鸠摩罗什倾力翻译这些律典，即是对佛教法门的维护、对自己"破戒"的忏悔，也是心灵创伤的自我抚慰。临终前曾嘱其弟子应以其著译而不以其生活行事为准绳。这是一位一度"破戒"而后坚守戒律的高僧。

白马塔

法显

前秦建元十八年（382年）苻坚遣吕光攻伐焉耆，继灭龟兹，劫罗什至凉州。三年后姚苌杀苻坚，灭前秦，吕光遂割据凉州，自立为凉主，罗什随昌光滞留凉州达十六七年。

据说当年鸠摩罗什跟着吕光的部队从西域进入敦煌时,罗什夜梦他所乘白马托梦说,白马本是上界天骝龙驹,受佛主之命,特送他东行。现已进阳关大道,马将超脱生死之地,到敦煌境内将另有乘骑。次日醒来,果然白马已死去。鸠摩罗什百感交集,于是就停在敦煌讲经说法,筹集了资金,当地佛教信徒遂葬白马于城下,修塔以纪念,取名"白马塔"。这座历经了一千多年风雨的白塔历经整修,如玉色的塔身在金黄色鸣沙山的映衬下显得很是绚丽庄重。①

【人物2】法显

法显,东晋名僧,俗姓龚,平阳武阳(今山西襄垣)人。暮年在荆州新寺,约卒于418—423年。法显20岁受大戒,对佛教信仰之心更加坚贞,行为更加严谨,时有"志行明敏,仪轨整肃"之称誉。

到了东晋,佛教传入中国已经约有300年的历史,这一阶段僧尼人数日增,僧伽已经形成,寺院管理问题日益严重。50余年的出家研修,法显深切地感到,佛经的翻译赶不上佛教大发展的需要。特别是由于戒律经典缺乏,使广大佛教徒无法可循,以致上层僧侣穷奢极欲,无恶不作。为了维护佛教"真理",矫正时弊,年近六旬的法显毅然决定西赴天竺(古代印度),寻求戒律。东晋安帝隆安三年(399年)法显从长安出发西行。与他同行的还有慧景、道整、慧应、慧嵬4人。到张掖又加入了智严、慧简、僧绍、宝云、僧景5人,共10人同行,经过敦煌,到于阗又遇慧达,共11人。最后东归晋土者仅法显1人。

约于400年夏,法显一行到达敦煌,此时太守是李暠。李暠是个有文才武略的人,也是一位佛教的热心支持者。他非常支持法显西行,给他们提供了很多物质上的准备和精神上的鼓舞。法显写道:"夏坐讫,复进到敦煌。有塞,东西可八十里,南北四十里。共停一月余日。敦煌太守李暠供给度沙河。"李正宇先生认为,这是关于敦煌塞城的最早记录。

沙河是指敦煌西至鄯善国间的沙漠地带。法显又记录了过沙河时的艰难:"沙河中有恶鬼、热风,遇则皆死,无一全者。上无飞鸟,下无走兽。遍望极目,欲求度处,则莫知所拟,唯以死人枯骨为标识耳。"到了西域,又过葱岭,由中亚入北、中天竺。学梵书梵语,得《摩诃僧祇律》

---

① 引自姜德治《敦煌史话》,下同。

《大般泥洹经》等经典。又乘船渡孟加拉湾，至狮子国（今斯里兰卡）求得《弥沙塞律》等经，遂横渡印度洋，过耶婆提（今苏门答腊）绕行南洋归国。途遇风暴，漂抵山东半岛，于东晋安帝义熙八年（412年）在崂山登陆，次年抵达建康（今江苏南京）。前后计有15年之久。

法显在建康住道场寺，与天竺禅师佛驮跋陀罗合作，译出佛经6部63卷，计百万余言。又将亲历见闻写成《佛国记》（又名《法显传》）。此书为研究古代中亚、南亚和中南亚广大地域的历史、地理、交通、物产、风俗宗教、文化提供了重要资料。在中外文化交流史和佛教史上占有重要地位。姜亮夫先生认为："法显坐船回国，被漂到美洲，到了墨西哥，所以是中国法显第一次发现美洲，并不是哥伦布。他发现美洲之后，一看不是中国，就坐船回来了。"（姜亮夫《敦煌学概论》第31页）此外，印度本身的历史资料匮乏，法显的记述实际上成为研究5世纪之前印度历史的最为可信的材料。因而《佛国记》的价值早已经超越了国界，具有世界性的价值和意义。更有学者曾言："如果没有法显、玄奘和马欢的著作，重建印度历史是不可能的。"

【人物3】竺法护

竺法护，原名竺摩罗刹，是"世居敦煌"的月氏人。他原本姓支，故又称支法护、支昙摩罗刹。竺法护8岁就在敦煌出家，拜外国沙门竺高座为师。西晋以前，佛门弟子多随师姓，所以他又叫竺法护、竺昙摩罗刹。竺法护去世后，世人为了赞美他的德行和威望，称其为敦煌菩萨。

竺法护从小天资聪颖，操行精苦，笃志好学。所以他不但在儒学上有很深的造诣，精通六经，还博涉诸子百家之言。可是他对世间毁誉、个人荣誉从不放在心上。为了更好地学习佛学，晋武帝时，他到当时的文化中心长安和洛阳去求学。在那里，法护看到中原崇尚佛教的风气很盛，但只重视寺庙和图像，不重视大乘佛教经典的传译，对高深的佛教义理更是知之甚少。对这种情形，他深感不满和痛心。他知道深邃的大乘佛教经典远在西域，所以他立志要到西域各国游学求法。

于是，他"随师至西域"，游学诸国，学会了西域36国的语言文字，而且还将这些国家的经典图书通读阅览、收集到手。大约在晋武帝太康四年至五年（283—284年）间，竺法护携带大量梵文佛经典籍回到敦煌，

第五章　敦煌法律文献中的民族宗教法律制度 / 233

吴洪辩像

并在敦煌翻译了《修行道地经》。在敦煌停留了不到两年，他又东行到长安、洛阳，"沿路传译"，在弟子们的帮助下先后翻译出了大量的佛经典籍。

有文献记载：

元康元年四月九日敦煌菩萨支法护，手执胡经，口出《首楞严三昧》，聂承远笔受。(《首楞严三昧经》后记)

元康七年十一月二十一日，沙门法护在长安西寺中出《渐备经》，手执梵本，译为晋言。(《渐备经十传梵名并书叙》)

竺法护后来在长安建立了一所寺院，"德化遐步，声盖四远，僧徒数千"。晋惠帝时期，西晋统治集团内部为争夺皇权爆发了"八王之乱"。关中大乱，竺法护遂率弟子东移渑池，不幸病逝，年78岁。

竺法护一生译经，"孜孜所务，惟以宏通为业，终身写译，劳不告倦。经法所以广流中华者，护之力也"。的确，他为西域佛教教义在中国的初传做了重大贡献，是我国古代一位杰出的翻译大师。他所译佛经不仅在佛学界具有长久的生命力，而且对后世中国佛学的发展也产生了深远的影响。法护先后译经150余部、300余卷，所译法经有般若经类、大乘经律类等，几乎涵盖了当时西域流行的主要佛经典籍。而且在译经过程中积聚、培育、造就了一大批译经人才，如法首、聂承远、安文惠、法度等。

竺法护治学严谨，"事事周密"，翻译经卷忠实于原著，"言准天竺，事不加饰"；翻译作品朴实无华，深受欢迎。

五　敦煌石窟艺术中反映出的宗教法律思想与制度

第一，敦煌石窟艺术中相当一部分直接、间接地反映现实社会的生产、生活、历史、风俗以及宗教教义、教规、戒律，形成世俗与宗教两套规范体系，凸显敦煌法制的宗教性特征。宗教法特别是佛教法是中央王朝和地方政权关于对待佛教的态度、政策、立法与佛教教义、教规、戒律、习惯法的结合，形成综合规制各教派、寺院、僧尼行为的完整体系，并付诸实践，产生实际效果。就此观察，敦煌宗教法制很有典型意义。

佛教教义、戒律、寺规、习惯法是敦煌宗教自治法的基本形式渊源。它不像我国古代藏区宗教法那样严酷，影响范围也仅限于佛界僧众，但由于敦煌佛教寺院多、僧尼众，加之执行、监督程序严格，使得宗教法成为敦煌法制的重要组成部分，形成僧、俗二元体制。

第二，敦煌宗教法制又与世俗社会有着联系。如第 321 窟《宝雨经变》是根据初唐武则天时期一部戒律典籍《宝雨经》绘制的，实际是为武则天登基称帝的需要，把武则天描绘成现女身的日月光天子。再如作于唐懿宗咸通六年（865 年）的张议潮夫妇出行图，对归义军的历史、体制、官职、人物关系和官民生活，都有真切描绘。而莫高窟第 148 窟、360 窟、85 窟等所描绘的新婚嫁娶场面，更是极其生动形象地表现了我国古代的婚姻家庭制度。其他有关农事耕作、狩猎、交通、建筑、贸易、商业活动、民族交往、宗教仪式、歌舞百戏、体育、服饰等，以及大量的佛教故事、供养人画像、题记、碑铭等，均反映出我国古代丰富多彩的民间社会生活以及习俗、风情，表达着芸芸众生的劳苦心态与愿望，也表现着生动、形象的法律过程。如《耕获图》和《弥勒变》中，既有农民交粮、堆粮的场面，也有管事收账计筹的场面，更有城主高坐宫内，官员雁列两旁，殿下除有交粮者外，还有一人裸身跪伏于地，一卒执鞭挞笞的场面，活生生地表现了逼租的历史画面。

第三，敦煌佛教文化、法律文化的哲理性。敦煌石窟艺术的主体是丰富多彩的两千余身彩塑，其主要题材有佛、菩萨、弟子、天王、力士等。他们占据了洞窟的主要位置，并在其周围以绚丽多彩的壁画相衬托，营造出健美、庄重、肃穆、神圣的宗教氛围和不懈的内在精神追求。其中佛像是佛教艺术最主要的崇拜偶像，有释迦牟尼佛、弥勒佛、阿弥陀佛、三世佛等，还有与佛教故事有关的形象，如表现释迦牟尼在树林中苦修的形象、传布教义的说法像和在菩提树下的降魔像等。这些彩塑的发展演变过程，大体可分为早、中、晚三个时期。早期包括北魏、西魏、北周；中期包括隋唐两代；晚期包括五代、宋、西夏、元朝。早期塑像表现出外来佛教传入我国后，逐渐被华夏文化所改造、溶化。中期隋唐的塑像多是与人等高的群像，一般七身一铺，形成完备的整体。其中佛是最高统治者，是石窟的主尊，其次是沉静安谧的菩萨，深睿智慧的弟子，威严无敌的天王、力士以及温厚虔诚的供养菩萨等，他们都是按其职位等级有次序的安置在形同殿堂的龛坊上，反映出佛教教阶式内部结构。唐代敦煌彩塑中还有少数高僧肖像，如第 17 窟中的洪辩像。其神情端方持重、坚毅深沉，反映出唐代僧侣很高的社会地位。晚期晚唐、五代至宋初，莫高窟石窟艺术逐渐衰颜，彩塑神情呆板，缺乏个性，已难与隋唐相比。

敦煌石窟塑像和壁面中，还有六七千身飞天。飞天始于十六国，跨越十几个朝代，历时近千年。飞天虽是外来艺术，却在中国土地上融合创造出自由、优美的形象和神幻、空灵的意想世界。展现出中华民族崇高的审美理想与永恒的艺术生命力。

人们往往过多地着眼于敦煌石窟的艺术创造力，而较少深讨其生命活力与文化价值。实际上，敦煌石窟佛像彩塑才是敦煌的真正灵魂所在并蕴含着具有哲理性的宗教精神文化之源。托·亨·赫胥黎在《进化论与伦理学》一书中认为，"清静无为"是佛教哲学的顶点。佛教教义是"绝欲和行善"既对己要"绝欲"，对人要"行善"，从而实现作者所谓人类伦理过程中的"自我约束"。由此，佛教强调苦修和戒律就是必然的了。

第六章

敦煌法律文献中的诉讼法律制度

敦煌诉讼法制文书是指敦煌发现的有关民商事争讼、刑事科罪量刑、行政管理、兵事、寺院、邮驿等方面的法制文献资料，包含内容非常丰富，涉及刑事犯罪、契约纠纷、工商贸易、分家析产、田宅、婚姻、遗产继承、侵权伤害、军旅等民间社会经济生活的各个方面。特别是敦煌遗书保存了许多很有价值的案例、判集、官府文书等，丰富了我国法制史上较薄弱的诉讼资料的积存，对认识我国特别是敦煌地区司法官职的设置与职权分工、诉讼审级、诉讼当事人、案由、调查取证、审判过程、适用法律、判词判决与执行等审判程序、制度及审判原则等，提供了第一手材料。

从诉讼法制文书的年代来看，以唐五代时期最为集中，这些法制文书忠实地再现了中古时期西部地区的官府司法及民间百姓运用法律处理民间纠纷的状况，为我们研究西部地区的法律文化传统乃至唐代的法制具体实施情况，提供了非常珍贵的原始资料。以这些诉讼法制文书的具体内容为标准，可将敦煌和吐鲁番两地出土的诉讼法制文书分为两大类，一是拟判案例，二是真实判例。所谓拟判案例，是指案例所反映的情况并未真实发生，而是国家运用虚构的方法，通过虚构案例来揭示封建法制所遵循的办案原则，揭示立法者的立法目的及意图。所谓真实案例，是指案件涉及的内容是当时社会法律生活中实实在在发生的纠纷，是官府司法审判的真实记录。

第一节　敦煌法律文献中反映出的我国古代司法机构和司法人员

我国古代司法审判机构一般依附于行政机构，县官、州官、府官、巡按、节度使，直到中央政府甚至皇帝都享有司法审判权，可以过问或直接审理案件。但是，从中央到地方，也有专职的司法审判机关和司法审判人员。从敦煌法律文献中可以看出，唐代中央和地方政府主要有以下一些司法审判机构和人员。

一　中央司法审判机关

中国古代中央司法审判机关至隋唐时代已经定型，后世改动不多。主要有大理寺、刑部、御史台三个部门。

1. 大理寺

古代政府各个机关的名称通称为"寺"，大理寺是古代负责审判全国重大案件的司法机关，相当于今天的最高法院，主要审判的是贵族、官员的案件。大理寺最早出现在北齐时期，执掌全国司法，此后历代沿用。大理寺设大理寺卿一人，是全国最高司法官员，主管全部事务；设有正副两名少卿，管理大理寺的日常事务；少卿之下，还设有寺丞、评事、经承等官，负责具体的审讯、断案工作。明朝以前，大理寺的主要职责是负责审理、判决京师和全国的疑狱重案；明清两代，大理寺变为审查和复核重大案件的机关。大理寺有自己的监狱，民间称之为"天牢"，是关押由大理寺负责审判案件的犯罪人。大理寺的建立增强了中央司法机关的审判能力，是历朝历代最重要的司法机构。

2. 刑部

刑部是全国最高司法行政兼审判复核机关。隋初，隋文帝在中央设立刑部，掌管国家的法律、刑狱、司法政令等事，与全国最高司法审判机关大理寺并列，历代相沿不改。但是，元代只设立了刑部，取消了大理寺。明清两代，将刑部改为中央审判机关，而大理寺为复核和审查机关。明清时期，刑部的具体职责是：审定各种法律，复核各地上报的刑事案件，会同其他机关共同审理死刑案件，直接审理京城的案件。刑部长官为刑部尚书,副长官为侍郎。刑部按照不同省份设立十三个"清吏司",负责各省上报的案件的复审及各省文书收发和日常政务。清末,将刑部改称法部,刑部之称遂撤。

3. 御史台

御史台是古代设立的专门负责监督百官、弹劾不合格官员、审判官员犯罪案件的最高监察机构。西汉称御史府,东汉初改称御史台,又称为兰台寺、南台、司宪,隋唐以后称为御史台,明朝改为都察院,御史台之名逐渐废弃不用。唐代的御史台,分为台院(纠弹中央百官)、殿院(纠弹百官失礼行为)、察院(纠察州县)。

二 地方政权司法审判机构与人员

地方司法审判第一审级是县,第二审级是州、府。县可以自行审处笞杖等轻罪案件,但对徒刑以上案件则只有初审权而无终审权,须在进行预审后移送第二审级的州府复审,州府再视案件轻重自行批结或再解送于中央。隋唐这一审级管辖制度加强了中央对地方的控制,使地方司法审判机关不再掌握生杀予夺大权,而是必须接受上级乃至中央审判机关的严格管理与监督。而且御史台也可以派监察御史巡按州县刑事、民事案件,上级审判机关也可以巡查下级审判机关判处的案件,州府还可以将自己直接管辖的案件批交给县上审理。

敦煌法律文献中出现了许多上至中央、下至地方乡里的司法审判和基层小官的职称,如宰相(统揽最高政务的行政长官)、御史大夫(御史台长官)、扩逃御史(收容逃亡人员的御史官)、尚书(协助皇帝处理政事之官)、司徒(为皇朝六卿之一、掌教化的官员)、判官(唐代特派担任临时职务的大臣)、刺史(州一级行政长官)、县令(县一级行政长官)、节度使(统管一道或数州军政事务,如河西节度使)、乡官(县以下行政机构,包括里正、三老),以及节度使属下的都衙,处理边关民族事务的都护、州府的行官、牙官,县令下属的县丞、县尉,军队中的元帅、副元帅、将军、别将等。他们虽为行政官员或军队官员,但也有着管理中央或地方事务、行使司法审判的某种职能和权利。

第二节　敦煌法律文献中的诉讼程序制度

1. 敦煌法律文献中反映出隋唐时代比较完备的诉讼程序制度，如审级管辖与地区管辖制度，法官独断制度，回避（换推）制度，起诉、越诉移送、会审、宣判与上诉（读鞫与乞鞫）、复核、监督、"秋冬行刑"（秋审）等制度，证据制度等，各项审判程序制度已基本定型。

民事审判中，唐律"一准乎礼"，基于传统儒家的"无讼观"，法律严格限制民事诉讼的提起，推行教化，敦厚民俗。所以，民事诉讼当事人存在身份和能力的资格限制：首先，子孙对祖父母、父母不得提起民事诉讼，违者绞。唐律规定"父母之恩，昊天罔极"，告祖父母、父母则忘情弃礼，自属不孝大罪，为世所不容。其次，对80岁以上、10岁以下及笃疾者，也不得提起民事诉讼，基于恤刑，法律禁止对这些老弱残疾之人采取禁系、拷讯措施，对他们的一般违法犯罪行为也不予论处。

2. 唐代已经出现了为人代写诉状的情况。法律采取了严格的控制措施，防止他们拨弄是非，使矛盾复杂化："诸为人作辞牒，加增其状，不如所告者，笞五十；若加减罪重，减诬告一等。"诉状所列事实都必须注明事发年月，指陈实事，不得称疑，以免索烦官府。民事纠纷虽被视为细末小事，但一经审理，往往牵连甚广，旷时费日。为了避免民事诉讼耽误农时，影响生产，唐代开始明确规定了受理期限，自每年十月一日至第二年三月三十日为农闲期，在此期间提起的田宅、婚姻、债负等民事诉讼始予检校（受理）。农忙期间，除非先有文案及交相侵夺者，不予受理。另一方面，唐代司法官员也继承中国古代民事审判的传统，注重调解民事纠纷。如《新唐书·循吏传·韦景骏》就记载：

>（景骏）开元中为贵乡令，有母子相讼者，景骏曰：令少孤，常自痛。尔幸有亲，何得如此！教之不孚，令之罪也。因呜咽流涕，付授孝经，习大义，于是母子感悟，请自新，遂称慈孝。

意思是说，我从小是孤儿，常感到痛苦，你有母亲多好，怎能这样！教育不好，是我的错。因而哭泣呜咽流涕，教授孝经，晓以大义，于是母子感悟，愿意改过自新，此后母慈子孝。这种以情感调解息讼的方法于史传上常有所见，在一定程度上起到了依法判决所不能取代的积极效果。

州县司法官员在决定受理案件后，即可对案件的性质作出批示，传讯当事人。先由州县官司发出传票（唐代俗称帖子），由当事人所在坊正或里正奉帖追送其人到案，并申牒为记。唐代羁押的方法是依据被告所犯轻重而定，民事诉讼多属笞杖罪。《唐律疏议·断狱律》规定，笞罪不禁，杖罪散禁。散禁，指羁押于狱中，虽剥夺其人身自由，但不带械具。而且原告必须对其控告的事实承担相应的法律责任，被告应受羁押的，原告也受羁押，而且受羁押的方法与被告相同。原告只有在案件审理完结后，才能放免。如果原、被告之间是邻保关系，那么在民事诉讼中，原告只要保释（责保参对）即可。

3. 司法官在审讯过程中，必须先以五听（辞听、色听、气听、耳听、目听）审察辞理，即通过全面观察当事人的言辞、表情等各种表现，分析其心理状态，判断他的证言是否真实准确，而后反复参验诸种证据，以判定案情。"五听"是种比较科学和合理的审判方式，运用了司法心理学上的一些经验，具有科学性和合理性。

只有在察情审辞的各种方法已经用尽，仍然不能辨明案情的情况下，才可以拷囚。《唐律疏议·断狱律》规定："诸应讯囚者，必先以情，审察辞理，反复参验，犹未能决，事须讯问者，立案同判，然后拷讯。违者，杖六十。"疏议："依狱官令：'察狱之官，先备五听，又验诸证信，事状疑似犹不首实者，然后拷掠。'故拷囚之义，先察其情，审其辞理，反复案状，参验是非。'犹未能决'，谓事不明辨，未能断决，事须讯问者，立案，取见在长官同判，然后拷讯。若充使推勘及无官同判者，得自别拷。若不以情审察及反复参验而辄拷者，合杖六十。"可见，唐律认为审讯的目的在于发现真情，并不是为了迫使被告招认。被告的口供只有在缺乏确切、充分的证据，不能判定事实真相时才具有决定性意义。因此，审判官必须依照法律规定的严格程序拷囚，不得擅自为之。此种拷讯，也可视为对原被告不能敦守礼教而起诉争的一种惩责。在审讯过程中，应当制作笔录，这在唐代称为"讯牒"。这一审问笔录必须经当事人同意认可。唐《狱官令》："问囚皆判官亲闻，辞定，令自书款；若不解书，主典依口写讫，对判官读示。"

4. 敦煌诉讼中的证据制度。唐律中的证据制度比较合理，注重多方面搜集证据进行比较分析，以众证定案，确定当事人陈述真伪，这在敦煌和吐鲁番出土的唐代法制史料中常见。如吐鲁番出土文书《麟德二年五月高昌县追讯畦海员赁牛事案卷》断片载，被告畦海员辩词之后，便注有"证见并检"字样，意即旁证人及亲见人都已查验过，所辩属实。

唐代的证人负有作如实陈述的义务。《唐律疏议·断狱律》"证不言情"条规定：

> 诸证不言情，及译人作伪，致罪有出入者，证人减二等，译人与同罪。"疏议："证不言情，谓应议、请、减，七十以上，十五以下及废疾，并据众证定罪。证人不吐情实，遂令罪有增减；及传译（翻译）蕃人之语，令其罪有出入者……律称致罪有出入，即明据证及译以定刑名。若刑名未定而知证、译不实者，止当不应为法；证、译徒罪以上从重，杖罪以下从轻。

可见，证人或译人若因其虚假陈述致使案情有所出入者，必须承担相应的法律责任。经过反复审讯查证，司法官如认为案件事实已经调查清楚，即可作出判决。

5. 敦煌诉讼文书中的上诉程序。判决之后，当事人如果不服，可以提起上诉。唐《狱官令》规定：

> 诸辞诉皆从下始。先由本司，本贯，或路远而踬碍者，随近官司断决之。即不伏，当请给不理状，至尚书省左右丞为详之。又不伏，复给不理状，经三司陈诉，又不伏者，上表。受表者又不达，听挝登闻鼓。

也就是说，如果当事人不服，原审机关必须发给当事人不理状，上诉人持此状而上诉于上级机关。地方机关不理的，再发给不理状，依同一程序上诉于京师司法机关，由尚书省而至三司（刑部、大理寺和御史台），再上表以至挝登闻鼓而直诉于皇帝。

第三节　敦煌诉讼档案文书中的重要判集

敦煌诉讼文书中，判集文书及争讼状牒有几十件之多。这些判集有的是属于判词样文性质的判集，通过对疑难案件的解析，揭示出深刻的法理，从而在更高层次上指导规范地方官吏的司法判案。如敦煌发现的 P.3813 号《文明判集残卷》就属此类；而有的则是地方官府直接判决当时实人实事的判集，现已知晓的有出自敦煌的 P.2754 号《麟德安西判集》、P.2593 号《开元判集残卷》、P.2979 号《唐开元廿四年岐州郡县尉口勋牒判集》及 P.2942 号《河西巡抚使判集残卷》。

除此之外，尚有一些散见于敦煌、吐鲁番文书和汉简等文献中的地方官府判案的法律诉讼案卷，比较完整的如《唐贞观年间西州高昌县勘问梁延台、雷陇贵婚娶纠纷案卷》《开元廿一年正月至二月西州都督府勘问蒋化明失过所案卷》《宝应元年六月高昌县勘问康失芬行车伤人事案卷残卷》《后晋开运二年十二月河西归义军左马步都押衙王文通勘问寡妇阿龙还田陈状牒》等。这些法律文书为我们了解当时的诉讼程序、处理案件的法律依据、中央政府颁布的法律在西部地区的贯彻实施状况以及当时西域地区的法制运转环境提供了重要依据。

主要判集有：

（1）P.3813 号《唐判集》

定名为"判集"，是因为文书中集中了一些具体案例。《唐判集》记载的案例现存 201 行、19 道判文。每件案子开头都有"奉判"两字，判文用四六骈体，讲究用典故，文字对仗华丽。时间应在永徽二年之后、武后永昌元年之前，即 651—689 年。

（2）P.2593 号《唐判集三道》

（3）P.2754 号《麟德安西判集》，20 世纪初出于敦煌，为法国人伯希和掠走，现藏法国巴黎国立图书馆。该卷判文共 6 道，81 行，其中 2 道不完整。主要有伊州人元孝仁魏大师伪造印事，裴都护左右私向西州事，伊州镇侯莫陈请安西效力事等，大多是关于军事方面的判词。

（4）P.3813 号《文明判集残卷》

《文明判集》和《开元判集》可能是当时政府为规范各级官吏司法办

案的判词范文,在当时全国范围内推行,影响巨大。该文献 20 世纪初出于敦煌,为法国人伯希和掠走,现藏于法国巴黎国立图书馆,文献编号 P. 3813,共存判文 19 道,其中 1 道缺答判。判文皆采用唐代事例,引唐代律令条文断案,而案中所用的人名,或拟用古代人名,如石崇、原宪、郭泰、李膺、李陵、缪贤、宋玉等。可能是取材于现实,而又加以虚拟润色。判文所表现的法律意识极强,文笔朴素,剖析具体,显示出相当高的司法解释水准。

(5) P. 5293 号《开元判集残卷》

《开元判集残卷》亦为 20 世纪初敦煌所出,为法国人伯希和掠走,现藏法国巴黎国立图书馆。该卷所载判文共有三道,其中一道不完整。判词辞藻华丽,缺乏具体内容,亦不见援引律条。

(6)《河西节度使判集》是判集中留下文字最长、判事最多的文书,共有 288 行,记录了 48 件案例,其中一件不完整,完整的 47 件。从判集所涉及的内容来看,绝大部分记载反映的是河西地区军政、税收、支出等方面的案例判文。例如,其中一判是:"肃州请闭籴,不许甘州交易",判文是"邻德不孤,大义斯在,边城克守,小利须通,岂唯甘、肃比州,抑亦人烟接武,见危自可奔救,闭籴岂日能贤,商贾往来,请无雍塞,粟麦交易,自合流通"。通过判文,确立了粟麦自由交易流通的重要性,对于肃州请求禁止甘州进行和籴贸易的请示作出了否决。

(7)《岐州郡县尉(缺字)勋牒判集》亦出于敦煌,现存巴黎,共 95 行,判文 8 道。内容有"不伏输勾征地税及草""许资助防丁""判问宋智咆悖"等案。

其他还有"豆卢军请西巡远探健儿金石粮","思结首领远来请粮事","瓜州尚长史采矿铸钱置作",等等。这些判文同唐代其他判文一样,用的是骈体文,据实引律,作出判决,这些判文的存在说明唐代律法在敦煌等河西地区的具体实施情况。

第四节　敦煌判例的特点

隋唐时期封建法制的运行,处在高度发展时期,中华法系臻于定型。《唐律疏议》律与疏合编,立法技术高超,法制思想、内容成熟,成为中国法制史上最有代表性的法典,也是敦煌法制的基本遵循。敦煌遗书中保存的《永徽律疏》和令、格、式等法律文书及诉讼文书与判例,比较完整地反映了敦煌社会的法制状况,从中也可看出隋唐判例的一些特点。

第一,重视判例,但也坚持制定法的基本地位。

唐朝判例揭示了唐朝政府的法律宗旨,通过判例形成了一系列我国古代司法办案的法律原则和制度,使制定法更加适应现实社会生活的复杂性,深化了法律对生活的调整。同时,也坚持制定法的基本法地位,防止判例对制定法的冲击。制定法与判例的有机结合,形成了中国古代饶有特色的立法特点。具体而言,制定法的某些律文,往往离不开判例的辅助性说明与解释。如敦煌《文明判集》和《开元判集》的出台,是唐代这一立法特点的进一步发展和深化,也是对《唐律疏议》法律精神的进一步揭示。

第二,注重情、理、法兼容。

尽管唐律的制定已经完成了中国法制史上礼法合流的过程,唐律本身也是"一准乎礼"的典范,但在司法实践中,情理仍时常与法律兼容,这成为中华法系的一大特征,成为更高层次的法律渊源。《新唐书·魏征传》载:"迁侍中,尚书省滞讼不决者,诏征平治,征素不习法,但存大体,以情处断,人皆悦服。"人治国家的基点是伦理道德而非法制、情理自然成为比法律更高的法律渊源,因而如人情、天理与法律发生冲突,法律常常被搁置一旁。敦煌出土的《文明判集》中有一书判,很能说明这种法制观。书判虚设太监缪贤娶阿毛为妻,三年后生一男;过五年,邻居宋玉称此男是自己与阿毛私通所生,欲争此子。结果判文认为:"阿毛宦者之妻,久积标梅之欢。春情易感,水情难留,眷彼芳年,能无怨旷?……有悦毛之志,毛怀许玉之心,彼此既自相贪,偶合谁其限约。"而"贤既身为宦者,理绝阴阳。妻诞一男,明非自胤",所以,"宋玉承奸是实,毛亦奸状分明,奸罪并从赦原,生子理须归父。儿还宋玉,妇付缪贤。毛、宋往来,即宜断绝"。在此案中,毛、宋奸状分明,已经严重触犯了封建道德与法律,但从情理上说,二人有可矜可怜之处,因而不但将小儿断归宋玉,并且对二人也不予治罪。

第三,民事案件强调私法自治。

民事案件判决的法律渊源,与刑事案件稍有不同,仍有一定私法自治的色彩。对债务等涉及契约的民事纠纷，司法官一般依据契约作出判决。"诸负债违契不偿，一匹以上，违二十日，笞二十……各令备偿。"又，"诸负债不告官司，而强牵财物，过本契者，坐赃论"。从"违契不偿"、"过本契者坐赃论"可以看出契约在这类民事案件中的重要作用。对于不涉及契约的民事纠纷，则依据法律来断案："诸断罪，皆须具引律令格式正文，违者笞三十，若数事共条，止引所犯罪者，听。"但唐律并非采取绝对的罪刑法定主义，如果律无正条，可以比附援引最相类似的法律条文，"诸断罪而无正条，其应出罪者，则举重以明轻；其应入罪者，则举轻以明重"。而且即使律无正条而又不能比附的，如果被告的行为严重触犯了封建礼教道德，基于礼的要求必须给予惩处的，司法官可以援用后律"不应得为"的规定进行处理："诸不应得为而为之者，笞四十；事理重者，杖八十。"

第四，判词多用骈体文。

唐代判词多用四六骈体，"语必骈俪，言必四六"。这种文体的出现与唐代文学崇尚华丽的风气是紧密联系的。而且唐代实行以判取士的制度，由主试者举事例为题，应试者模拟作判，其判词注重"文理优长"，而以文为主，因此除了白居易与少数几人的判词能"不背人情，合于法意，援经引史，比喻甚明"以外，多数判词都是引经据典、堆砌辞藻，对案情的具体分析和法律条文的运用反而不重视，所以被后人诟为"但知堆垛故事，而于蔽罪议法不能深切，是无一篇可读，一联可味"。这也从一个侧面说明了儒家经典在司法审判实践中，常常发挥了比法律更为重要的作用。

第五节　敦煌法律案例解析

莫高窟藏经洞遗书的发现，完整或部分地保存了今传本唐律、律疏和已散佚的唐代令、格、式以及中央政府的行政文书，地方官府的判文等有关社会法律活动的第一手资料，成为研究唐代法制史及社会、政治、经济史的珍贵史料，其中保留了一批民间的争讼文书，是当时政府、司法机关、寺院审理刑事、民事、行政、宗教案件、调处、家庭婚姻、土地田宅财产继承、压良为贱、债务税收纠纷的案例、文档。敦煌争讼文书包括的内容十分广泛，大致可分为以下几类：

（1）拟判文献。敦煌拟判文献主要是指 P.3813 号《文明判集》和 P.2593 号《开元判集》。《文明判集》残卷现藏于法国巴黎，共存判文 19 道，其中 17 道较为完整。《开元判集》残卷亦藏于法国，共存判文 3 道。两判集应是当时政府为规范各级官吏司法办案的判词范文，体现了敦煌法律社会关系和法律生活的方方面面，具有很强的指导性。

（2）刑事判例。如《唐判集》（存 19 道）中秦鸾盗窃案、谷遂抢劫案，《唐开元鄜县尉勋牒判集》中吕珣藏匿逃户案、郎光隐匿防丁案、瓜州别驾杨颜以粮赎罪案、张瑰诈称节度案等。

（3）行政管理牒状。如《申年正月令狐子余牒及判词》《咸通六年僧张智灯状》《唐大顺四年正月瓜州营田使武安君牒并判词》《唐景福二年九月卢忠达状》《后晋开运二年十二月河西归义军左马步押衙王文通牒及有关文书》《唐天复年代神力为兄坟田被侵陈状并判》记载了有关土地的纠纷；P.3451 号《甲午年洪润乡百姓氾庆子请埋柱屈状》记载了土地税收的纠纷；《唐光化三年前后神沙乡百姓令狐贤威状》《年代不明平康乡百姓索铁子牒》《后周显德六年十二月押衙曹保升要求免除税收的文状》《酉年十二月沙州灌进渠百姓西处李进评等请地牒并判》《咸通六年正月敦煌都百姓张祇三等状》《唐戊戌年正月沙州洪闰乡百姓令狐安定状》《唐大顺元年正月沙州百姓索咄儿等状》等，是有关百姓请地的文书。

（4）关于奴婢、房宅、债务、契约等民事状牒。《丑年八月沙州妇女令狐大娘牒》是有关房产纠纷的文书。《后唐清泰三年洪润乡百姓辛章午牒》《唐景福二年二月押衙索大力状》是压良为贱的案例；《丙午年前后沙州敦煌县慈惠乡百姓王盈子兄弟四人状（稿）》《后周显德五年押衙安员进等牒》《唐大历七年客尼三空请追征负麦牒》是有关债务、契约纠纷的文书。

（5）关于婚姻家庭等的文书。《丑年十二月沙州僧龙藏牒》涉及遗产分割。《年代不详孔员信三子为遗产纠纷上司徒状》《宋雍熙二年六月慈惠乡百姓张再通牒（稿）》记载了一遗产纠纷案。

（6）寺院纠纷牒。如《吐蕃寅年正月沙州尼惠性牒》《永安寺法律愿庆与老宿绍通相诤根由责堪状》等。

(7) 军旅、屯田状。如《年代不详军资库司处分状》《甬州防戍都状》《李陵失弓马案》等。

本节从以上争讼文书中选取了比较典型的 45 个案例[1]，这些案例既有刑事的、行政的，也有民事、婚姻家庭、军事、宗教诉论方面的案例，是唐宋时期敦煌民众法律生活的真实反映，当然也有一部分属于"拟判"，有的案件只有情节，当事人姓名并非特指。但是这些案例也具有很强的代表性，可以说是民众法律生活的一个缩影。

【例一】秦鸾行盗案（P.3813）《唐判集（存19道）》

20. 奉判，秦鸾母患在床，家贫无以追福。人子情重，为计无从，遂乃行盗

21. 取资，以为斋像。实为孝子，准盗法合推绳，取舍二途，若为科结？

22. 秦鸾母患，久缠床枕。至诚惶灼，惧口慈颜。遂乃托志二乘，希销八难；驰

23. 心四部，庶免三灾。但家道先贫，素无资产，有心不遂，追恨曾深。乃舍彼固

24. 穷，行斯滥窃；辄亏公宪，苟顺私心；取梁上之资，为膝下之福，今若偷财

25. 造佛，盗物设斋，即得着彼孝名，成斯果业，此即斋为盗本，佛是罪

26. 根。假贼成功，因赃致福。因恐人人规未来之果，家家求至孝之名。侧镜此

27. 途，深乘至理。据礼仝非孝道，准法自有刑名。行盗理合计赃，定罪须知多

28. 少，既无匹数，不可悬科，更问盗赃，待至量断。

---

[1] 参见李功国主编《敦煌莫高窟法律文献和法律故事》，甘肃文化出版社 2011 年版。书中本章由濮仲远撰写，本书作了重新修改。

此案中，秦鸾为了给久病在床的母亲祈福，在家境贫困、无计可施的情况下，便行盗取资，以作塑佛设斋之用。按儒家礼法，为母祈福，应为孝子；而依唐律条文，盗窃则应论罪处刑。在尽孝与行盗二者尖锐对立的情况下，如何处理此案，成为该案的难点。判词认为，秦鸾为其母行盗取财祈福的行为，并非封建礼教所谓之行孝，其行为已构成了盗窃罪，因此，如果不加以治罪，便会造成极为恶劣的社会影响。"便恐人人规未来之果，家家求至孝之名"。故应依法予以追究。但由于制判事实没有明确秦鸾行盗得赃之具体数目，判词要求查明盗赃之数额，方可决定具体的刑罚。这判词成功地确定了为了尽孝而盗窃他人财产的行为性质，在封建礼教与法律冲突中，维护了法律的尊严。

【例二】 石崇弃尸案（P. 3813）

29. 奉判，石崇殷富，原宪家贫。崇乃用钱百文，雇宪涛井。井崩压宪致死，崇乃

30. 不告官司，惶惧之间，遂弃宪尸于青门外。武侯巡检，捉得崇，送官司，请断。

31. 原宪家涂窘迫，特异常论，饮啄无数粒之资，栖息乏一枝之分。遂乃佣身取。

32. 给，肆力求资。两自相贪，遂令涛井。面欣断当，心悦交前，入井求钱，明非抑遣。宪

33. 乃井崩被压，因而致殂，死状虽关崇，言命实堪伤痛。自可告诸邻里，请以官

34. 司，县被雇由，申兹死状。岂得弃尸荒野，致犯汤罗。眷彼无情，理难巡责。遂

35. 使悃悃朽质，望填埌而无依；眇眇孤魂，仰灵榇而何托。武侯职当巡察。

36. 志在奉公。执崇虽复送官，仍恐未穷由绪。直云压死，死状谁明？空道弃尸，

37. 尸仍未检。检尸必无他损，推压复有根由。状实方可科辜，事疑无容断罪，宜

38. 勘向得实，待实量科。

石崇是历史上著名的富豪，原宪是孔子门人，在历史上被视为贫士的代表。这虚拟的一个情节，但也在一定程度上反映了社会经济和人情状况。案情如下：石崇雇佣原宪掏井，但是井塌陷后，把原宪压死了，石崇隐瞒了这件事情，慌慌张张把原宪的尸体扔于荒郊野外。尸体被官府发现后，就对石崇进行审问。并最后作出了裁决。认为石崇和原宪达成了雇佣协议，原宪应该预料到下井的危险性，但是考虑到原宪家贫如洗，下井实在是万般无奈。按照当时的法律，对原宪的死，雇主石崇本来不负法律责任，但是由于石崇隐瞒实情，还将原宪尸体弃之野外，按照当时法律，石崇罪责难逃。但考虑到单凭石崇的一面之词，还不足以定案，还应该通过尸检后，证明原宪的死亡不是由于其他原因造成的，才能得出原宪是由于井塌陷致死的。这就是"重证据，不轻信口供"的现代刑事证据原则和被奉为法制圭臬的"疑罪从无"的刑罚裁处原则。最后作出"宜堪向得实，待实量科"的裁决。

【例三】张氏免除封号

奉判，雍州申称地狭，少地者三万三千，

39. 户，全无地者五千五百人，每经申请，无地可给。即欲迁就宽乡百姓

40. 情又不愿。其人并是白丁卫士，自役不轻，若为分给，使得安稳。又前折动

41. 赵孝信妻张，有安昌郡君告身，其夫犯奸除名，主爵追妻告身

42. 张云，夫主行奸，元不知委，不服夺告身事

43. 用天分地，今古共遵，南亩东畴，贵贱同美。雍州申请地狭，百姓口分不

44. 充。请上之理虽勤，抚下之方未足。但陆海殷盛，是号皇居；长安厥田，旧

45. 称负墩。至如白丁卫士，咸曰王臣，无地少田，并皆申请州

官量其贫富，均役

46. 有无。给须就彼宽乡，居宅宜安旧业。即欲迁其户口，弃彼口榆，方恐楚

47. 秦未穷，越吟恩切。既乘宪纲，又□人情；公私两亏，窃未为允。且赵信身任

48. 折，爵班通贵，朝仪国范，顺亦应知。自可志励冰霜，心齐水镜，岂得监

49. 临之内，恣彼淫奔。无存秉烛之仁，独守抱梁之信，贞清莫着，秽浊斯彰。败

50. 俗伤风，此而尤甚。但奸源已露，罪合除名，除名官爵悉除，资阴理从斯尽。妻

51. 张本缘夫职，因夫方给郡君。在信久已甘心，于张岂劳违拒。皮既斯败，毛欲

52. 何施！颖云，不委夫奸，此状未为通理，告身即宜追夺，勿使更得推延

此判例讲了两件事：一是雍州地狭，不能按规定分田，无地、少地者众多，百姓申请也无地可给。百姓又不愿迁往地多的宽乡，州官一时难以解决。最后，"州官量其贫富，均投有无。给须就彼宽乡，居宅宜安旧业"的裁处。表现出古代对百姓土地问题的重视，对安定民心、维护社会稳定的基本治理方略的自觉掌握。另一桩赵孝信之妻张氏的告身追夺事由，认为赵孝信对朝议国范，顺亦应知。但却在监临之内，恣彼淫奔，败俗伤风，此而犹甚。如今奸源已露，罪合除名。而其妻张氏本来就是缘夫职才给予告身的，既然其夫已因犯罪除名，张氏的告身自然应子追夺。因为依照《唐律疏议·名例》中"妇人官邑号"条下规定："依礼，凡妇人从其夫之爵命。"据此，判处追夺张氏告身就是理直气壮的了。反映出依据封建礼法，妇女所处的从属地位。

【例四】李陵失弓、马（P.3813）

53. 奉判，弘教府队正李陵往者从驾征辽，当在跸驻阵，临战遂

失马

54. 亡弓。贼来相逼,陵乃以石乱投,贼徒大溃。总管以陵阵功,遂与第一勋

55. 勾依定,纳破不与。陵勋未知若为处断?经纬乾坤,必藉九功之力

56. 克平祸乱,先资七德之功。往以蕞尔朝鲜,久迷声教。据辽东以狼顾,凭蓟比以

57. 蜂飞。我皇凤跱龙旋,天临日镜,掩八纮而顿纲,笼万代以翔英。遂乃亲总六

58. 军,龚行九伐,羽林之骑,肃五校而风驱,倾飞之位,伊七萃而云布。李陵

59. 雄心早着,壮志先闻。弯繁弱以从戎,负干将而应募。军临驻跸,贼徒蜂

60. 起,骇其不意,失马亡弓。眷彼事由,岂其情愿。于时凶徒渐逼。锋刃交临

61. 乃援石代戈,且前交战。气拥万人之敌,胆壮匹夫之勇。投躯殒命,志在必

62. 摧。群寇威,卒徒鱼溃。是以丹诚所感,鲁阳回落日之光,忠节

63. 可期,耿恭飞枯泉之液。以今望古,彼实多惭。于时总管叙勋,陵乃功

64. 标第一。司勋勾检,咸亦无疑。兵部以临阵亡弓,弃其劳效,以愚管见,窃

65. 未弘通。且饰马弯弓,俱为战备。弓持御贼,马拟代劳。此非仪注合然

66. 志在必摧凶丑。但人之禀性,工拙有殊;军事多权,理不专一

陵或不便乘

67. 马,情愿步行,或身拙弯弓,性工投石。不可约其军器,抑以不能,苟在破军

68. 何妨取便。若马非私马,弓是官弓,于战自可录勋,言失亦

须科罪

69. 今若勋依旧定，罪更别推。庶使勇战之夫，见标功而励已，怯懦

70. 之士，闻定罪而惩心。自然赏罚合宜，功过无失。失丝有罪，公私未分

71. 更仰下推，待至量断

此案反映李陵早怀抱国之志，在参加御驾亲征东辽的战斗中，气拥万人之敌，胆壮匹夫之勇。捐躯损命，志在必催。并在丢失弓、马后，用石块将群冠击溃，忠节可期。为此，征辽行军总管上报为其请功授勋，但兵部以其临阵亡弓，弃其劳效。判官认为，李陵作战有功与临阵丢失战马、弓箭是两回事，不可混淆。李陵英勇顽强，以石击敌，使群寇溃败，产生了良好效果，对其请功录勋无可厚非；而其失马亡弓，或因贼寇来得突然，骇其不意，或因李陵不善马弓，而性工投石。且在激烈的战斗中，不可约其军器，抑以不能，只要能破军，用什么当武器都可。所以，这是两个相互独立的法律事实并导致两种不同的法律关系。不应以失马亡弓去算定请功录勋。同时，对失马亡弓行为也应弄清弓、马的公、私财产性质；如果马非私马，弓是官弓，才算侵犯了国家财产。由于公私未分清，只能待后量断。从中可以看出法官注重对主体的主观心理状态、行为事实、情节及性质、行为的客观效果、不同行为引发的不同法律关系的细致分析判断，努力做到赏罚分明，具有深刻的法理内容。

【例五】谷遂抢劫案（P.3813）

奉判，豆其谷遂本自凤牛，同宿主人，遂

72. 邀其饮，加药令其闷乱，困后遂窃其资。所得之财，计当十四。事发

73. 推勘，初拒不承。官司苦加拷掠，遂乃挛其双脚，后便吐实，乃款

74. 盗药不虚。未知盗药之人，若为科断？九刑是设，为四海之提防

75. 五礼爰陈，信兆庶之纲纪。莫不上防君子，下禁小人，欲使六合同风，万

76. 方攸则。谷遂幸露唐化，须从廉耻之风，轻犯汤罗，自挂吞舟之网

77. 行李与其相遇，因此暂敛生平，良宵同宿，主人遂乃密怀奸匿

78. 外结金兰之好，内包溪壑之心。托风月以邀期，指林泉而命赏。陷兹芳

79. 酎，诱以甘言。意欲经求，便行耽毒。买药令其闷乱，困后遂窃取

80. 资。语窃虽似非强，加药自当强法。事发犹生拒讳，肆情侮辱。官

81. 司。断狱，须尽根源，据状便可拷谇，因拷遂挛双脚，挛后方始承赃

82. 计理虽合死刑，挛脚还成笃疾，笃疾法当收赎，虽死只合输铜。正赃与

83. 倍赃，并合征还财主。案律云，犯时幼小，宜从幼小之法；事发老疾，听依

84. 老疾之条。但狱赖平反，刑宜折衷。赏功宁重，罚罪须轻。虽云十匹之

85. 赃，断罪宜依上估。估既高下未定，赃亦多少难知。赃估既未可明，与夺

86. 凭何取定。宜牒市定估，待至量科

豆其、谷遂两人本不相识，估计豆其因为过路，投宿于谷遂家。谷遂邀请豆其喝酒，因为他事先在酒里下了药，迷昏了豆其，偷走了其钱财。后来官府审问谷遂，谷遂拒不承认。司法官员动用了刑拷，谷遂最终承认了犯罪事实。官府在判文中从情与理的角度分析了谷遂的犯罪动机和目的，认为谷遂放药使豆其不能反抗与使用暴力的后果是相同的，得出谷遂的行为不是一般的盗窃行为，而是抢劫行为，按法律是要处以死刑的。但是谷遂被用刑中，已经成为残疾，按照唐律，可以输财代刑，

就是谷遂要给官府缴纳铜120斤。至于谷遂盗窃的10匹绢，要重新估计市价，才能按价赔给豆其。这道判词可以说是条分缕析，无一不以法律为依据，尤其重视法律适用、注重准确定性、量刑幅度与证据情节之间的关系。

【例六】阿刘改嫁案（P.3813）

87. 奉判，妇女阿刘，早失去婿，心求守志，情愿事姑。夫亡数年，遂生一子，款

88. 亡夫梦合，因即有娠。姑乃养以为孙，更无他虑。其兄将为耻辱，遂即私

89. 适张衡，已付娉财，克时成纳。其妹确乎之志，贞固不移。兄遂以女代姑赴

90. 时成礼。未知合为婚不？刘请为孝妇，其理如何？

91. 阿刘夙钟深蔼，早丧所天，夫亡愿毕旧姑，不移贞节。兄乃夺其永志

92. 私适张衡。然刘固此一心，无思再醮。直置夫亡守志，松筠之契已深。复

93. 兹兄嫁不从，金石之情弥固。论情虽可嘉尚，语状颇欲生疑。孀居遂

94. 诞一男，在俗谁不致惑。款与亡夫梦合，梦合未可依凭。即执确有奸，奸非又

95. 无的状。但其罪难滥，狱贵真情，必须妙尽根源，不可轻为与

96. 夺。欲求孝道，理恐难从。其兄识性庸愚，未闲礼法，妹适张衡为妇，衡乃克日

97. 成婚，参差以女代姑，因此便为伉俪。昔时兄党，今作妇翁；旧日妹夫

98. 翻成女婿。颠倒昭穆，移易尊卑。据法，法不可容；论情，情实难恕。必

99. 是两和，听政据法，自可无害。若也罔冒成婚，科罪仍须政

法。两家事状

100. 未甚分明。宜更下推，待至量断

有个叫阿刘的妇女，老公早亡，立志不嫁侍奉婆婆。寡居数年后，阿刘居然生了个儿子，自称有一次与亡夫梦合，故而怀孕。婆婆于是将这孩子当作孙子来抚养。但阿刘的哥哥却深以为耻，便自作主张准备将阿刘嫁给一个叫张衡的人，并且收了人家的聘礼，只等择日成婚。没想到阿刘坚决不肯改嫁。其兄只好将自己的女儿嫁给了张衡。此事被人告发，同时有人为阿刘申请"孝妇"。官府的裁决认为，阿刘孀居遂生一男，令人怀疑，其辩称与亡夫梦合，更是无凭谎言，不可采信。但即使另有奸情，也难以查证。据此，法官强调"狱贵真情，必须妙尽根源，不可轻为与夺"，表现出法律决断的慎重态度。最后裁处"欲求孝道，理恐难从"，驳回了其"请为孝妇"的诉求。另外，对阿刘之兄私将其妹许配张衡，因阿刘执意不允，只好将自己的女儿代姑成婚一事，判处中认为，其兄不懂礼法，颠倒人伦辈分，法不可容。但如果男女双方情愿，自可无辜；如果系罔冒成婚，则应按律科处。因为唐律规定，"请为婚，而女家妄冒者，徒一年"。法官一方面有着依法办案的明确意识，另一方面又考虑到存在"双方情愿"的可能，因而没有轻易适用刑罚，而是待查明事状后再作量断。从中仍可看出法官实事求是，分析判断合于事理法规，办案作风也是沉稳练达的。

【例七】宋玉认子案（P. 3813）《唐判集》

101. 黄门缪贤，先娉毛君女为妇。娶经三载，便诞一男。后五年，即逢恩赦。

102. 乃有西邻宋玉追理其男，云与阿毛私通，遂生此子。依追毛问，乃承相许

103. 未奸。验儿，酷似缪贤；论妇状，似奸宋玉。未知儿合归谁族？

104. 阿毛宦者之妻，久积标梅之欢。春情易感，水情难留。眷彼芳年。

105. 能无怨旷。夜闻琴调，思托志于相如。朝望危垣，遂留心于宋玉。因

106. 兹结念，夫复何疑。况玉住在西邻，连瓦接栋，水火交贸，盖是其常。日

107. 久月深，自堪稠密。贤乃家风浅薄，本阙防闲。恣彼往来，素无闺禁。

108. 玉有悦毛之志，毛怀许玉之心。彼此既自相贪，偶合谁其限约。所款虽

109. 言未合，当是惧此风声。妇人唯恶奸名，公府岂疑披露。未奸之语，寔实

110. 此之由。相许之言，足堪明白。贤既身为宦者，理绝阴阳，妻诞一男，明非已

111. 胤。设令酷似，似亦何妨。今若相似者例许为儿。不似者即同行路，便恐

112. 家家有父，人人是男，诉父竟儿，此喧何已。宋玉承奸是实，毛亦奸状分

113. 明。奸罪并从赦原，生子理须归父。儿还宋玉，妇付缪贤，毛宋往来。

114. 即宜断绝。

宦官缪贤娶了一个姓毛的妇女为妻，三年过后，阿毛生下一男孩。缪贤的邻居宋玉认为这个男孩是他和阿毛私通生下的，要求抚养这个男孩。官府追问阿毛，阿毛否认和宋玉有私通关系。官府从人性的角度分析认为，阿毛是宦官的妻子，由于夫妻之间得不到正常的交流，因而男女感情无法释放。而且阿毛正值芳年，春情易感，恰遇西邻宋玉，两情相悦，"偶合谁其限约"，日久天长导致阿毛和宋玉私通。至于阿毛否认两人的不正当关系，是害怕背上通奸的罪名，因此阿毛的话不能采信。官府进一步分析，孩子虽然脸长得像缪贤，但是缪贤曾是宦官，不可能有生育能力。所以父子相像，也不足为凭。官府还从对社会影响的方面做了充分的考虑。如果相貌相似者就是父子的话，那社会岂不乱套。通过细密周全的层层推理，最后作出了免除刑事责任，只从民事上"儿归

宋玉，妇归缪贤"的判决，符合唐代亲子认定中必须合乎事理的原则，令人折服。附带警示毛、宋二人应断绝往来。此案看重人性人情，推理缜密，实事求是，又遇"恩敕"，不抵触法律，是中国古代情、理、法高层次平衡的又一范例。

【例八】车服宅第违反等级案（P.3813）

长安人史婆陁，家兴贩，资财巨富，身有勋官

115. 骁骑尉。其园池屋宇、衣服器玩、家僮侍妾，比候王。有亲弟颉利，久已别居。

116. 家贫壁立，兄亦不分给。有邻人康莫比借衣不得，告言违法式事。

117. 五服既陈，用别尊卑之叙，九章攸显。爰建上下之仪，婆陁阛阓商

118. 人，旗亭贾竖，族望卑贱，门地寒微，侮慢朝章，纵斯奢僭。遂使金玉

119. 磊砢，无惭梁霍之家，绮縠缤纷，有逾田窦之室，梅梁桂栋，架迥

120. 浮空；绣栭楹，光霞烂目。歌姬舞女，罗行袂以惊风，骑士游童，转

121. 金鞍而照日。公为侈靡，无惮彝章。此而不惩，法将安措。至如衣服

122. 违式，并合没官。屋宇过制，法令改修。奢［僭］之罪，律有明文。宜下长安，

123. 任彼科决。且亲弟贫匮，特异常伦。室惟三径，家无四壁。而天伦义重，同

124. 气情深。罕为落其一毛，无肯分其半菽。眷言于此，良深喟然。颉利

125. 纵已别居，犹是婆陁血属。法虽不合征给，深可哀矜。分兄犬马之资，济

126. 弟到悬之命。人情共允，物议何伤。并下县知，任彼安恤。

长安县有一个叫史婆陁的商人，富比王侯，朝廷也给他授予了"骁骑尉"的勋位。史婆陁有一个叫颉利的亲弟弟，两人早已分家。但是弟弟颉利家徒四壁，非常贫困。哥哥史婆陁从来不救济。史婆陁有一个邻居叫作康莫比，向史婆陁借衣服，史婆陁没有答应。康莫比便向官府告发史婆陁的衣服和房子违反了当时的等级制度。经官府查验后，史婆陁一家的穿着和住宅确实非常奢华，违反了有关规定。官府依法对衣服进行了收缴，令房屋重新改建。除此之外，官府还对史婆陁的为富不仁进行了谴责，认为扶助弟弟虽然法律未规定义务，但是按照社会伦理道德，有必要对弟弟窘迫的生活予以资助。此案可以看出礼法并治的法文化特征。

【例九】赵寿申请义门案（P. 3813）

127. 奉判，赵州人赵寿，兄弟五十余人，同居已经三纪。上下和睦，名著乡间。虽恭。

128. 顺有闻，更无瑞鹰。申请义门，未知合不？赵寿早遇昌辰，幸霑佑。沾唐化

129. 遂能怀恭履信，砥义栖仁，穆彼家风，光斯里闬。故以天伦义重，嗟断臂

130. 而增怀；同气情深，叹唇亡而轸虑。遂乃一门之内，五十余人，人耻薛苞之异

131. 居，慕姜肱之共被。一荣花萼，三纪于兹。亲亲之义既隆，怡怡之颜斯在。

132. 虽尺布斗粟，俱怀饮啄之欢；弟瘦兄肥，无惮千戈之险。遂使恒申四鸟，

133. 长销离别之声，田氏三荆，永茂连枝之影。宜可嘉其节义，旌以门闾，

134. 庶使无赖之人，挹清风而知耻；有志之士，仰高躅而思齐，宜即下州，

135. 允其所请。

此案中赵州人赵寿，兄弟 50 余人，已同居 30 多年，上下和睦，名著乡里。这个大家庭提出申请义门，即请求表彰为"尚义之家"。从吐鲁番出土文书 S.1344 号《开元户部格残卷》中可知，义门之义必须累代同居，一门穆，尊卑有序，财食无私。其得表者，孝门复终孝子之身。此案裁判中认为，赵寿一家形成了仁义恭信、天伦义重、同气情深的淳厚家风，理应嘉其节义，树为表率，允其所请。意在使无赖之人受到感化教育，有志之士受到鼓励，以有利于培植善良民风，促进社会的稳定进步。判文中援引《孔子家语》中恒山四岛长销离别之声等兄弟友爱的孝悌典故，典型地反映出儒家思想对法文化及实际审判活动的深刻影响，反映出我国人民重视家庭、家风的文化传统在法观念及其司法实践中的支柱作用。

【例十】李膺落水致死案（P. 3813）

奉判，郭泰、李膺同船共济。但遭风浪，遂被覆舟。共得一桡

136. 且浮且竞。膺为力弱，泰乃力强，推膺取桡，遂蒙至岸。膺失桡势，因

137. 而致殂。其妻阿宋，喧讼公庭，云其夫亡，乃由郭泰。泰共推膺取桡是实。

138. 郭泰、李膺同为利涉，杨帆鼓枻，庶免倾免，岂谓巨浪惊天，奔涛

139. 浴日。遂乃遇斯舟覆，共被漂沧。同得一桡，俱望济已。且浮且竞，皆为性命之

140. 忧；一弱一强，俄致死生之隔。阿宋夫妻义重，伉俪情深。悴彼沉魂，随逝

141. 水而长往；痛兹沦魄，仰同穴而无期。遂乃喧诉公庭，心雠郭泰。披寻状

142. 迹，清浊自分。狱贵平反，无容滥罚。且膺死元由落水，落水本为覆舟，覆舟自是

143. 天灾，溺死岂伊人咎。各有竞桡之意，俱无相让之心。推膺苟在取桡，彼

144. 溺不因推死。俱缘身命，咸是不轻。辄欲科辜，恐伤猛浪。宋无反坐，泰

145. 亦无辜。并各下知，勿令喧扰。

郭泰和李膺同乘一条船，在行进中遭遇风浪，船被打翻，两人也同时落水。这时，正好一支船桨浮在他们身旁。就在他们争夺船桨的过程中，由于郭泰力量比较大，李膺力量比较小，船桨被郭泰得到，最后逃生。而李膺落水身亡。李膺的妻子阿宋上诉官府，认为她丈夫的死亡是由郭泰造成的。官府最后裁决，认为虽然郭泰在争夺船桨的过程中，有推李膺的事实，但是李膺死亡的直接原因是落水导致的，属于天灾。郭泰对这次意外事件不负刑事责任。根据唐律相关规定，李膺妻子阿宋应负诬陷之罪，但是念及李膺夫妇伉俪情深，判阿宋无罪。这道判文体现了官府重视直接因果关系，注意意外事件免责。同时，面对情与法时，对律条的灵活运用，尽量做到情可恕，法可容的和谐统一。

【例十一】书生赁马案（P. 3813）

奉判，选人忽属泥涂，赁马之省，泥深马

149. 瘦，因倒致殂。马主索赔，选人不伏。未知此马合赔已不？

150. 但选人向省、远近易知，平路虽泥，艰危可见。向使扬鞭抗策，故事奔驰，马倒制不自由。

151. 死取毙毙似如非理。披寻状迹，悬亦可知，折狱片言，于兹易尽。向若因奔致倒，明知马

152. 死因人。马既因倒致殂，人亦无由自制。人乃了无伤损，马倒即是乘闭。计马

153. 既倒自亡，人亦故无非理。死乃抑惟天命，陪则窃未弘通。至若马倒不伤，

154. 人便致死，死状虽因马倒，马主岂肯当辜。倒既非马之心，死亦岂人之意。

155. 以人况马，彼此何殊，马不合倍，理无在惑。

有一书生准备到京城应考,由于路途遥远,便租了一匹马。途中,由于地面泥泞不堪,再加上马也不太健壮,结果马倒下死了。马主要求索赔。官府的判词首先对马死的原因作了分析,认为马死是客观事实,按理说,损毁他人财物应负责赔偿。但是马死不是应考者的缘故,应考者无法控制和预见马的死亡,因而可以不予赔偿。就是否加倍赔偿和免除责任的问题,判词还作了进一步的申明,说马死因人,需要赔偿。如果马倒下,人死了,马主是否承当人命案呢?这一判词对民事争讼中意外事件的免责条件和原则作了确认,反映了唐代民事赔偿案中实行过错责任的历史真实。当然赁马人在此案中是否完全无过错,尚且可以查得更细致一些。

【例十二】宋里仁侍母案(P.3813)

156. 奉判,宋里仁兄弟三人,随日乱离,各在一所。里仁贯属甘州,弟为贯属鄏县,羙

157. 弟处智贯属幽州,母姜元贯扬州不改。今三处兄弟,并是边贯,三人俱悉入军,

158. 母又老疾不堪运致,申省户部听载。又前陈王府亲事王文达,奉改配

159. 充越王亲事,令相州番,未上之间,王改任安州。王遂诣京披诉,不伏。

160. 昔隋季道销,皇纲弛紊,四溟波骇,五岳尖飞。兆庶将落叶而同飘。

161. 簪裾共断蓬而俱逝。但宋仁昆季属此凋残,因而播迁,东西异壤。遂使

162. 兄居张掖,弟住蓟门,子滞西州,母留南楚,俱霑边贯,并入军团。各限宪章,

163. 无由勤谒。瞻言圣善,弥悽罔极之心;眷彼友于,更铄陟岗之思。悼悼老母,绝彼璠玙;

164. 悠悠弟兄,阻斯姜被。慈颜致参商之隔,同气为胡越之分。抚事论情,实抽肝胆。

165. 方今文明御历,遐迩乂安;书轨大同,华戎混一。唯兄唯

弟,咸曰王臣,此州彼州,

166. 俱霑率土。至若名霑军贯,据法犹许养亲,亲殁方至配所。此则意存

168. 孝养,具显条章,举重明轻,昭然可悉。且律通异义,义有多途。不可

169. 有执军贯之偏文,乖养亲之正理。今若移三州之兄弟,就一郡之慈亲,庶子

170. 有负米之心,母息倚闾之望,无亏户口,不损王徭,上下获安,公私允惬,移

171. 子从母,理在无疑。且文达幸籍余绪,早事陈府。王乃去兹蕃邦,作贰储

172. 官。达等奉束力优矜,皆令以近及远。兵部以贯居赵郡,邻接相州,遂乃改配越

173. 王,诚为允惬。配名已定,王转安州。达以王既改蓄,遂乃有兹披诉。但往者蒙恩

174. 得近,本为缘王上迁;今者去贯悬远,还是因王改任。迁改既一远近何

175. 即望改张,天下人谁不许。仰依蕃上,仍下州知。

此案宋里仁兄弟俱是军士,驻防边州,而他们家乡在扬州,家里有80岁的老母,无人侍奉,他们提出迁籍从母的诉求。依照法律规定,加入军籍的人不允许任意迁移。最后报请户部评判,户部从儒家思想指导下的立法思想出发,对唐代法律的价值追求作了精确的阐述,"法本意为防奸,非为绝其孝道"。判文写到,隋末大乱造成了母子、兄弟天各一方,孤苦忧伤的老母与儿子隔绝,兄弟同袍之情也被阻断,抚情论事,令人同情。接下来,判文依据《唐律疏议·名例》中的一条律文"诸犯死罪非十恶,而祖父母、父母老疾应侍,家无亲成丁者,上请。犯流罪者,权留养亲"之规定,指责一些不明礼义的官员"执军贯之偏文,乖养亲之正理"。据此,最后作出了"移子从母,理在无疑"的判决。

《唐律》中,像这种维护伦常,提倡孝道的律文很多,反映了儒家"孝为天下先"的礼法思想,也符合人性、人情的自然规律。而且像这样

一件"民间细故",竟报请户部评断,并很快得到妥善解决,可见封建政府也有爱民和高效的一面。

【例十三】河南丞使官钱

1. 奉判：得葬专道,河南丞使官钱事。吴巩

2. 古训攸志,威仪不忒,合于中庸,是谓达礼。哀彼之子,执亲之丧。怨□

7. 风而莫追,痛昊天而在疚。封树遄迫,逃兹先启。日月其恼,将临甫□。□

8. 柩而窆,虽编于庶人；专道而行,许同于王者。且往实如慕,瞻遣莫而绝

9. 号。还则如疑,将返虞而不忍。知事道也,能用礼焉。若邻未达,其何安

10. 告。筮事王朝,贰宰京邑,自可贞固守道,岂宜贪以败官。方令善政必录,

11. 徇财必□纪。敬声盗贿,须从丕弊。不疑平返,当寘阅实。准律以官物自贷

12. 用,无文记,以盗论；若有文字,减准盗论。诰以真盗,则铁冠先刑；绳以枉法,

13. 则墨绶伤重。载详决事之典,请依准盗之罚。

有一个河南的地方官员用公家的钱物办理自家丧事。官府判决时首先从封建礼教的角度论证了这名官员对死者尽孝道行丧事之必要。然而作为一名肩负官职的地方官员,自可贞固守道,岂宜贪以败官。如不能恪尽职守,出现贪污,依据法律规定应以"盗窃罪"论处。但在具体的量刑过程中经过了一番比对和分析,从而作出依准盗处罚的裁决。

【例十四】田智休妻案

1. 奉判：田智先聘孔平妹为妻,去贞观十七年大归。至廿一年,

智乃诈大疾,县儿依定。至廿二年,

2. 智乃送归还平家,对村人作离书放弃。至永徽二年,智父身亡,遂不来赴

3. 哀。智母令唤新妇赴哀,平云久已分别,见有手书,不肯来赴。其平妹

4. 仍有妻名,在智籍下。其两家父母亦断绝。其妇未知离若为?

5. 孔氏总角初笄,早归田族。交欢就宠,蒸致寒暄,嫌婉绸缪,相期偕老。智乃

6. 心图异计,规避王徭,不顾同穴之情,俄作参商之隔。诈称大疾,送归〔缺〕

7. 彼亲邻,给书离放。放后即为行路,两族俱绝知闻,覆水不可重〔缺〕

8. 返,但事多开合,情或变通。法有画一之规,礼无再醮之义,违礼〔缺〕

9. 如嫁女弃女,皆由父母,纵无恃怙,乃问近亲。智是何〔缺〕

10. 一纸离书,离书不载舅姑,私放岂成公验。况田智籍〔缺〕

11. 便除。且贯为黔首之根由,籍是生人之大信。今弃〔缺〕

12. 之明条,顺匹妇之愚志,下材管见,窃所未通。追妇还〔缺〕

13. 作疾,罪实难容,下县付推并自科上上。

田智娶了孔平的妹妹为妻,后来称自己得了大病,就把妻子送回了娘家,并且委托村民写了一封休书。后来田智的父亲去世了,尽管田智的母亲多次让媳妇来吊唁,但是有休书在先,田智的妻子还是没有来。田智妻子的户籍仍然在田家。两家的父母也断绝往来。田智的妻子向官府申诉,要求给一个离婚的明确说法。官府对争讼的事实作了认定和评价,田智"诈称大疾""规避王徭",假装得了大病,完全是出于逃避徭役的目的,这一行为已经触犯了法律。再者,田智未经过父母同意即写休书与妻子,因此休书不具备法律效力,最后判定孔平的妹妹必须回到田家。而且对田智也要依法治罪。

【例十五】杨师退休与彦琮装病

1. 奉判，折冲杨师，身年七十，准令合致仕。师乃自比廉颇，云已精力堪用，遂不□□□

2. 口言告得实。其男彦琮年廿一，又不宿卫。口云，患痔，身是残疾，不合宿卫。未知若□□

3. 州强仕，往哲之通规；七十悬车，前王之茂范。杨师职班通贵，久积寒暄，年迫桑榆，志□

4. 蒲柳。故可辞荣紫极，解袂衡门；何得自比廉颇，安居爵禄；苟贪荣利，意有□□；

5. 钟鸣漏尽，夜行不息。宜依朝典，退守丘园。以状下知，勿今叨据。但师男彦琮，幸承父

6. 荫；年余弱冠，尚隐檐间；托疾推延，不令侍卫。父即贪荣显职，已犯朝章；子

7. 又规免王徭，更罗刑网；前冒后诈，罪实难容。欤云，患痔不虚，冀欲图残疾。

8. 乃未验，真伪莫知。即欲域悬科，恐伤猛浪。检勘待实量科。

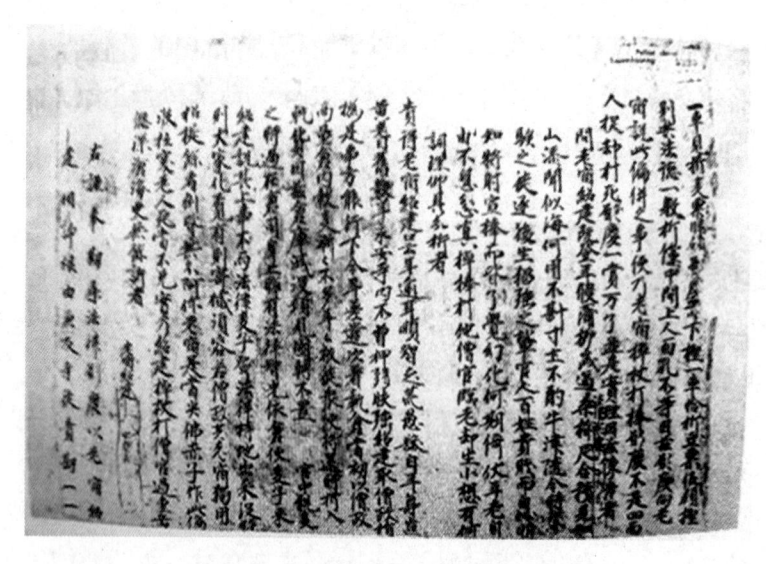

勘寻永安寺法律愿庆与老宿绍建相诤根由状

杨师大概是折冲府的一名官员，已经70岁了。按规定，应该退休。但是杨师"苟贪荣利"，自比廉颇，老当益壮，还不想退休。杨师有个儿子名叫彦瑞，21岁，有残疾，按规定不能服兵役。官府最后判决杨师"贪荣显职，已犯朝章"，必须退休。至于杨师儿子彦琮不服兵役的情况，判词认为如果是假装有病，不服兵役，那就是触犯了刑法。然而官府并没有武断地判定其有罪，而是立足实际，先查验病情，再作判定。

【例十六】勘寻永安寺法律愿庆与老宿绍建相诤根由状（伯3223）

1. 一车见折麦粟四硕，愿庆亦下桎一车，恰折豆粟五硕，桎
2. 则共法德一般。折傥（偿）中间，上人面孔不等，因慈愿庆向老
3. 宿说此偏併之事，便乃老宿掉杖打棒愿庆。不是四面
4. 人捉却，打死愿庆，一尝万了。并是实理，因慈陈告者。
5. 法律愿庆中指节
6. 问老宿绍建，既登年侵蒲柳，岁逼桑榆，足合积见如
7. 山，添闻四海。何用不斟寸土，不酌牛津，随今时昏
8. 驼之徒，逐后生猖强之辈。官人百姓，贵贱而息。明
9. 知将肘宣棒，而皆已觉幻化。何期倚仗年老，自
10. 由不息忿嗔掉棒打他僧官，临老却生小想。有何
11. 词理，仰其分析者。
12. 责得老宿绍建口云，年逾耳顺，智乏荒愚，发白年尊，齿
13. 黄耆旧。数年永安寺内，不曾押弱扶强。绍建取僧政指
14. 挥是事方能行下。今年差遣次着执仓。当初以僧政
15. 商量，仓内谷麦渐渐不多。年年被徒众便将，还时折入
16. 乾货。因兹仓库减没，顿见圆转不丰。官中税麦
17. 之时，过在仓司身上。昨有法律智光依仓便麦子来，
18. 绍建说其上事，不与法律麦子，邓法律特地出来，没时
19. 则大家化觅，有则寄贷，须容若僧政共老宿独用。
20. 招捉余者，例皆元分，阿你老宿是当尖佛赤子，作此偏
21. 波（坡）抵突老人，死当不免，实乃绍建掉杖打僧官，过重

268 / 敦煌古代法律制度略论

丘山，
22. 您深沧海。更无余诉者。
23. 老宿给建中指节
24. 右谨奉勘寻法律愿庆以老宿绍
25. 建相诤根由，兼及寺徒勘责——
（后缺）

这件文书前后残缺，从最后两句可以判断，应是沙州都僧统司僧官奉命勘寻永安寺僧官愿庆和老宿绍建纷争原因的诉状。

此残件是一件寺院纠纷案。案情首先是掌管永安寺院规戒律的僧人作为原告的诉词。愿庆想和寺僧法德一样用桎柳来折抵借用的粮食，遭到寺院仓库保管员绍建的拒绝，愿庆便责怪绍建对人有偏向，遭到绍建仗打，因而上告。管理敦煌寺院的都僧统指派僧官对绍建进行责问。绍建首先解释了他不借给僧人粮食，是因为仓库里的粮食已经不多。按照绍建的说法，愿庆是因为替另一僧人智光打抱不平，反对绍建不借粮食给智光，并辱骂绍建才招致杖打的。由于文书后面缺失，我们无法得知都僧统对这件事的处理结果。唐五代时期，准许寺院出贷寺院的一些财物来牟利。高利贷收入是这一时期寺院的重要经济来源之一。一些寺院的僧人通过借贷寺院的粮食，归还布绢等织物的办法从中获得好处。绍建想扭转这种不良风气，遭到寺内两位僧人的反对，并发生了激烈的冲突。而愿庆指责绍建与僧政企图独用寺院粮食，也未必完全是诬陷，不能排除绍建有假公济私的可能性，同时可以看出寺院上层管理者与下层普通僧众的矛盾，从另一个角度印证寺院保管员和寺院管理者挪用和占有寺院财产在当时是普遍的现象。

【例十七】吐蕃寅年正月沙州尼惠性牒（BN·P3730—7、8号）

1. 尼惠性　状上
2. 亡甥贺阇梨。铛一口，剑一口，镫三只，皮裘一领
3. 遗嘱外，锁三具。缘窟修拭未终，拟博铁其窟将为减半。
4. 右阇梨在日遗言，倘某乙不成人。其上件物色，缘当

5. 房酥油无升合，任破用葬送。虽则权殡已迄，然斋
6. 上未施，伏望依遗言，乞上件物，斋七将办，庶得。
7. 存济，请处分。
8. 牒，件状如前，谨牒。
9. 寅年正月　日尼惠性谨牒。
10. 亡人遗嘱，追其冥路，希望福利，傥违
11. 先愿，何成济拔之慈。乍可益死损
12. 生，岂得令他鬼恨，裒铛剑镫，依嘱
13. 营齐、镌窟要尖，将锁博觉。仍
14. 仰僿司，点检分付。事了之日，须知破
15. 用功口。　　廿四日，洪辨。

此案是敦煌著名高僧、僧统吴洪辩亲自审理的一件遗书纠纷案。一位法名为惠性的尼姑，其外甥姓贺，也是出家僧人。外甥死后，将部分遗物留给了当时管理佛教徒的一个机构——僿司，并请僿司负责操办丧事，而僿司却仅将惠性的外甥安葬，不再准备举办法事活动。于是遗书的执行人惠性向僧统洪辩和尚递交了一份诉状，据理抗争。洪辩审理认为"亡人遗嘱，追斋冥路，希望福利。倘违先愿，何成济拔之慈"。根据遗书命令僿司按照死者遗嘱办理，并在事了之日回报。可见当时处置亡僧遗产以其本人的遗书为依据，并得到僧官都司（相当于现在的宗教局兼佛教协会）认可为原则。

【例十八】永安寺绍进上表

1. 永安寺僧绍进上表
2. 右伏以绍进自小出家，配名与永安寺为僧
4. 慈音移就永安寺居住，绍进遂将西院堂
5. 一口回换东院绍智舍两口。其绍智还口口口
6. 亦空闲。比至移来，内一口被同院僧庆安争
7. 将，全不放绍进取近。其庆安旧有房舍，亦
8. 在同院。绍进将西院舍对徒众换得东院舍

9. 两口，今绍进换舍，庆安争将。有何词理？伏望
10. ［缺］微诚，特开明旨。辄将碎事于冒，
11 ［缺］以闻。绍进诚恐诚惶，顿
12 ［缺］
13. ［缺］年六月　日永安寺僧绍进表。

这是一件寺院房产纠纷案，一个法名为绍进的僧人自小就出家，后来在敦煌永安寺为僧。他在永安寺的西院有一间屋子。开元寺的慈音迁到永安寺居住，绍进就将自己西院的那间屋子和绍智东院的两间屋子交换，但是东院其中一间屋子被安庆霸占，不肯让给绍进。而且安庆在东院已经有自己的房子。因此绍进不服，向官府申诉。由于文书残缺，最后的判定不得而知。这说明在寺院里发生的纠纷，有时候是由寺院的最高管理机构都僧统司处理，但也有一些情况是由归义军来处理。这一件就是上表给归义军最高长官张承奉的。

【例十九】三界寺智德状

1. 三界寺僧智德尚右智德悉是僧人，家无伫（贮）积，自垦自光，阙
2. 给资粮。切缘仆从不多，随宜且过。为沾僧数，不同俗人。其某出
3. 生便共董僧正同活。慈母在日，阿舅家得婢一人。其母亡
4. 后，智德作主产得儿女三人，并他和尚劫将，衣食分坏，针草
5. 不与。智德父兼亲情内，并总告报，亦不放人，乃无计思量。口
6. 边界，镇守雍归。只残老父一人，亦在和尚同活，早夜
7. ［缺］不离，他乃共庄客一般效力。
8. 今智德发日临近，现要缠裹衣食，寸尺全无。今者身南
9. 身北知罪，乃有二婢付安壹人，把分之间，智德合德，左右博过，

10. 买经裹取东去。伏乞

11 令公阿朗念见口承边境百姓些些，分坏毛时亦要诤论。缠裹难有，

12. 上件口微无口词辞。伏蒙台慈持与，口照。伏

13. 请　处分

14. 某年月日某状

三界寺有一个法名为智德的和尚，自他出生后，就和一个姓董的和尚一起生活，推测二人是师徒关系，与他们一起生活的还有智德的父亲和母亲。这个生活单位的主人是董和尚。这位董和尚不仅占有了属于智德的三个奴婢，还将智德的父亲作为庄客样驱使。智德父子对董和尚这样的做法，毫无办法。可能智德的一家都生活在董和尚的家中。后来智德要服兵役，镇守雍归镇，需要自己准备粮食和衣物，但是智德实在拿不出。据此判断家里的钱财都由董和尚掌管。因而请求当时的归义军节度使给予裁夺。

【例二十】普光寺比丘尼常精进状

1. 普光寺尼常精进　状上
2. 病患尼坚忍
3. 右件患尼，久年不出，每亏福田，近岁已承置番第
4. 道场，敕目严令，当寺所由法律寺主令常精进皆
5. 坚忍转经，许其人儭利随得多少与常精进。去载
6. 于儭司支付坚忍本分。今有余言：出没不定。一年转
7. 读，口乏不支，口岁常眠，拟请全分。伏望
8. 和尚仁明，口口口尼人免被欺屈，请处分。
9. 牒，件状如前，谨牒。
10. 口年三月　日比丘尼常精进状

这是一件寺院民事经济纠纷的诉状，普光寺有一个法号为坚忍的尼姑，常年患病，无法从事寺院组织的法事活动，因而无法得到寺院管理

机构发放的福利。普光寺的寺主就把坚忍的那一份福利许给了代替她从事佛事活动的常精进。而且在过去的一年已经这样做了。现在坚忍声称自己也不定期地参加了一些法事活动，要求获得福利。这就威胁到了常精进多领取的那份福利，因而常精进向寺院仕明和尚上状申诉。由于没有判文，无法得知此事的处理结果。但是可以得知，当时僧尼从事的佛事活动，具有一定的经济色彩，实际上是一种获利性的职业活动。因而在寺院里僧尼们也会有一定的民事经济纠纷。

【例二十一】吐蕃寅年九月沙州式叉尼真济等牒（BN·P3730—10号）

1. 大乘寺式叉尼真济　　沙弥尼普真等　　状上
2. 右真济等名管缁伦，滥沾僧数，福事则依行检束，
3. 儭状则放旷漏名。伏望　和尚仁慈支给，请处分。
4. 牒，件状如前，谨牒。
5. 寅年九月　　日式叉尼真济等牒。
6. "状称漏名，谁信虚实，复是合得，
7. 不得细寻问支给，十五日，洪□"
8. "支金净太下取。"

这件也是由僧统吴洪辩审理的寺院经济案。依照规定，从倮司领取倮利对普通僧尼来说是一项重要的经济收入，如果因分发者的疏忽而未能得到，一定要通过一定的程序来维护自己的利益。大乘寺法号为真济的正学尼姑，参加了规定的宗教活动，但在分配倮利时却被倮司漏掉了名字，于是上状申诉。僧官洪辩和尚接到诉状后，令倮司调查核实后再支给。对于寺院内部的一些纠纷，是由僧官来处理解决的，从最后的处理结果来看，虽然处理宗教事务，没有依据相关的法律条文，但也是按照寺规等佛教自治法和实事求是的原则，没有贸然处理，而是先调查真济是否真的参加宗教活动，然后再作决断。

第六章 敦煌法律文献中的诉讼法律制度 / 273

【例二十二】普光寺尼坚意请处分尼光显状

1. 普光寺尼光显
2. 右前件尼光显，近日出家舍俗，得入释门。在寺律仪不存长幼，但行
3. 粗率，触突所由。坚意虽无所识，揽处纪刚（纲），在寺事宜，须存公道。昨
4. 因尼光显修舍，于寺院内开水道修治，因兹余尼取水，光显便即相
5. 诤。坚意忝为所由，不可不断。遂即语光显，一种水渠，余人亦合得用。
6. 因兹便即罗（职）织所由，种种轻毁，三言五损。既于所由，不依条式，徒众
7. 数广，难已伏从，请依条式科断。梵宇纪刚（纲）无乱，徒众清肃僧仪。伏望
8. 详察，免有欺负，请处分。

（下缺）

这是一件因用水而引起的纠纷案。一个法号为光显的比丘尼，才出家不久，要在寺院修自己的房屋，因而在寺院里面开了一条水道取水，但是寺院里的其他比丘尼也在光显出钱开的这条水道取水，光显不同意，便和其他的比丘尼产生了争论。普光寺管理人员坚意认为这是光显的不对，寺院的其他比丘尼也有权利在水道取水。光显便罗织了种种罪名，诋毁坚意。坚意认为如果不按规定来处理光显，难以服众，请求上级对光显一事给予处理。因这是坚意的一份上状，无法看到光显的陈词，所以以上事实可能带有片面性。但是可以得知，寺院中有因用水引起的民事纠纷，并通过世俗或寺院自治法程序加以解决。由于敦煌寺院僧尼人数众多，宗教自治法包括程序法，在敦煌法制生活中占有重要地位。

【例二十三】宋雍熙五年（988年）十一月神沙乡百姓吴保柱牒（伯3579）

1. ［缺］负难还，昼夜方求，都无计路
2. ［缺］差着甘州，奉使常便去来，至
3. ［缺］贼打破，般次驱拽，直到伊州界内
4. ［缺］却后到十一月，沙州使安都知般次
5. ［缺］押衙曹闰成□赎，于柔软家面上还帛
6. ［缺］疋熟绢两匹，当下赎的保住身，与押衙曹闰成
7. ［缺］到路上粮食乏尽，涓涓并乃不到家乡，便乃
8. ［缺］得人主左于达坦边卖老牛一头。破与作粮
9. ［缺］牛价银□一枚。到城应是赎人主并总各自出
10. ［缺］□达坦牛价，其他曹押衙遣交纳银价，又赎身价
11. ［缺］十三亩，准折绢十匹，其他曹押衙佃种。今经三年，内
12. ［缺］因科税地子柴草，□羊价又官布不肯输纳，又贷一
13. □一个，口斜褐一段，□□□绢利□□不得，其保柱此理有
14. 屈□伏望
15. 大王阿郎高悬宝镜，鉴照苍生，念见宝柱穷乏之流，今
16. 被押衙曹闰成横生欺负。伏乞
17. 仁恩。特赐　判凭裁下　处分
18. 牒件状如前，谨牒。
19. 雍熙五年戊子岁十一月　日神沙乡百姓吴保柱牒

这也是一件残缺很多的民事纠纷案件。一个叫吴保柱的沙州百姓，在宋雍熙年间外出谋生，在路途中被贼人抓往伊州，后又为沙州押衙曹闰成赎回。两人在回沙州的路上，粮食都吃光了，于是做了一笔卖牛的生意。回到沙州后，吴保柱为了偿还赎身钱，给了曹闰成10匹绢，不够，又把自己的若干土地租给曹闰成无偿耕种。如今曹闰成已无偿耕种三年，但是他并未按契约规定将所租佃的田地应该负担的赋税缴纳官府。曹闰成又从吴保柱那里借走了一些绢布，并未按规定付给吴保柱一定的

利息。因此吴保柱向归义军政府提出申诉，要求解决他被曹润成"横生欺负"的侵权民事纠纷。

【例二十四】唐大历七年（772年）客尼三空请追征负麦牒并判词（伯3854号背）

  1. 百姓李朝进、麹惠忠共负麦两石九斗。
  2. 右件人，先负上件麦，频索付，被推延。去前日
  3. 经口口状，蒙判追还。至今未蒙处分。三
  4. 空贫客，衣钵悬绝，伏乞追征，请处分。
  5. 牒件状如前，谨牒。
  6. 大历七年九月日客尼三空牒。
  7. 先状征还，至今延引，公私俱慢。
  8. 终是顽狠，追过对问，九日继。

  这是发生在唐大历七年的一件追讨欠麦的案件，一个法号为三空的比丘尼借给李朝进、麹惠忠两人一共两石九斗的麦子。后来还期已到，三空多次向李朝进、麹惠忠追要欠麦，但是两人无故拖延不还。无奈，三空写了诉状，申诉欠麦的事情。虽经官府判决勒令归还，但仍未归还。三空只能再次上诉，并强调自己衣食无着，请求政府帮助追索欠麦。

  这件诉状后还附有判词，一个名为"继"的司法人员作出判决，下令立即审问当事人。这次判决并没有简单依照上次的处理结果，还是依照一定的法律程序先进行调查，再作处理。可见当时官府对案件的审理还是非常谨慎的。

【例二十五】申年正月令狐子余牒及判词（P.3613号）

  其一

  1. 孟授索底渠地六亩（缺）
  2. 右子余上件地，先被唐朝换与石英顺。
  3. 其地替在南支渠，被官割种稻，即合于

4. 丝绵部落得替，望请却还本地。子余
5. 比日已来，唯凭此地与人分佃，得少
6. 多粮用，养活性命。请乞哀矜处分。
7. 牒件状如前，谨牒。
8. 申年正月日百姓令狐子余牒
9. 付水官与营田
10. 官同检上。润示。
11. 九日。

其二

1. 孟授渠令狐子余地陆亩（缺）
2. 右件地，奉判付水官与营田官同检上者。
3. 谨依就检，其他先被唐清换与石英顺，昨
4. 寻问令狐子，本口分地分付讫。谨录状上。
5. 牒件状如前，谨牒。
6. 申年正月日营田副使阚口牒
7. 水官令狐通
8. 准状。润示。
9. 十五日。

　　这是发生在公元804年的一件土地侵占案，当时敦煌正被吐蕃占领。还在唐统治河西的时候，敦煌百姓令狐子余家在孟授索底渠这个地方有6亩地，后来这块地和石英顺的地相互交换，被替换到了南支渠这个地方。多年以来，这块地都是出租给他人耕种，令狐子余依靠收缴地租来维持生活。后来，河西被吐蕃所占，令狐子余家的地被划给了丝绵部落。令狐子余向当时的吐蕃官员请求退还本地。一个名为"润"的长官作了批示，让负责田地和水务的水官与营田官去落实令狐子余所申述的情况。水官与营田官对土地转让和侵占的情况作了调查，认为令狐子余的所述情况属实，并把上述情况上报给"润"。"润"最终把地判给了令狐子余。这件案件反映了吐蕃时期对于敦煌田地水渠等纠纷的妥善处理，而且对

田地事件的处理，前后所用时间不过六天，说明了当局在处理案件方面具有较高的效率。

【例二十六】 丑年（821年）十二月沙州僧龙藏牒（P.3774号）

（前缺）

1. □（漆）相垒并柒盘□□事，所有缘身什□□
2. □□后经一年，空身却归沙州来，娶妻阴二娘，又分家中什物。
3. □□□至阎开府上，大番兵马下，身被捉将。经三个月却走来。在
4. 家中潜藏六个月。齐周谘上下，始得散行。至金牟使算会
5. 之日，出莫贝镜一面与梁舍人，附在尼僧脚下，后妻阴二娘死，其
6. 妻阴二娘衣服夹绿罗裙一腰，红锦椅一，罗衫子一，碧罗被子
7. 一，皂绫袄子一，剪刀及针线等物，并大哥收拾。
8. 一去丙寅年至昨午年卅年间，伯伯私种田卅亩，年别收斛斗卅驮（以畜负载回驮）。
9. 已上并寄放，合计一千驮，尽是大哥收掌。伯伯亡之日，所有
10. 葬送追斋，尽在大家物内，齐周针线尺寸不见。
11. 一称床九张者，伯伯共父分割之日，家中房室总有两口，其
12. 床在何处安置，此乃虚言。
13. 一先家中无羊，为父是部落使，经东街算赏羊卅口，马一匹，
14. 耕牛两头，牸牛一头，绯毯一，齐周自出牧子，放经十年。后群
15. 牧成，始雇吐浑牧放，至丑年羊满三百，小牛驴共卅头，已上
16. 耕牛十头，尽被贼将，残牛一头，驴一头。

17. 一其时大哥身著箭，宣子病卧。贼去后，齐周请得知已亲

18. 情百姓遮得羊一百卅口，牛驴共十一头。又知已亲情与耕牛：

19. 安都督一头、赵再兴一头、张英玉一头、安恒处二齿牛二。博得大

20. 牛两头，人上得牛五头。

21. 一未得牛中间，亲情知已借得牛八具，种涧朵地至毕功。其年

22. 收得麦一十七车，齐周自持打。

23. 一其丑年后，寅年、卯年大兄纳突，每年廿驮，计卅驮，并取大家

24. 物纳。

25. 齐周于官种田处，种得糜。寅卯辰三年，每年得糜三车，已

26. 年两支种得麦三年。已计糜麦一十二车，并入家中共用。

27. 齐周身充将头，当户突税差科并无。官得手力人，家中

28. 种田驱使，计功年别卅驮。从分部落午年至昨亥年，计卅

29. 年，计突果九百驮，尺在家中使用。

30. 大史初番和之日，齐周附父脚下，附作奴，后至佥牟使上析出

31. 为户，便有差税身役，直至于今。自齐周勾当之时，突由

32. 大家输纳。其身役知更远使，并不曾料。

33. 先家中种田不得丰饶，齐周自开酒店，自雇人，并出本糜

34. 粟卅石造酒。其年除吃用外，得利艾价七十亩柴十车，麦

35. 一百卅石。内卅五石，齐周买金釜一口。余并家中破用。

36. 齐周差使用柔远送粮，却回得生铁熟铁二百斤已来，车

37. 钏七只，尽入家中使用。内三十斤贴当家破釜敖，写得八斗釜一口。手

38. 功麦十石，于裴俊处取付王菜。

39. 齐州（周）差瓜州送果物，并分种田麦。其时用驴一头，布半配，

40. 买得车一乘。又麦十驮，八综布一匹，买车毂三只并钏，并

第六章 敦煌法律文献中的诉讼法律制度 / 279

入家中

41. 大兄嫁女二，一氾家，一张家，妇财麦各得二十石，计卅石，并大兄当

42. 使用。

43. 齐周嫁女二，一张家，一曹家。名得麦甘石，并入大家使用。

44. 宣子娶妻，妇财麦甘石，羊七口，花毡一领，布一匹，油二斗五升。

45. 充妇财。

46. 大兄度女平娘，于安督都处买度印，用驴一头，口牛一头。

47. 宣子趁入所由印，用麦八䭾，付张剑奴，驴一头与部落使乞心儿。

48. 齐周去酉年，看丝棉口。所得斛豆斗，除还外课罗底价，

49. 买敖一面及杂使外，余得麦粟一百卅石，并入大家用。

50. 齐周后母亡后，有新夹缬罗裙一腰，新白锦裤一腰，

51. 新罗衫子一，新罗被子一，已上物并大哥收用。

52. 城南仅堂，并油梁，及大乘寺明觉房内铛敖釜床什物。

53. 等，并不忏大家之事，一一尽有来处。

54. 齐周所是家中修造舍宅，竖立庄园，犁铧钁，车

55. 乘钏铜，靴鞋，家中少小什物等，并是齐周营造，自尔

56. 已来，用何功直，一一请说。

57. 右齐周不幸，父母早亡，比日已来，齐

58. 周与大哥同居合和，并无私已之心。今

59. 见齐周出家，大哥便生别居之意。昨齐周

60. 与大哥以理商量，分割什物及房屋畜

61. 牲等，所有好者，先进大哥收检，齐周亦不

62. 诤论。昨大哥取外人之言，妄说异端，无种

63. 谊竟，状称欺屈者，此乃虚言，妄入，仁耳。

64. 复云，齐周用度家中物者，亦有用大家物

65. 者，亦有外边得者。今大哥所用斛斗，赐物

66. 牛畜、及承伯伯私种斛斗，先经分割财物，

67. 约略如前，一一并无虚谬。更有细碎，亦未
68. 措言。比者已来，齐周所有运为斛斗及
69. 财物、畜牲、车牛、人口请还齐周，今大哥先
70. 经伯伯数度分割财物，各有区分。今更论财
71. 似乖法式。伏望仁明详察，请处分。
72. 牒件状如前谨牒。
73. 丑年十二月日僧龙藏牒。

这是一件吐蕃统治敦煌时期关于家庭财产分割纠纷案件。敦煌有一个法号为龙藏的僧人，俗名齐周。父曾为吐蕃部落使。齐周也曾任敦煌基层组织的官员——将头。家境较为富裕，有田产、牛羊、酒坊。齐周的父亲和齐周的伯父早已分家，但是齐周却和堂哥在一起共同生活，因而财产有分有合。后齐周出家，堂哥想独占家庭财产，于是两人产生了纠纷。案件的详细情况是这样的：有一年齐周大哥（即其堂哥）身无分文回到沙州，娶妻阴二娘，并分得家中一部分财物。大哥在沙州刺史阎朝府当差，后来被吐蕃兵抓住。逃回家中潜藏六个月。是齐周多方打点，才得以露面。又在吐蕃差遣官检查户籍时，把一面镜子送于梁舍人，才得以免去差税。大哥的妻子阴二娘死后，其衣物都归大哥。齐周的伯伯自己种田30亩，每年收粮30驮，加上"寄放"的收入共1000驮，都是由大哥收掌。伯伯去世，所有送葬追斋费用，全部由家庭收入支付，但是齐周丝毫没有拿到伯伯任何财物。

齐周的父亲为部落使，获赏羊30口，马1匹，耕牛2头，口牛1头、绯毯1件。齐周自己雇请吐谷浑人放牧。过了若干年后，羊满300头，牛驴共30头。但是都被贼抢去，仅剩牛1头、驴1头。当时大哥中箭，另一兄弟宣子卧病。贼走后，齐周在亲戚朋友的帮助下，夺回羊130口，牛驴共11头。其中一部分给了亲戚朋友。家里还没牛的时候，齐周从亲戚朋友那里借来牛8头，耕种完毕后，当年收的麦17车，都是齐周自己脱粒的。

有三年大哥要交地租，每年20驮，都是从大家共同财产中交付的。齐周作为将头，不仅可以免除赋税、杂役，而且官府分配给一名勤务员，在家中驱使。齐周还开了二家酒店，所有的本钱都由齐周一人支付，但

是酒店的收入却作为家中开销。堂哥嫁出的两个女儿，所得彩礼被堂哥一人独占，齐周嫁出的两个女儿，所得彩礼却由大家支配。家中所有农业工具和器物，都是由齐周置办。

后来齐周要出家，于是与大哥商量，分割家中财物。尽管齐周的家财分割中，处处让着大哥，但是大哥却听了外人之言，认为分配不够公平。

以上案件的经过主要是根据齐周申诉才得以明了。文中主要内容是诉说了齐周对整个家庭的贡献。因为其堂哥的辩词已经看不到，所以齐周陈述的事实不可全信。但这一诉状条理清晰，诉求有据，用语无偏邪，反映出良好的诉讼心态与风尚，也反映出当事人利用法律维护正当权利的意识。发生以上纠纷的原因是家庭共有财产与个人财产界定不清、分配不公，大家之中还有小家，大家与小家的财产时分时合，加之人心良莠不齐，所以分割财产时才会有许多财产不清的纠葛。

【例二十七】丑年（821年）八月女妇令狐大娘牒（S.5812号）

1. 丝棉部落无赖扶相罗识人张鸾鸾见

尊严舍总是东行人舍收得者为主居住，两家住合平分总无凭据，后阎开府上尊严有文判，四至内草院不属张鸾分，强构扇见人侵夺，请检处实。

2. 论悉诺息来日，百姓论宅舍不定，遂留方印，已后现住为
3. 主，不许再论者。又论莽罗新将方印来，于亭之处分，百姓。
4. 田园宅舍依旧，亦不许侵夺论理。
5. 右尊严翁家在日，南壁上有厨舍一口，张鸾分内，门向北开。
6. 其时张鸾父在日，他取稳便，换将造堂舍了。尊严遂收门
7. 庑舍充支堂地替便，着畜牲。经四五年，张鸾阿耶更无论理。
8. 及至后时嫁女与吴铨，得他势便，共郭岁达相知，设计还
9. 夺堂舍，将直至蕃和已来，吴铨着马，后吴铨向东后，其庑
10. 舍常时尊严自收，着畜牲。经七、八年，后至三部落
11. 了监军，借张鸾堂一，南房一，厨舍一，小庑舍，共四口，又借

12. 尊严庑舍草院，着马。亦经五、六年，监军死后，两家
13. 各自收本分舍，更无言语论理。今经一十八年，于四月内，
14. 张鸾因移大门，不向旧处安置，更侵尊严地界已北，
15. 共语便称须共你分却门道，量度分割，尽是张鸾，及至分
16. 了，并垒墙了，即道，庑舍草院，先亦不属杜家。此人搅扰。
17. 公衙，既若舍等分，何经廿年以上不论，请寻问。
18. 右件人，从上已来，无赖有名，欺尊严老弊妇人，无处识
19. 故；又不论公衙道理，纵有言语，亦陈说不得。向里换舍子
20. 细，外人不知，并舍老人委知。南壁上将舍换庑舍口，张
21. 鸾所有见人，共他兄弟相似，及是亲情，皆总为他说道理。
22. 又云；你是女人，不合占得上舍，气（岂）有此事。丝棉部落
23. 人论事，还问本部落见人为定。自裁自割，道理自取。
24. 尊严妇人，说理不得论。若后母怜儿乳，亦终当不
25. 与。伏望殿下仁明详察处分。
26. 牒件状如前谨牒。
27. 丑年八月日女妇令狐大娘牒。

这是一件吐蕃占领时期的牒文，是令狐氏起诉张鸾侵占房舍的纠纷案。早在吐蕃占领沙州以前，令狐氏的父亲已在使用庑舍，后被张家女婿吴铨侵占。直到吐蕃占领敦煌，吴铨离开后，令狐氏的父亲才收回房舍。后来，吐蕃的一个监军借了令狐氏家和同院张驾家的几间房子。过了大概五六年，监军死了，房子各自收回，并没有什么争议。约莫又过了若干年，张鸾家移大门，乘机又把令狐氏家的房子占了。无助的寡妇令狐氏被欺负，无人帮助伸张，只好自己上告，乞求公断。由于没有下文，无从得知最后判决的结果。两家的矛盾由来已久，而且吐蕃当局也进行过处理，处理矛盾的原则以维持现状为主，但是并未分清和追究侵权人的责任，导致深层次的矛盾没有解决，并为后来张鸾再一次侵占房屋埋下了伏笔。

【例二十八】唐咸通六年（865 年）前后张智灯状（P. 2222）

1. 僧张智灯状
2. 右智灯叔侄等，先蒙尚书恩赐选令
3. 将鲍壁渠地。回入玉关乡赵黑子绝户地，永为口分
4. 承料役次。先请之时，亦令乡司寻问虚实，两重判命。其
5. 赵黑子地在于间渠，碱卤口荒渐，佃种
6. 不堪。自智灯承后，经今四年，总无言语，车牛人力，不离田畔，沙粪除练，似将
7. 堪种。昨通颊言，我先请射，口惋苗麦
8. 不听判凭，虚效功力，伏望

这也是一件土地纠纷案。官府曾经将僧人张智灯一家人的鲍壁渠地与玉关乡赵黑子绝户地相交换。张智灯一家可以世代继承，并承担一定的赋税。交换之前，官府也对赵黑子家的地作过调查，确实属于无主荒地。赵黑子家的地在于间渠附近，耕地的状况很差，都是盐碱地，几乎不能耕种。张智灯自从接手之后的四年时间里，在这块地花费了不少人力物力，地才勉强可以耕种。后来通颊部落的人说赵黑子家的地是他们先申请的，和张智灯一家产生了土地纠纷。因而张智灯向官府申诉，希望尽快解决，以免耽误农时。虽然审理结果不明，但张智灯的诉状有理有据。从中也可以看到，在"以农为本"的社会里，相当多的案件都跟土地有着密切关系。

【例二十九】咸通六年（865 年）正月敦煌郡百姓张祗三等状

1. 敦煌乡百姓张□三等　状
2. 僧词荣等北富（府）鲍壁渠上口地六十亩。
3. 右祗三等司空准敕矜判入乡管，未
4. 请地水。其上件地主词荣口云，其地不办承料。
5. 伏望
6. 将军仁明监照，矜赐上件地，乞垂处分。

7. 牒件状如前，谨牒
8. 咸通六年正月　　日百姓张祗三谨状

这是一件沙州归义军政权建立后不久的请地状。张祗三等人，原身份地位不高，是由寺院统管的寺户，具有一定的人身依附关系。张议潮依据唐朝的敕令，清理、整顿寺院经济，把寺户"给状放出"，恢复自由，并登记人口，重新分配土地，发展生产。这一时期，百姓请田、官府授田的文书增多，此件即是一例。张祗三等人由寺户判归为敦煌乡百姓。由于他们刚刚从寺户的身份转换过来，没有土地来维持生活，因而提出申请土地的请求。同时，一个法号为词荣的僧人在北府鲍壁渠上有60亩土地，无力耕种。因此张祗三等请求官府把词荣的60亩地转让给他们耕种。归义军时期，敦煌无地或少地的农民可以向官府申请一定的无主荒地来耕种，但是要通过一定的法律程序来进行。

【例三十】唐大顺（890—891年）正月瓜州营田使武安君牒并判词（P. 3711）

（前缺）
1. 过［缺］
2. 下，乃被通颇董悉，并妄称文状请将。
3. 伏乞
4. 大夫阿郎，仁明详察，沙州是本，日夜
5. 上州，无处安下，只凭草料。望在
6. 父祖田水，伏请　判命　处分
7. 牒件状如前谨
8. 大顺四年正月　　日瓜州营田使武安君
9. 系是先祖产业
10. 董悉卑户。则不许入。
11. 权且承种，其地内割
12. 与外生安君地七亩佃
13. 种。十六日勋

此件多有残缺，但判词却完整保留下来。掌管军垦的瓜州营田使武安君的外祖父田产，被通颊部落的董悉侵占，武安君请求官府归还其祖父田产。当时归义军的掌权者是张议潮的女婿索勋，他批示：董悉应退出所占土地，将武安君祖父田产割出七亩，给予武安君耕种。但总共有多少地不太清楚，大概是先还七亩，以后再全部退回。根据判语，我们得知土地所有者应该是武安君的外祖父，大概是武安君母家无人，因而武安君母得以继承这份祖业。

【例三十一】唐戊戌年（878年）正月沙州洪闰乡百姓令狐安定状案（S. 3877 号）

1. 洪闰乡百姓令狐安定
2. 右安定一户兄弟二人，总受田十五亩，非常地少
3. 窄窘。今又同乡女户阴什伍地一十五亩，
4. 先共安定同渠合宅，连畔耕种。其
5. 地主，今绿年来不辨承料乏（之）后，别
6. 人搅忧。安定今欲请射此地，伏望
7. 司空照察贫下，乞公凭，伏请处分。
8. 戊戌年正月日令狐安定。

这是一件沙州百姓因少地，请授耕种他人田地的状子。沙州洪闰乡有令狐安定兄弟二人，官府曾经授予他们15亩土地，但这些地还是不能维持他们的生活。同乡有一位叫作阴什伍的妇女，家有田地15亩，两家的地靠得非常近。由于阴什伍家的地因缺少劳力无力耕种，令狐安定兄弟请求官府授予他们耕种阴什伍家地的权利。由于这个状子字数很少，对令狐氏与阴氏两家的关系未作更多交代，但从"先共安定同渠合宅，连畔耕种"语句看来，两户曾合在一起生活、耕种，可以推测阴什伍的夫家就是令狐氏，两家存在密切的家族关系。令狐安定申请土地的目的在于实现合户，以令狐安定为户主。

【例三十二】唐大顺元年（890年）正月沙州百姓索咄儿等状　罗振玉旧藏，沙州文录补22—23页

1. 百姓索咄儿等状
2. 右咄儿先代痴直，迷遇（愚）无目，从太保合户以来，早经
3. 四十余年，中间总无言语，后代孙息，不知根栽。城西有地
4. 二十五亩，除高就下，粪土饱足。今被人劫将，言道博换阿
5. 你本地。在于城东，白强碱卤，种物不出，任收本地。营农时
6. 逼，气喧闷绝，不知所至。今遇乾坤清直
7. 憨奴绝户地四十亩，五处令（零）散。请矜蒸斛，伏望
8. 尚书照察。覆盆之下，乞赐雨（两）弱合为一户。不敢不申，伏请
9. 处分。
10. 牒件状如前，谨牒。
11. 大顺元年正月日百姓索咄儿等状

这是一件自己土地被侵占，申请政府授予无主荒地的案件。自从归义军节度使张议潮实行合户政策以来，沙州百姓索咄儿家，一直耕种城西25亩土地，40余年来，他人也从未对土地的所属权表示过异议。由于耕种时间较长，后辈子孙对这块土地的来源不太清楚。城西25亩土地不能算太好，肥力尚可。现在这块地被人侵占，被换到了城东的一块地。城东的土地太过贫瘠，种不出庄稼。面对这块种不出庄稼的地，索咄儿一家不知所措。索咄儿打听到憨奴家有一块40亩的绝户地，无人继承。于是向官府打报告，请求考虑索咄儿家实际情况，收回城东之地，授予憨奴家的40亩田地，并将两弱户合为一户。由于只是索咄儿的一面之词，我们不太清楚是否是他人把索咄儿的土地侵占，如果是，索咄儿为什么不直接打官司索要被侵占的土地呢？因而我们判断可能是土地交换中发生的纠纷，其背景则是张议潮的合户政策。

第六章 敦煌法律文献中的诉讼法律制度 / 287

【例三十三】唐天复年（901—904 年）神力为兄坟田被侵陈状并判（P. 4974 号）

1. □□□□□□
2. 右神力去前件回鹘贼来之时，不幸家兄阵上身亡。
3. 缘是血腥之丧，其灰骨将入责代坟墓不得，伏且
4. 亡兄只有女三人，更无腹生之男，遂则神力兼侄女，依
5. 故曹僧宜面上，出价买得地半亩，安置亡兄灰骨。后
6. 经二十余年，故尚书阿郎再制户状之时，其曹僧
7. 宜承户地，被押衙朗神达请将。况此坟田之后，亦无言语。
8. 直至
9. 司空前任之时，曹僧宜死后，其朗神达便论前件半
10. 亩坟地。当时依衙承状，蒙判鞠寻三件，两件凭
11. 由见在，稍似休停，后至京中尚书到来，又是浇却，再
12. 亦争论，兼状申陈，判凭见在不许校搅挠，更无啾唧。
13. 昨来甚事不知，其此墓田被朗神达放水澜浇，连根耕
14. 却。堂子灰骨，本末不残。如此欺死劫生，至甚受屈，凡为
15. 破坟坏墓，亦有明条。况此不遵，判凭，便是白地天子
16. 浇来五件此度全耕，搅乱幽魂，拟害生众。伏望
17. 司空仁恩照察，请检前后凭由，特赐详理，兼
18. 前状，谨连□呈过，伏听裁下处分。
19. 牒件状如前，谨牒
20. 天福
21. 付都□

（后缺）

这是一件坟田被占的案件，发生在归义军统治敦煌时期。敦煌有一位名叫神力的百姓，他的兄长在与回鹘作战中阵亡，因是"血腥之丧"，其骨灰不能葬入祖坟。神力的哥哥只有三个女儿，没有儿子。神力从曹僧宜处买得半亩田地安葬兄长。若干年后，归义军节度使张淮深清查土地时，曹僧宜的土地因无力耕种，被押衙朗神达申请得到，朗神达没有

唐天复年神力为兄坟田被侵陈状并判

对这半亩坟地表示过异议。直至节度使索勋在任时，曹僧宜死后，朗神达就其所申请土地内的半亩坟地的问题与神力争论。判案官员拘问有关当事人审理此案。后来张承奉代替索勋成为归义军节度使时，朗神达放水浇灌神力兄长墓地，双方产生矛盾。后经过判决，神力胜诉。判决文书和依据都在，不许狡赖。但是后来，朗神达又一次将神力兄长墓地放水浇灌，并将坟墓破坏变成耕地。神力认为朗神达这是在欺负死者和生者。破坏坟墓已触犯法律，况且朗神达不遵守前次判决，故意搅扰地府幽魂，危害众人。因此神力再次向官府上诉。根据学者的研究结果，节度使张承奉同前一次判案一样，支持了神力。此案实际涉及土地与地上坟田区分所有权的问题。

【例三十四】唐光化三年前后神沙乡百姓令狐贤威状

1. 神沙乡百姓令狐贤威

2. 右贤威父祖地一十三亩,请在南沙上灌进渠

3. 北临大河,年年被大河水漂,并入大河,寸

4. 畔不贱(残)。昨蒙

5. 仆射阿郎给免地税,伏乞与后给多少

6. 著地子、布、草、役夫等,伏请　　公凭

7. 裁下　　处分

8. 光化三年庚申岁十二月六日〔缺〕

这是一件要求免除赋役的文状。令狐贤威是敦煌神沙乡的百姓,在南沙上灌进渠附近,有一块祖上留下的田地。由于主干渠神农大河母经常发生水患,令狐贤威靠近神农渠的田地的农作物几乎年年被水破坏,颗粒无收。归义军政府根据其实际情况,下令减免了令狐贤威一家的户税。令狐贤威一家还是难以维持生计,因而上报官府,请求免除余下的土地税和要交纳的布、柴草和徭役,并给予免除凭证。可见封建时代的官府会根据百姓的具体生活情况,免除一定的赋役。估计令狐贤威家遇到的困难,符合当时官府制定的惠民政策,因而要求官府免除相关赋税,并发给凭证。

【例三十五】后周广顺三年(953年)三月平康乡百姓郭憨子牒

1. 平康乡百姓郭憨子

2. 伏以憨子家口碎小,地水不宽,有地五亩,安都头卖(买)

3. 将造园舍,便他绢一匹,五年间中,某甲贷将

4. 是他与官驱使,绢无榛处,于□家□,憨子

5. 畔荒地三亩,从前做主,昨被贺粉堆割下,两

6. 头并总寝谢,□亩安存,日日渐见债负

7. 深孚虚了户役。伏乞

8. 台慈照见苍生,与还绢替,特神(申)如

9. 凭由,伏请裁下　　处分

10. 牒件状如前,谨牒。广顺二年三月　日郭憨子牒

这是一件关于经济纠纷的案件。敦煌平康乡百姓郭憨子一家人口较多，田地少，家庭经济条件比较差。安都头向郭憨子买了一块地来建造房舍。除此之外，郭憨子还借给了安都头绢一匹。五年以来，安都头一直都没有把绢还给郭憨子。郭憨子辛辛苦苦开垦了三亩荒地，也被百姓贺粉堆割走。因此郭憨子生活更加艰辛，债负增多，无力去承担官府的征调徭役。于是郭憨子请求官府处理安都头没有归还绢的问题。由于没有判词，无法得知最后的判决。但是可以得知古代百姓在面临经济纠纷时，还是拿起了法律武器维护自己的利益。

【例三十六】后唐清泰三年洪润乡百姓辛章午牒（P. 4040 号）

1. 洪润乡百姓辛章午状
2. 右章午只缘自不谨慎，冒犯
3. 官□□条□格偷牛，罪合（皆）万死
4. 伏蒙
5. 前王鸿造，矜舍罪償，腹生女子
6. 一人收将北宅驱使。伏奉处分
7. 遗章午与汜万通家造作，三五年
8. 间，便乃任意宽闲。章午陪牛之
9. 时，只是取他官布一匹，白羊一口，余外更不
10. 见针草。章午女子亦早宅内驱将
11. 总合乎折已了。如此公子百姓，被
12. 他押良为贱，理当怨屈。伏望
13. 司空仁造，念见贫儿，矜放宽闲
14. 始见活路，伏请处分
15. 牒件状如前谨牒
16. 清泰三年五月日百姓辛章午牒

这是一件压良为贱的案件。敦煌洪润乡有个名为辛章午的百姓，由于自律意识差，他偷了一头牛，触犯法律。当时官府考虑到辛章午家的实际情况，没有对他重罚，只是让辛章午的亲生女儿，在"北宅"打杂，

让辛章午本人为氾万通家劳作。辛章午在劳作期间,只收到氾万通给的官布一匹,白羊一口,并无其他酬劳。他的亲身女儿也在"北宅"被驱使了很长时间。按辛章午的计算,父女俩的长期无偿劳作,可以抵偿自己的罪错了。但是氾万通还是不放过辛章午,让他继续工作,把它当作贱口奴隶对待。辛章午于是向官府申诉有关情况,让他重获自由。这件申诉文书,反映了当时习俗,官府在判罚偷盗罪时,不仅要让偷盗者赔偿偷盗物,还要在原告家里无偿劳作。

【例三十七】孔员信三子为遗产纠纷上司徒状(稿)(S.4617号背)

(前缺)

1. 女子三
2. 右三子父孔员信在日,三子幼少,不识东西
3. 其父临终,遗嘱阿姨二娘子,缘三子小失父
4. 母,后恐成人,忽若成人之时,又恐无处
5. 活命,嘱二娘子比三子长识时节,所有
6. 些些资产,并一仰二娘子收掌。若也
7. 长大,好与安置。其阿姨二娘子日往
8. 月直,至今日,其三子只日全不分配
9. 其三子不是不孝阿姨,只恐阿姨老难
10. 活,全没衣食养命。其父在日,与留
11. 银钗子一双,牙梳一,碧绫裙一,白绫
12. 一丈五尺,立机一匹,十二综细褐六十尺
13. 十综昌褐六十尺,番褐一段,被一张,安
14. 西口二丈,绿绫□□□一口织机,柜一口并
15. 匙全,青细镜子一,白口褡裆一领,
16. 已上充三子活具,并在阿姨二娘子为
17. 主。今至□副　元
18. 不放开口其三子自后用得气力,至
19. 今一身随阿姨效作,如此不割父
20. 财,三子凭何立体,伏望

21. 司徒鸣造照察单贫，少失二亲
22. 随姊虚纳气力兼□分，些些
23. □惜与者　　特乞□
24. 凭判，伏望

  这是一件约 10 世纪前期的财产分割案。沙州百姓孔员信有三个女儿，妻子早就去世了，当时三个孩子都还小。后来孔员信病重，临终前把三个年幼无知的孩子托付给名叫二娘子的姨娘看管。这个姨娘或许是其妻子的妹妹。父亲当初托付时给了姨娘首饰和衣物用品作为报酬。家里所有财产先让娘子掌管。等三个孩子长大后，再交予她们处置。如今，三个孩子已经长大。不仅白白地给姨娘干活，而且姨娘并不打算归还父亲留下的财物。因而三个孩子写状请求官府念在从小失去二亲的份上，责令姨娘归还父亲留下的财产。这是一种长辈临死前把年幼子女托付给亲属（有可能是兄弟姊妹或其他亲戚），形成一种依养型的家庭结构。从法律上讲则是属于信托合同关系，由信托人、受托人和受益人三方形成。本案受托人姨娘在受益人三个孩子成年后希望结束托管关系，要求自主管理父亲遗产，即应履行信托义务，将信托人即孩子父亲的遗产归还给孩子，否则必须承担法律责任。

【例三十八】丙午年（946 年）前后沙州敦煌县慈惠乡百姓王盈子兄弟四人状（稿）（S. 4654 号背）

1. 慈惠乡百姓王盈子、王盈君、王盈进、王通儿
2. 右以盈子等兄弟四人，是同胞共气兄弟，父母亡殁去后，各
3. 生无义之心，所有父母居产田庄、屋舍四人各支分。弟盈进
4. 共兄盈君一处同活，不经年载，其弟盈进身得患累，径
5. 数月险治不可（好）。昨者至□更兼盈进今岁次着重役，街□
6. 无人替当，便作流户。役价未可填还，更缘盈进病亡时
7. 弟债油面债将甚繁多，无人招当。并在兄盈君上口
8. 其亡弟盈进分了城外有地七亩，有舍一，城内有舍
9. □况与盈君□□□取填还债负如后

（以下模糊不清）

这是一件关于兄弟债务问题的案件，敦煌慈惠乡王盈子、王盈君、王盈进、王通儿四人是同胞兄弟，父母去世后分家。所有父母财产（田地、屋舍）四人各分得一份，弟弟盈进和二哥盈君一同居住，盈进不到一年就病亡。盈进还在世时，身患重病，当年轮到他要承担重役。由于重病无人承担，就被当作流户看待。流户需要交纳一定的钱物才能免于服役，但是盈进却拿不出这笔钱，按规定应该由生活在一起的盈君承担。而盈进生病时本来就欠了很多债务落在盈君头上。再加上这笔钱，盈君认为不堪重负，提出要把盈进在城外的7亩土地和城内外的房舍拿来还债和交纳这笔免役钱。下文的内容不太清楚，大体是长兄盈子对于此事有不同看法，不让用盈进的房屋田地来抵债。假若如此，那么所有债负及役价就得由同居之户王盈君负担，为此王盈君提出诉讼。我们可以设想，此时盈进显然没有家室，他死后便成了绝户，绝户的财产是可以由近亲收管的，只要盈进没有遗嘱给盈君，那么财产就可以由几个兄弟共同分割继承。这也许就是盈子不同意轻易卖掉弟弟财产的意图所在。但是死者遗产首先必须用于清偿自身债务，王盈子的算盘怕是要落空的。

【例三十九】龙勒乡百姓曹富盈牒（稿）（P. 2504 号）

1. 龙勒乡百姓曹富盈。右富盈小失慈父，苟活艰辛
2. 衣食之间，多有欠阙（缺），只有八岁驳马一匹，前日叔父都衙
3. 卖将，判绢两匹已来，内一匹断麦粟二十七石，内
4. 十二石直布两匹，又欠七石，又一匹断牛一头。过价之
5. 都衙领之。昨日富盈共寡妇母索马价去来，宕延
6. 押衙应门，富盈母是他亲房婶婶岂有尊卑，
7. 去就骂辱贫穷，只出粗言。便拟挥拳应
8. 对，还答粗词。逐见都衙，乍二人饮气忍之。
9. 不是浪索马价，实乃有其辜欠。都牙（衙）累年
10. 当官，万物闰于舍中，富盈虽口微眷，欠受

11. 单贫而活，如斯富者欺贫，无门投告
12. 伏起
（以后空缺）

这是一件叔父倚仗权势欺负贫弱的寡嫂和侄儿的事例。敦煌龙勒乡百姓曹富盈从小失去父亲，和母亲一起生活，日子过得很艰难，家里最值钱的财产只有一匹八岁公马。前日被身为都衙牙的叔父卖掉。判定值绢两匹。其中一匹断麦粟27石，这里面的12石折成布两匹，又欠7石。另外一匹绢断牛一头。交割完之后，财物都被叔父领去。曹富盈与寡母去索取卖马的钱，叔叔的儿子曹定延却口出粗言，甚至要挥拳相对。曹富盈认为：寡母是曹定延的亲房婶婶，曹定延不尊长辈，况且他们只是要卖马钱，确实是叔叔亏欠了他们的钱。因而曹富盈向官府申诉，求得一个公道。在这个案件里，"都衙累年当官，万物闰于舍中"，而其寡嫂和侄儿"单贫而活"，这位专管民事的地方官不仅不扶弱济贫，还将其孤侄寡嫂唯一的财产公马卖掉，卖马钱独吞，其子也"挥拳相对"。反映出以官欺民、以富掠贫的社会现实。

【例四十】平康乡百姓索铁子牒

1. 右铁子，其前头父母口分、宅舍、地水三人停［缺］
2. 兔及弟铁子。又索定子男富昌，其计三分［缺］
3. 下更无二三，把分数如行。又后索定子于［缺］
4. 债，贫不经巡，日日夜夜婢（被）债主行逼，寸步［缺］
5. 计思量，裴（叛）逆世界，偷取押衙王善信马［缺］
6. 定子投去甘州，去捉不得，其子父及男（富昌）［缺］
7. 劳，合家官收，充为观子户。其房兄弟
8. 铁子二人分内，再劫地一分及舍分并物再买（卖）却［缺］
9. 富昌意安宅，官劫得，空料户役，无处［缺］
10. 伏望
11. 太保阿郎鸿造照察，免贫儿索铁子日夜安
12. 伏请　明凭　裁下　处分

13. 牒见状如前谨牒
14. 二月　日平康乡百姓索铁子

索铁子是平康乡的百姓，父母遗留下来的土地、房舍已经被兄索定子、兄子富昌以及索铁子三个人平分完毕。后来兄长索定子因欠债，被债主追逼，无法生存，遂偷盗王押衙马匹，逃亡甘州。沙州地方官因抓不到索定子，就将罪名推到儿子富昌那里，所有房、地产物品全部没收，罚富昌到官府去做洒扫的杂役。富昌家产全部被没收，却仍要缴纳一定的赋税。索铁子只能代侄子富昌向官府申诉，希望他们体察富昌的处境，作出公正的裁决。父亲索定子犯罪，由于逃跑，把罪责都归到儿子富昌身上，显然是"父债子还"的这种习惯法依然在普遍沿用。

【例四十一】乙未年前后赤心乡百姓令狐宜宜等状

1. 赤心乡百姓令狐宜宜，氾贤集等。
2. 右宜宜等总是单身，差着烽子。应着忙时，不与
3. 贴户。数谘乡官，至与虚户。总是势家，取近不敢，屈苦
4. 至甚。免济单贫，伏请处分

令狐宜宜、氾贤集等，虽然家中再无男劳力，但还是被官府差遣去守烽燧，这是当时的一项杂役。官府规定家里再无男劳力者，被派去守烽燧，同乡里未被派差之户，应出劳力或钱物补贴守烽燧者。但是令狐宜宜等人并没有得到补贴。令狐宜宜等多次向基层官员申请，请求补助，结果得到补助的总是那些有权势的家庭。为此，令狐宜宜等再次为"补助"问题提出申请。

【例四十二】后周显德六年（959年）十二月押衙曹保升牒

1. 押衙曹保升
2. 右保升去载临时差弟保定入奏
3. 唱贷诸人鞍马物色进路。昨闻消

4. 息身亡，今拟遣弟定德比至甘州
5. 迎取故兄骸骨。恐怕行李税敛人
6. 门。伏望
7. 令公恩造，哀见入奏身不到来，债负广
8. 深，无计还纳，且取骸骨，特赐允
9. 从，伏请　处分
10. 牒见状如前谨牒
11. 显德六年十二月　日押衙曹保升牒

这是一件要求免除商税的文状，哥哥曹保升去年差遣弟弟曹保定去朝廷上奏，临行前借贷了马匹等物品。大概准备在路途中做些生意。但是曹保定在途中身亡。于是哥哥曹保升就派另一个弟弟曹定德去甘州，接回曹保定尸骨。哥哥曹保升怕在接回尸骨的路途中，随行的物品会被官府征收商税。于是曹保升就向敦煌的最高长官提出免除商税申请，并陈说理由，认为他弟弟是因为为归义军政权办理公务而意外身亡，借贷的那些物品可能无法偿还，因此要求免去过路商税。

【例四十三】酉年十二月沙州灌进渠百姓李进评等请地牒并判（S. 2103 号）

1. 城南七里神农河母，两勒汛水，游游沙坑，空地段共叁突东至名碛，西至贺其倩、南道口。此至神泉河，北马国清
2. 右南水灌进渠用水百姓李进评等，为已
3. 前移灌进口，向五石口前，逐便取水，本
4. 无过水渠道，遂凭刘屯子边，卖合行人
5. 地一突用水，今刘屯子言，是行人突地
6. 依籍我收，地一任渠人别运为。进评
7. 等，今见前会沙游空闲地，拟于起畔种
8. 犁，将填还刘屯子渠道地替灌溉，得一
9. 渠百姓田地不废。庄园今拟开耕，恐后
10. 无凭，乞给公验，处分

11. 牒件状如前　谨牒
12. 酉年十二月
13. 百姓胡千荣
14. "付营官寻问实空"百姓杨老老
15. 百姓窦太宁
16. 闲无主，任修理佃种。百姓张达子
17. 百姓汜法情
18. 弁示
19. 廿三日

　　敦煌百姓李进评等人在南水灌进渠边耕种，为了更方便地从渠道引水，就要改变进水口，可是又没有进水的渠道，于是在行人部落的刘屯子那里买了一"突"的地用作渠道。但是刘屯子要收回原地。李进评等人看到敦煌神农渠由于多次泛滥，渠道旁有大量淤沙堆积，有一块无人耕种的空地，打算用它替换刘屯子要收回的那块渠道地。李进评等人向官府申请耕种那块无主荒地的权利，并要求发给凭证。一位名为"弁"的官员作出批示，让营田官去落实李进评等人要求耕种的那块地是否无主空地，如是空地，便可同意耕种。这份文书显示，百姓要耕种无主荒地，事先要得到官府同意，并得到官府出示的证明为凭。

【例四十四】唐景福二年二月押衙索大力状

1. 押衙索大力
2. 右大力故师在日，家女满子
3. 有女三人，二女诸处嫁，残小
4. 女一，近故，尚书借与张使
5. 君娘子。其师故亡化，万事
6. 并在大力，别人都不关心，万物
7. 被人使用，至甚受屈。伏望
8. 将军仁恩照察，特乞判命处
9. 分。牒件状如前，谨牒。景福二年二

10. 月日押衙索大力
11. 灵府状

这也是一件压良为贱的案件，在归义军任职的押衙索大力有一个师傅，师傅有一女儿名叫满子，满子又生了三个女儿。两个年长的女儿都已经出嫁，家里还剩下一个小女儿。但是这位小女被归义军最高长官借给了沙州的一位刺史的夫人使唤。后来，索大力的师傅死了，家里的一切事情都归索大力处理。而满子的小女儿还在那位沙州刺史的府上，因而索大力向新上任的归义军最高长官申诉，要求放还满子的小女儿。索大力状告的是颇有权势的沙州刺史，而且此事又牵扯到前任归义军最高长官。索大力并没有退缩，而是通过法律途径来维护师傅家的合法权益。

【例四十五】王乙不付工价

隰州剌（刺）史王乙妻育子，令坊正雇你（奶）母，月酬一缣。经百日卒，不与缣。王乙门传钟鼎，地列子男。化偃百城，风高千里。妖妻舞雪，翠鬟（鬱）望山之眉；诞育仙娥，庆符悬帨之兆。雇兹奶母，石席明言，酬给缣庸，脂膏乳哺。辍深恩于襁褓，未变庭兰；碎瓦砾于掌中，俄归蒿里。不酬奶母之直，诚是无知；既论孩子之亡，嗟乎抚育。司录论举，情状可知，足请酬还，勿令喧讼。

隰州刺史王乙的妻子生了一个孩子，王乙让另一个官员给他雇了一位乳母，每月的工价是一匹绢。大约过了100天后，这个孩子死了，王乙没有给乳母付工钱。由于这一案件的被告是州刺史，所以该案件的管辖实行异地审理。最后官府从情与理分析，认为王乙是官宦出身，负有教化百姓责任。雇佣一事，双方早有契约在先。况且乳母对孩子有喂养之恩，孩子夭折，跟乳母无关。最后判定王乙须付给足额的工价。王乙和乳母的地位悬殊，但是在这一案件里，判案官员能够秉公执法，在封建社会确属难能可贵。

参考文献

（一）典籍、法典

班固：《白虎通》，北京图书馆出版社 2006 年影印版。

长孙无忌等撰：《唐律疏议》，刘俊文校，中华书局 1983 年版。

《大元通制条格》，法律出版社 2000 年版。

董仲舒：《春秋繁露》，上海古籍出版社 1989 年版。

窦仪等撰：《宋刑统》，法律出版社 1999 年版。

杜佑：《通典》，中华书局 1982 年版。

《法经》《秦律》《九章律》《魏律》《晋律》《北齐律》《北魏律》《开皇律》。

《汉书》《后汉书》《魏书》《晋书》《周书》《隋书》《前唐书》《后唐书》。

李林甫：《唐六典》，中华书局 1992 年版。

栗劲等编译：《唐令拾遗》，长春出版社 1989 年版。

《名公书判清明集》，中华书局 1987 年版。

《十三经注疏》（附校勘记），阮元校刻，中华书局 1980 年影印本。

睡虎地秦墓竹简整理小组编：《睡虎地秦墓竹简》，文物出版社 1978 年版。

司马光：《资治通鉴》，中华书局 1986 年版。

司马迁：《史记》，中华书局 1999 年版。

《四书章句集注》，中华书局 2011 年版。

《宋大诏令集》，中华书局 1962 年版。

宋敏求编：《唐大诏令集》，学林出版社 1992 年版。

王溥：《唐会要》，中华书局 1955 年版。

吴兢：《贞观政要》，上海古籍出版社 1978 年版。
徐松辑：《宋会要辑稿》，中华书局 1957 年版。
《元典章》，中国书店 1990 年影印本。
《战国策》，中华书局 2006 年版。
郑樵：《通志》，中华书局 1987 年版。
朱熹：《朱子语类》，中华书局 1994 年版。
《诸子集成》，中华书局 1954 年版。

（二）中文著作

北京图书馆善本组编：《敦煌劫余录续编》，1981 年北京图书馆善本组印刷发行。
陈寅恪：《隋唐制度渊源略论稿》，上海古籍出版社 1982 年版。
陈永胜：《敦煌吐鲁番法制文书研究》，甘肃人民出版社 2000 年版。
程树德：《九朝律考》，中华书局 2003 年版。
范文澜：《中国通史》，人民出版社 2004 年版。
费孝通：《学术文化随笔》，中国青年出版社 1996 年版。
高平叔编：《蔡元培全集》（第 3 卷），中华书局 1984 年版。
郝树声、张德芳：《悬泉汉简研究》，甘肃文化出版社 2009 年版。
胡戟、傅玫：《敦煌史话》，中华书局 1995 年版。
胡同庆：《敦煌文化》，甘肃文化出版社 2016 年版。
黄永武编：《敦煌遗书最新目录》，台湾新文丰出版公司 1986 年版。
姜伯勤：《唐五代寺户制度研究》，中华书局 1987 年版。
姜德治：《敦煌史话》，甘肃文化出版社 2016 年版。
瞿同祖：《中国法律与中国社会》，中华书局 1981 年版。
李功国主编：《中国古代商法史稿》，中国社会科学出版社 2011 年版。
李功国主编：《法律文化概论》，中国社会科学出版社 2020 年版。
李正宇：《敦煌学导论》，甘肃人民出版社 2008 年版。
梁启超：《饮冰室文集》之三十九卷，中华书局 1989 年版。
梁启超：《法学文集》，中国政法大学出版社 2000 年版。
梁漱溟：《中国文化要义》，路明书店 1949 年版。
刘基主编：《华夏文明在甘肃》，人民出版社 2013 年版。

刘俊文：《敦煌吐鲁番唐代法制文书考释》，中华书局1989年版。

钱穆：《国学概论》，商务印书馆1997年版。

沙知：《敦煌契约文书辑校》，江苏古籍出版社1998年版。

施萍婷主编：《敦煌遗书总目索引新编》，中华书局2000年版。

宋家钰：《唐朝户籍法与均田制度研究》，中州古籍出版社1988年版。

谭婵雪：《敦煌婚姻文化》，甘肃人民出版社1993年版。

唐耕耦等：《敦煌社会经济文献真迹释录》第一辑，书目文献出版社1986年版。

王尧、陈践：《敦煌本吐蕃历史文书》，民族出版社1981年版。

王震亚、赵荧：《敦煌残卷争讼文牒集释》，甘肃人民出版社1993年版。

王重民：《敦煌遗书总目索引》，商务印书馆1962年版。

谢生保：《敦煌民俗研究》，甘肃人民出版社1995年版。

杨鸿烈：《中国法律发达史》，中华书局1990年版。

叶孝信：《中国民法史》，上海人民出版社1993年版。

张岱年、程宜山：《中国文化与文化论争》，中国人民大学出版社1990年版。

张晋藩：《中国法制史》，商务印书馆2010年版。

郑炳林：《敦煌碑铭赞辑释》，甘肃教育出版社1992年版。

郑振铎：《中国俗文学史》，作家出版社1954年版。

中国敦煌吐鲁番学会主编：《敦煌学译文集》，甘肃人民出版社1985年版。

中国科学院历史研究所资料室：《敦煌资料（一）》，中华书局1961年版。

（三）中译著作

［日］池田温：《中国古代籍账研究》，东京大学东洋文化研究所1979年版。

［法］谢和耐等：《法国学者敦煌学论文选萃》，耿昇译，中华书局1993年版。

［法］谢和耐：《中国五—十世纪的寺院经济》，耿昇译，甘肃人民出版社1987年版。

（四）中文期刊

白滨、史金波：《莫高窟、榆林窟西夏资料概述》，《兰州大学学报》1980年第2期。

陈国灿：《唐五代敦煌县乡里制的演变》，《敦煌研究》1989年第3期。

段文杰：《形象的历史》，《兰州大学学报》1980年第2期。

段文杰：《略论敦煌壁画的风格特点和艺术成就》，《敦煌研究》1982年试刊第2期。

段文杰：《中唐第112窟西方净土变中的乐舞图版说明》，《敦煌研究》1982年试刊第2期。

段文杰：《唐代前期的敦煌艺术》，《文学研究》1983年第3期。

《敦煌佛经略考》，《敦煌学辑刊》1987年第2期。

段文杰：《漫谈敦煌艺术及其有关问题》，《敦煌研究》1987年第3期。

段文杰：《九色鹿连环画的艺术特色》，《敦煌研究》1991年第3期。

樊锦诗：《北周第290窟佛传故事图版说明》，《敦煌研究》1982年试刊第2期。

樊锦诗：《隋第419窟须达拏太子施舍故事图版说明》，《敦煌研究》1982年试刊第2期。

贺世哲：《敦煌莫高窟壁画中的〈维摩诘经变〉》，《敦煌研究》1982年试刊第2期。

贺世哲：《莫高窟第192窟发愿功德赞文重录及有关问题》，《敦煌研究》1993年第2期。

霍熙亮：《西魏第249窟东王公图版说明》，《敦煌研究》1982年试刊第2期。

李功国、韩雪梅：《敦煌法律文化略论》，《法学杂志》2010年第5期。

李功国、陈永胜：《我国敦煌、吐鲁番契约文献研究》，《商事法论集》2011年第2期。

刘光华：《敦煌上古历史的几个问题》，《敦煌学辑刊》总第3期。

刘玉权：《西夏时期的瓜、沙二州》，《敦煌学辑刊》总第2期。

马德：《浅议》，《敦煌学辑刊》1987年第2期。

欧阳琳：《初唐第329窟莲花飞天藻井图版说明》，《敦煌研究》1982年试刊第 2 期。

潘玉闪：《略谈"丝绸之路"和汉魏敦煌》，《敦煌研究》1982 年第 1 期。

齐陈骏：《略论张轨和前凉张氏政权》，《兰州大学学报》1981 年第 3 期。

任继愈：《佛教与中国思想文化——中国佛教史第一卷序》，《世界宗教研究》1981 年第 1 期。

荣新江：《金山国史辨正》，《中华文史论丛》第 50 辑（1992 年）。

荣新江：《关于曹氏归义军首任节度使的几个问题》，《敦煌研究》1993 年第 2 期。

水天明：《敦煌访古忆记》，《敦煌学辑刊》1980 年第 00 期。

施萍亭：《敦煌与莫高窟》，《敦煌研究》1981 年试刊第 1 期。

孙纪元：《北魏 248 窟菩萨图版说明》，《敦煌研究》1982 年试刊第 2 期。

史苇湘：《敦煌佛教艺术产生的历史依据》，《敦煌研究》1981 年试刊第 1 期。

宿白：《凉州模式》，《考古学报》1986 年第 4 期。

万庚育：《北凉第 275 窟本生故事组画图版说明》，《敦煌研究》1982 年试刊第 2 期。

万庚育：《西魏第 249 窟天宫伎乐图版说明》，《敦煌研究》1982 年试刊第 2 期。

王冀青：《有关金山国史上的几个问题》，《敦煌学辑刊》总第 3 期。

张广达：《国外近年对敦煌写本的编目工作》，《中国史研究动态》1979 年第 12 期。

张伯元：《东千佛洞调查简记》，《敦煌研究》1983 年创刊号。

张宝玺：《五个庙石窟壁画内容》，《敦煌学辑刊》1986 年第 1 期。

赵声良：《莫高窟唐代故事画艺术》，《敦煌研究》1991 年第 2 期。

（五）中译期刊

［日］田边胜见：《犍陀罗佛和菩萨像起源于伊朗》，《敦煌研究》1989 年第 3 期。

［日］滨田隆：《菩萨——他的起点和造型》，《敦煌研究》1991 年第 2 期。

后　记

历经多年积累，三年艰苦写作，《敦煌法学文稿》及其姊妹篇《敦煌古代法律制度略论》终于完稿并付梓。这是两部在前人成果基础上的心血之作，是构建"敦煌法学"学科理论体系的初始之作。

敦煌学已是世界显学，敦煌法制文献研究也已历经百年，成果丰硕。但至今尚未形成"敦煌法学"学科理论体系，成为敦煌学研究的一大缺失。如今两部书稿的成书，将从法学、法文化的专业角度，运用整体观察和综合研究的方法，初步构建"敦煌法学"的概念体系、原理体系、知识体系、立法与制度体系、方法体系，及其发展变迁的基本线索与规律，法学与敦煌社会的实际联系。从而形成"敦煌法学"基本学科理论框架，使之成为敦煌学的一个重要分支学科和独立新学科。

两部著作将展示敦煌法学法文化的地域性、中华文化主导性、民族宗教性、中外文化交融性，及其历史真实性、佐证性、丰富性、典型性、传承存续性，注入现代法治社会的发展性，在创造中转化，创新中发展，为当代中国特色社会主义法治建设提供滋养。

本书《敦煌古代法律制度略论》则是对敦煌古代基本法律制度包括国家正典、经济行政管理制度、刑事民事制度、契约制度、婚姻家庭与继承制度、民族宗教制度、军事烽燧制度、诉讼制度与判集案例等，进行研究论述，作为敦煌法学的基本内容和组成部分。

两部著作的成书得到了兰州大学校领导、社科处和法学院，甘肃省法学会，相关院校以及中国社会科学出版社的大力支持，并列入兰州大学"双一流"建设出版项目。项目组成员多系法理学、法史学、民族学博士，法学专家，敦煌法学学者，他们为两书的写作作出了努力。还有谢丹、刘英、马晶晶等诸位承担了繁重的资料整理与书务工作。对各位的大力支持深致感谢！由于本人年事已高，力不从心，书中多有不足，恳请学界和读者赐教。

李功国
2020.6.20